Mieux vivre par le yoga

Dr LIONEL COUDRON

L'acupuncture, médecine énergétique
Décider sans stresser, du management
à la vie quotidienne
Mieux manger pour mieux vivre
Stress. Comment l'apprivoiser   J'ai lu 7027/**5**
Mieux vivre par le yoga   J'ai lu 7115/**6**

En collab. avec le Dr Olivier Coudron :
Indications et contre-indications
à la pratique du yoga
Yoga et troubles digestifs
Yoga et troubles du système nerveux
Yoga et troubles ostéo-articulaires
Yoga et troubles gynécologiques
Yoga et troubles endocriniens
Yoga et stress
Yoga et cancer

Dr LIONEL COUDRON

Mieux vivre par le yoga

Bien-être

Sommaire

Chapitre troisième

Comment faire du yoga?

Chapitre quatrième

Connaître le yoga

CHAPITRE CINQUIÈME

Approfondir le yoga

CHAPITRE SIXIÈME

Le yoga pour se soigner

Préface

L'étude du yoga et de ses effets semble aujourd'hui, et plus que jamais, indispensable à l'approfondissement de notre connaissance de l'être humain. A une époque où l'on ne parle que de stress et de surmenage, le recours aux médicaments ne devrait être envisagé que dans un second temps. En effet, alors que la presse se fait l'écho des vertus de certains tranquillisants, de substances permettant de retrouver le sommeil (voir la mélatonine), de merveilleux dérivés hormonaux élixirs de jeunesse, n'existe-t-il pas des méthodes naturelles fiables pour régulariser nos troubles?

Yoga signifie à la fois unir et maîtriser ; c'est une psychothérapie comportementale et une rééducation corporelle dont l'intérêt est d'associer le corps et l'esprit dans un même travail, le patient ayant un rôle actif. Il ne faut pas considérer le yoga comme un dogme avec ses mystères réservés aux seuls initiés mais comme une méthode qui fournit à chacun des outils (exercices physiques et respiratoires, exercices s'adressant aux sens et aux pensées) et des règles d'hygiène de vie. Tous ces éléments doivent être adaptés à chaque individu en fonction de son âge, de son sexe, de son état de santé.

Les techniques d'exploration modernes ont permis de démontrer les effets bénéfiques de certains exercices de yoga dans des pathologies bien définies, en particulier l'hypertension artérielle du sujet jeune. En effet, une fois le bilan médical complet effectué, le recours au yoga, dans un premier temps, permet d'agir sur les facteurs de risque que sont le stress, le surmenage, les troubles du sommeil, la consommation excessive d'excitants et de tabac.

En 1980, nous avons donc créé, dans mon service à l'hôpital Tenon, un cours de yoga avec surveillance médicale sous la direction du Dr Christiane Daussy, professeur de yoga. Les effets du yoga ont pu être contrôlés par des enregistrements tensionnels sur vingt-quatre heures, et dans nombre de cas d'hypertension dite labile, nous avons obtenu des résultats tels que nous n'avons pas eu besoin de recourir à des médicaments normotenseurs, sédatifs ou tranquillisants. Mais pour que le yoga soit considéré comme une méthode valable, il faut d'une part que le sujet ait été soigneusement examiné par des spécialistes de l'hypertension, et d'autre part que les résultats tensionnels demeurent stables dans le temps. Il est évident qu'en améliorant la respiration, le jeu articulaire et la détente psychique, ces techniques ont d'autres effets bénéfiques sur le corps humain. C'est ainsi que nous avons découvert l'influence positive des exercices respiratoires yogiques sur la circulation de retour (lutte contre l'œdème et les jambes lourdes).

Indéniablement, l'amélioration de la santé passe par une hygiène de vie, une meilleure nutrition et la pratique d'exercices réguliers. Finalement, c'est au patient d'être actif et de prendre en charge sa santé, ce qui n'exclut nullement le recours à la pharmacopée dans des conditions bien définies. D'ailleurs, les meilleurs résultats thérapeutiques, médicaux ou chirurgicaux n'ont-ils pas été constatés sur des sujets bien disposés sur le plan mental et physique?

Dans nos pays industrialisés où le matérialisme a échoué, le développement du yoga apparaît comme essentiel.

Professeur Maurice Cloarec

Introduction

Cet ouvrage est une introduction à la pratique du yoga.

L'abord en est original et se démarque légèrement de la grande majorité des ouvrages parus sur le sujet.

Notre double formation scientifique et yogique nous permet d'être à l'écoute quotidiennement des souffrances, des besoins des hommes et des femmes, d'être au cœur de leur intimité.

Chaque jour, nous devons savoir comprendre la détresse et savoir comment y remédier. Pour cela, au cours des vingt-cinq années écoulées, pendant lesquelles nous avons appris et enseigné le yoga, nous avons recherché au maximum à dégager l'essentiel du yoga pour que celui-ci soit parfaitement intégré à notre façon de vivre et de penser.

Aujourd'hui le yoga ne peut plus être pensé et pratiqué comme il y a dix ans, cent ans, deux mille ans. Même si les besoins sont identiques, les questions similaires, les réponses théoriques quant à elles ont évolué. Les connaissances acquises sur les fonctionnements de notre corps, sur l'évolution de l'homme, sur l'univers nous obligent inévitablement à regarder différemment cet animal si particulier que nous sommes.

Dans ce livre, c'est ce que nous avons voulu faire ressortir. Nous avons de ce fait donné un cadre résolument moderne au yoga.

Mais à côté des explications théoriques indispensables, nous avons développé les principaux exercices de base du yoga.

Tous les exercices pratiques figurent en italique de façon à bien ressortir.

Ils ont été écrits de telle façon qu'il vous est possible de les enregistrer vous-même sur un magnétophone et, tout en réécoutant le texte, de les pratiquer ainsi sous votre propre dictée.

Après avoir, dans un premier temps, resitué succinctement le yoga dans son contexte historique, nous insisterons surtout sur la place qu'il occupe aujourd'hui dans notre monde, sur les divergences et les rapprochements avec les autres méthodes qui existent.

Puis, après avoir envisagé les raisons qui peuvent nous pousser à pratiquer le yoga, nous décrirons une première séance et les exercices de base que vous pourrez faire. Nous passerons ensuite en revue les principes fondamentaux de la pratique du yoga, que nous avons nommés les sept clefs de la pratique.

Deux séances seront envisagées : l'une tonifiante, l'autre relaxante, en décrivant chaque exercice tant sur le plan pratique qu'en abordant ses effets physiques, physiologiques et ses implications symboliques.

Pour ceux qui désirent approfondir la pratique du yoga, nous verrons chaque groupe d'exercices plus en détail : postures, exercices respiratoires, exercices psycho-sensoriels et enfin les dix conseils du yoga.

Nous aborderons ensuite successivement l'intérêt du yoga en thérapie, les mécanismes d'action du yoga et des questions concrètes concernant les modes de vie conjoints : alimentation, sommeil... ainsi que les recommandations particulières aux sportifs, aux personnes âgées, aux enfants, aux femmes enceintes...

Enfin, avant de commencer, je voudrais vous faire part d'une image qui m'a particulièrement marqué. C'est dans un cours que je suivais auprès de Claude Pelletier qui a été longtemps la présidente de la Fédération nationale des enseignants de Yoga que je l'ai entendue pour la première fois.

Ce jour-là, nous étions assis en rond dans un salon parisien mis à la disposition de Claude. Béatrice, notre hôtesse, se tenait non loin de nous et nous écoutions les propos de notre professeur.

« J'ai débuté le yoga, nous disait-elle, pensant que cela m'apporterait un peu plus de souplesse. J'étais curieuse de voir cela. Puis, peu à peu, cela m'a conquise. Plus je l'ai étudié, plus j'ai eu le sentiment qu'il y avait des choses à découvrir autant dans cette méthode qu'en moi-même. Le yoga, c'est comme la connaissance en général, cela se présente comme une pyramide inversée. La pointe en bas et la base ouverte vers l'infini. Lorsque vous entrez par la petite pointe, vous voyez ce qui se présente à cet étage, cela paraît déjà beaucoup, mais plus vous grimpez à l'échelle de la connaissance, plus vous accédez aux étages supérieurs et plus ceux-ci s'ouvrent sur des horizons encore plus larges. Tant et si bien que le voyage n'est jamais fini. Il y a toujours et toujours de nouveaux éléments à explorer. Aujourd'hui encore, j'apprends régulièrement de nouvelles choses. C'est ce qui en fait le sel, c'est un monde enthousiasmant ! »

Certes, elle avait raison en disant cela. Ce voyage est enthousiasmant. Depuis que je suis entré par la petite porte, depuis le premier jour où je me suis installé pour pratiquer, depuis mes premiers cours réguliers que j'ai pris auprès de mon premier véritable professeur, Claude Guetta, mon enthousiasme n'est jamais retombé. J'ai le sentiment que, à travers le yoga, nous pouvons découvrir la vie tout entière. Nous pouvons parler du corps, de l'alimentation, de la religion, de philosophie, de médecine, de psychologie... Cela m'apparaît toujours un prétexte formidable pour aborder tous les aspects qui touchent à l'être humain.

J'espère que, au fil des pages, vous pourrez découvrir cet univers passionnant qui vous permettra de voyager en vous-même. Vous sentirez progressivement que des horizons nouveaux s'ouvrent à vous, plus sereins et plus étonnants.

CHAPITRE PREMIER

Qu'est-ce que le yoga ?

Annecy, Ve Congrès mondial de yoga...

J'étais assis à la tribune d'honneur. Le Pr Singh, venu tout exprès d'Inde pour présider le congrès, prenait la parole. Il s'exprimait en un anglais difficilement compréhensible pour les non-initiés. Il saluait l'assemblée et souhaitait la bienvenue à l'ensemble des personnes qui s'étaient déplacées du monde entier pour participer au Ve Congrès mondial de yoga et de santé.

Cette année-là, j'avais été chargé de l'organisation du congrès qui devait se dérouler à Annecy. Le lieu que j'avais sélectionné était tout simplement irréel. Derrière nous s'offrait une vue splendide. Les montagnes, le lac, les cimes enneigées créaient un espace enchanteur pour parler et pratiquer le yoga. Le soleil, qui était au rendez-vous, semblait indiquer que tout se déroulerait à merveille.

Un grand nombre de personnalités se trouvaient parmi nous en cette journée de mai 1994 pour l'ouverture du congrès. Des universitaires, des scientifiques, des Swamis.

La traduction simultanée parvenait clairement à mes oreilles. Derrière la glace, je distinguais les interprètes qui, comme deux abeilles dans leur alvéole, travaillaient fébrilement à décoder l'accent du Pr Singh.

Dans ce décor, ma pensée s'évadait et j'imaginai les débuts de chacune de ces personnalités. Je les voyais tout comme chacun des débutants s'asseoir gauchement sur un tapis et commencer à prendre conscience de leur corps. Bien sûr, tout à l'heure, il me faudrait prendre la parole, mais pour l'instant je ne pouvais m'empêcher de repenser à la première fois où j'avais entendu parler de yoga. Des images s'imposaient à moi. Quelque vingt ans plus tôt, je me revoyais demander à un jeune étudiant en médecine, Jean-Claude Larousse, ce qu'était le yoga... Les traits de Jean-Claude, qui allait me communiquer sa passion, m'apparaissaient clairement. Brutalement, j'étais replongé deux décennies avant. Ce jour-là, il m'expliquait avec enthousiasme que « le yoga était une méthode qui permettait de développer tous les potentiels de l'homme »... que les êtres humains pouvaient ainsi agir sur leur respiration, sur leur cœur... Mais « il est préférable de passer à l'action », me dit-il, et il me montra quelques exercices de yoga que je pratiquai immédiatement avec lui. Il me fit m'allonger, lever les jambes, expirer, les passer derrière la tête... Tout cela m'étonnait. J'avais quelques années de moins que lui et j'admirais les exercices qu'il pouvait pratiquer. Tout me paraissait alors enthousiasmant. Le soir, avant de m'endormir, je m'exerçais à nouveau à la posture de la charrue et, en la quittant, je ressentais un état d'apaisement et de bien-être qui devait se reproduire chaque fois que je la pratiquai.

Aujourd'hui, j'avais la responsabilité de ce congrès, j'étais toujours aussi enchanté, mais j'étais également toujours autant embarrassé pour définir le yoga. L'ensemble des enseignants, médecins, professeurs réunis pour ces quatre jours avaient tous une expérience personnelle différente du yoga et s'ils avaient vraisemblablement tous des définitions différentes à en donner, ils étaient cependant tous d'accord pour dire que le yoga était éminemment bénéfique. Ils avaient tous constaté que la pratique du yoga pouvait être source de santé et d'harmonie pour les individus, autant physique que psychique. Il n'y a rien d'étonnant à cela puisque esprit et corps sont indissociables et en perpétuelle interaction.

Le Pr Singh ayant terminé, je repris le micro pour le remercier et déclarai le congrès ouvert. Cette fois-ci, c'était le Pr Cloarec de l'hôpital Tenon, de Paris, qui devait présenter l'intérêt du yoga dans les affections cardio-vasculaires. Je le laissai donc faire sa communication. Il commença en nous parlant de ses recherches faites en collaboration avec les astronautes de la Nasa. L'absence de pesanteur dans les navettes spatiales entraîne de très nombreux troubles qui peuvent en partie être résolus par la pratique de certains exercices de yoga...

En cette journée printanière du mois de mai, scientifiques, artistes, pratiquants étaient réunis pour partager leur expérience du yoga.

A la jonction du deuxième et du troisième millénaire, le yoga était toujours d'actualité comme il l'était depuis des milliers d'années.

Comment, à l'heure d'Internet, des vaisseaux spatiaux, pouvait-on encore s'intéresser à cette méthode ? Que pouvait-elle apporter à chacun de nous ? Pourquoi les instituteurs, les ouvriers, les paysans, les chefs d'Etat, les chanteurs faisaient-ils du yoga ? En fait, tout cela n'avait vraiment rien d'étonnant. Maintenant, il nous était possible de comprendre, grâce aux acquis de la science, pourquoi le yoga était efficace et donc pourquoi il était toujours d'actualité.

Mais, pour le comprendre, il nous faut maintenant replonger aux origines de l'histoire de l'homme et voir comment déjà il réagissait aux difficultés.

Souvent, nous considérons que le stress est une invention moderne, or il n'en est rien. Si le terme de stress a été créé au XXe siècle, cela ne signifie pas pour autant qu'il ne recouvre pas un concept vieux comme le monde. Il ne faut pas penser que les difficultés de la vie sont récentes et qu'« avant » tout était bien. Lorsque nous ouvrons les ouvrages de yoga qui remontent à l'apparition de l'écriture ou tout au moins au premier millénaire avant J.-C., nous nous rendons vite compte que les problèmes qui nous occupent aujourd'hui étaient les mêmes pour les hommes de cette époque.

Depuis la nuit des temps, les hommes ont été confrontés à la souffrance. La leur tout d'abord, mais également celle de leur entourage.

Ils ont ressenti des angoisses existentielles, diffuses ou dues à des événements précis. Les problèmes de survie majoraient, dans un environnement farouche, leurs inquiétudes.

Aussi, depuis cent mille ans, depuis que l'homme a été capable de prendre conscience de ce qui l'entourait, de prendre conscience de sa vie et de sa mort, il est fort probable qu'il ait été habité par ces inquiétudes.

Pour les apaiser, pour diminuer ses angoisses et pour se sentir plus heureux, il a alors recherché des méthodes lui permettant d'acquérir plus de sérénité.

D'hier...

Quelles que soient les régions du globe, il y a bien longtemps, les hommes mirent au point des méthodes pour répondre à leurs angoisses.

Dans la vallée de l'Indus, région du monde aux confins des civilisations mésopotamienne, grecque et asiatique, la civilisation indienne est née dès la fin du paléolithique. C'est là, il y a quelques milliers d'années, que des hommes se sont exercés à développer les possibilités de leur corps et de leur esprit, ce qui devait donner naissance à la méthode du yoga.

Pour comprendre comment ils ont pu mettre au point cette méthode, il faut les imaginer seuls ou se regroupant à quelques-uns, s'asseyant à même le sol. Peu à peu, par prises de conscience successives, de leur souffle, des possibilités de leur corps, ils réalisent qu'il est possible d'intervenir efficacement sur eux-mêmes. A force d'observation, tant sur eux que sur les autres, ils réussissent à collecter un nombre impressionnant d'exercices leur permettant de maîtriser de mieux en mieux leurs possibilités.

Bien sûr, comme dans toutes les civilisations de l'époque, la pratique du yoga allait être rattachée à des pensées philosophiques ou religieuses qui s'accompagnaient d'une explication du monde. C'est ce qui apparaît dans un livre essentiel de la religion hindoue, la *Bhagavad- Gîtâ*. Mais, très vite, l'ensemble des moyens mis en place par le yoga, tout en continuant à faire bon ménage avec la religion, devait s'en détacher et devenir une méthode pratique indépendante.

Le yoga allait être l'un des six systèmes philosophiques de l'Inde que l'on devait appeler des « points de vue » (darshana). Par rapport aux cinq autres « points de vue » (que l'on appelle dans notre société des paradigmes), le yoga se différencie par son approche réaliste de la vie.

Des moyens concrets, méthodiques, pratiques sont donnés pour faire face à cette réalité à laquelle nous sommes confrontés journellement. Même si cette réalité peut être discutée dans les autres « points de vue », tout comme elle peut être remise en cause par certaines écoles modernes de mécanique quantique, dans le yoga nous reconnaissons et admettons cette réalité.

Un ouvrage, essentiel tant du point de vue littéraire qu'historique, les *Yogasūtra*[1], allait voir le jour vers le début de notre ère. Patanjali en est l'auteur présumé. Nous disons présumé car, en fait, il est vraisemblable que cet opuscule ait été écrit au moins en deux épisodes à quelques siècles de distance par plusieurs personnes différentes. Quoi qu'il en soit, cet ouvrage fut le premier sur le yoga qui fût vraiment un recueil sur la « technique du yoga ». Il l'aborde comme une méthode totalement indépendante de la religion. On peut d'une certaine façon comparer Patanjali à Hippocrate qui, dans nos pays, devait séparer la médecine de la religion. Ce recueil a conservé toute sa fraîcheur. Nous vous conseillons d'en prendre connaissance, car il est d'une extraordinaire modernité dans sa présentation des préoccupations et des solutions proposées.

Aujourd'hui encore, Patanjali est celui qui a le mieux défini ce qu'est le yoga. Dès le deuxième verset de ses aphorismes, il nous dit que le yoga est l'arrêt de l'agitation du mental. Nous pourrions développer cette définition en la traduisant par : « Le yoga est une méthode dont le but est d'apaiser les pensées automatiques, les émotions perturbatrices pour nous permettre d'être sereins. » En ces quelques mots, tout était dit. Le ou les auteurs affirmaient haut et fort que le yoga était avant tout une méthode dont l'objectif était de nous permettre d'être mieux dans notre peau, notre corps, notre tête. Nous verrons tout au long de l'ouvrage quels sont les outils pour y parvenir, de même que nous expliquerons les mécanismes qui interviennent.

1. Déjà paru : *Les Yogasūtra*, traduction de l'auteur.

Par la recherche patiente de nos ancêtres, par l'étude passionnée de quelques hommes, le yoga s'est constitué progressivement. Puis il s'est perpétué et enrichi de maître à disciple au fil des siècles.

Citons également l'un des pratiquants les plus célèbres : Gautama, dit le Bouddha, qui, quelque cinq cents ans avant Patanjali (vers 500 av. J.-C.), allait étudier le yoga. Il allait donner naissance à la religion bouddhiste, qui ne connaîtrait un essor considérable en Chine que plusieurs siècles plus tard. Cette religion, partagée par des millions de personnes, est fondée sur un grand nombre de concepts philosophiques communs au yoga.

Selon les régions de l'Asie, le yoga allait être plus ou moins présent comme méthode qui associe une pratique physique à la volonté de lutter contre la souffrance humaine, tout comme dans le bouddhisme. En Chine, puis au Japon, l'un des outils du yoga, que l'on appelle la méditation, allait se développer de façon presque autonome pour donner naissance à une méthode spécifique : le zen. En effet, le zen découle d'une partie du yoga appelée la méditation ou « djyana » en sanskrit, ce qui donna en dérivant progressivement dziana en chinois puis dzen puis enfin le mot zen en japonais.

Que le yoga ait pu influencer ou donner naissance à différentes écoles de pensée et réciproquement n'a rien d'étonnant, car il est avant tout un moyen et non pas une fin en soi. Tous ceux qui désirent progresser vers un mieux-être peuvent s'y référer ou y puiser une inspiration.

Réunir

A l'origine, « yoga » n'était qu'un mot qui désignait la méthode que quelques-uns avaient mise au point pour « être mieux ». Pour exprimer leur démarche, ils avaient choisi le mot *yoga* qui signifiait à la fois *unir* et *maîtriser*.

Il est d'usage de considérer que le mot yoga vient de la racine *jug* qui donne dans notre langue le mot *joug*. C'est le lien qui permet de relier, de réunir et en même temps de diriger par une meilleure maîtrise.

La première notion de mise en relation est très importante puisque l'on considère avant toute chose que l'homme est une unité, un IN-DIVIDU, c'est-à-dire indivisé ou formant un tout. Nous sommes trop souvent confrontés à des dispersions, à des éclatements internes. Quel n'est pas le patient qui ne me fait part de ce sentiment ? La plupart du temps, notre volonté désire une chose, nos pensées en désirent une autre et nos besoins semblent encore différents... Le yoga se propose justement de nous réconcilier avec nous-mêmes. Nous pouvons enfin accorder ces différentes parties qui composent notre personne. A partir de là, nous nous sentons mieux. Nous faisons corps avec ce que nous sommes. Nous formons une seule et même personne.

La deuxième notion, celle de maîtrise, est tout autant importante et complémentaire. Le yoga nous donne les moyens de mieux diriger notre navire. Il est vrai que, dans notre vie quotidienne, nous nous sentons trop souvent esclaves de nos passions. Le yoga nous aide à redevenir maîtres de nous-mêmes. Cette méthode nous permet de mettre sous notre joug un ensemble de mécanismes qui d'ordinaire sont indépendants de notre volonté.

Mais il serait faux de penser que le bénéfice du yoga s'arrête à notre petite personne. Dans le même temps, cela nous permet à la fois de nous relier en nous-mêmes, mais cela nous donne également les moyens de nous relier aux autres, de communiquer avec plus de fluidité. En effet, n'avez-vous jamais constaté que nous ne pouvions réellement être disponibles aux autres que dans la mesure où nous n'étions pas nous-mêmes sous le coup des émotions ou des stress ? Lorsque nous sommes irritables, tendus, mal dans notre peau, comment pourrions-nous nous relier aux autres et trouver la parole qui convient ? Cela n'est pas possible. C'est pourquoi la pratique du yoga ne se contente pas de nous permettre d'être bien dans notre peau, mais elle nous permet également d'être mieux avec les autres. Cependant, bien que cela soit déjà suffisant en soi, ce n'est pas tout.

Développer notre conscience

En complément de ces deux premiers niveaux de communication : interne, c'est-à-dire avec nous-mêmes, et externe, c'est-à-dire avec les autres, le yoga nous aide à nous relier à un troisième niveau, celui de l'ensemble de la création, en nous aidant à développer notre faculté de prise de conscience.

Cela représente également un très vaste programme, mais combien passionnant ! Ce développement de la conscience n'a cependant rien d'extraordinaire, il ne fait qu'aller dans le sens de nos besoins les plus profonds depuis que nous sommes des *Homo sapiens sapiens*. La conscience, c'est pouvoir prendre du recul par rapport à notre vie et comprendre que nous vivons dans un monde en évolution. La conscience nous permet de réaliser que nous ne vivons pas seuls mais dans un monde où toutes les parties sont en interaction et dépendantes les unes des autres. La conscience nous permet de dépasser notre petite individualité pour comprendre la dynamique générale de la vie. Elle nous permet de nous situer dans le temps et dans l'espace tout en relativisant notre place.

C'est pourquoi, que ce soit pour améliorer une simple perturbation de notre respiration ou nos relations avec notre entourage, ou pour répondre au besoin de comprendre l'univers, le yoga mérite bien son nom sanskrit de méthode d'unification.

Remarquons d'ailleurs que le yoga n'est pas la seule méthode à vouloir nous réunir. Le mot *religion*, étymologiquement, vient également d'une racine qui signifie relier *(religare)*. Cela montre l'universalité des besoins de l'homme. Où qu'il soit, quelle que soit sa culture, les besoins sont les mêmes. Il a besoin de réponses immédiates mais aussi spirituelles.

Toutefois, ce n'est pas parce que le yoga nous relie à l'univers qu'il s'agit pour autant d'une religion dans l'acception du terme actuel. Il n'en a aucune des caractéristiques. Il ne s'inscrit pas dans un rituel, un dogme, un message révélé. Le yoga n'est qu'un moyen et non pas un but en soi. C'est une méthode scientifique dans son acception classique. C'est une méthode expérimentale en évolution permanente qui fait appel à la recherche sur soi.

Historiquement, la méthode du yoga, même s'il est possible de trouver des méthodes voisines dans d'autres cultures ou dans d'autres pays, est née en Inde, il y a de cela très longtemps.

Une très belle légende indienne raconte que Shiva, dieu du panthéon hindou, enseignait le yoga à son épouse, la déesse Parvati. Bien que cet enseignement fût secret et dispensé dans l'intimité, un poisson y assista discrètement. Shiva voulut le tuer pour le punir de cet affront. Mais comme il avait mis à profit son enseignement, par la pratique du yoga il avait acquis un rayonnement et une beauté exceptionnels. Parvati fut ainsi charmée par sa vue et plaida en sa faveur. Elle obtint de Shiva que le poisson soit juste chassé. Le poisson remonta le cours du fleuve et se perdit dans les océans. Il nagea et s'échoua sur le rivage de l'Inde. Par la pratique persévérante du yoga, il se transforma en homme. Les habitants de la contrée le nommèrent Matsyendra et l'accueillirent. Pour les remercier de leur hospitalité, il leur apprit le yoga et c'est ainsi que l'enseignement du yoga d'essence divine fut transmis aux hommes.

Quelle belle histoire riche de symboles ! Elle reflète tout à fait les notions scientifiques actuelles sur l'évolution de la vie tout en insistant bien sur la volonté de l'homme de se transformer.

Biologiquement, que ce soit hier ou aujourd'hui, nous sommes les mêmes. Issu de ce poisson qui échoua sur la terre ferme, tour à tour reptile puis mammifère, le primate a évolué. Nous sommes devenus des *Homo sapiens sapiens* et aujourd'hui encore, au XXᵉ siècle, nous créons de nombreuses méthodes pour répondre toujours aux mêmes besoins.

... A aujourd'hui

Il faut bien le dire, la méthode du yoga est parfois vraiment spectaculaire. C'est cette vision tout à fait extérieure qui a d'abord été perçue en Occident. L'imagination des aventuriers des siècles passés comme celle des touristes du XXᵉ siècle a pu être frappée par les véritables « exhibitions » auxquelles ils assistaient. Tout en se promenant dans les rues en Inde, ces voyageurs ont pu voir des personnages exotiques qui faisaient des démonstrations spectaculaires avec leur corps. Ces fakirs qui appliquaient des techniques de yoga ont ainsi été la vitrine de ce que cette méthode peut permettre, lorsqu'elle est poussée à l'extrême. A leur retour en Europe, les voyageurs ont décrit le yoga comme n'étant qu'une méthode de contorsionnisme. C'est ainsi qu'il s'est développé dans nos pays, souvent nimbé de culture indienne, les Occidentaux portant l'accent sur un grand nombre d'exercices physiques. Mais cet aspect n'est que la partie visible de l'iceberg.

Après la Seconde Guerre mondiale, l'émigration indienne dans nos pays a permis une approche plus directe. Les cours se sont développés, aussi bien dirigés par des Indiens comme Sri Mahesh que par des Occidentaux comme Lucien Ferrer ou Kerneiz qui avaient commencé dans la première moitié du siècle. Le yoga s'est alors tout naturellement propagé. Tout d'abord comme une méthode assez curieuse et dans une relative intimité, mais très vite en se démocratisant et en prenant un développement extraordinaire, après les années 68 et 70 tout particulièrement. Les Beatles, les champions de ski, de cyclisme, les stars du show-biz ou du cinéma, les hommes politiques, les financiers, tout le monde s'y mettait. Et chacun de vanter les mérites de la méthode : inspiration décuplée, récupération améliorée, concentration facilitée, joie de vivre retrouvée, tels étaient les apports du yoga. Aujourd'hui, quelle est la M.J.C. (ou Maison Pour Tous) qui n'a pas son cours de yoga ?

Parallèlement au développement de sa pratique, la philosophie du yoga fait école et influence de nombreuses personnes qui créent de nouvelles méthodes comme la relaxation, qu'elle porte le nom de training autogène de Schultz, de méthode de Jacobson ou de sophrologie. Cette dernière peut être un peu considérée comme un « digest » du yoga. Le Pr Caycedo, neuropsychiatre, qui en est le créateur, a étudié le yoga en se rendant en Inde, en particulier dans un petit centre de yoga dans l'ouest de l'Inde à Jaipur, dans le Rajāsthān. C'est dans cette ville que le Swami Anandanand dirige des cours et un centre de traitement des maladies par le yoga. J'ai pu moi-même me rendre sur place et apprécier la beauté des édifices roses construits comme de la dentelle, le silence des déserts proches, le passage des dromadaires dans les rues et les miniatures peintes par des artistes merveilleux. C'est là également que j'ai pu observer les méthodes appliquées pour le traitement des maladies. Le Swami Anandanand, avec une extrême compassion et une extrême générosité, se faisait alors une joie et un devoir de démontrer aux curieux et en particulier aux Occidentaux les prouesses apportées par la pratique du yoga dans le traitement des maladies. Postures, respirations, exercices de purification, relaxations, méditations égrenaient la journée des « curistes » qui venaient auprès de lui, adressés pour la majorité par leur médecin afin de retrouver la santé. C'est donc dans ce lieu, lors de ces voyages à travers l'Orient, que le Pr Caycedo a pu sélectionner un certain nombre d'exercices de yoga afin d'élaborer un enseignement à l'intention des Occidentaux. L'ossature de la sophrologie est composée des exercices pratiqués avec le Swami Anandanand à Jaipur. Cela comprend les exercices de base de respiration, de purification et les exercices de concentration du yoga.

Mais il ne faut pas croire que le Pr Caycedo s'est contenté de plagier le yoga. En développant cette méthode, les sophrologues ont permis aux pratiquants du yoga d'envisager leur méthode sous un autre angle. Cela eut pour conséquence d'enrichir le yoga. Aujourd'hui, la sophrologie forme une discipline légèrement différente du yoga et les relations permanentes entre les deux méthodes continuent de participer à un enrichissement réciproque.

Dans quelle rubrique classer le yoga ?

Mais comment définir et situer le yoga aujourd'hui ? Est-ce une gymnastique ? Est-ce une gymnastique douce ? Quelle différence par rapport au stretching, par exemple ? Est-ce une technique de développement personnel ? Est-ce un dogme ? Est-ce une psychothérapie comportementale ?

En fait, situer le yoga aujourd'hui par rapport aux autres méthodes est relativement simple. C'est avant tout une méthode de développement personnel qui utilise des outils pratiques de gestion des émotions et des pensées.

En médecine, et plus précisément en psychiatrie, le yoga est classé de façon judicieuse dans la catégorie des « psychothérapies comportementales ». Bien que ce terme soit assez lapidaire et un peu déshumanisé pour rendre compte réellement de ce qu'est le yoga, il lui convient bien car c'est un moyen d'agir sur nos conduites dans son acception très large.

Rééducation de notre corps dans l'espace ?

Mais le yoga n'influe pas seulement sur notre façon de nous comporter. Il nous permet d'intervenir également sur notre corps de chair et de muscles. C'est pourquoi je ne restreindrai pas son appartenance à la seule psychothérapie comportementale mais j'élargirai sa définition en disant qu'il est non seulement une méthode d'apprentissage (ou de rééducation) de l'utilisation de nos pensées et de nos émotions mais également de notre corps dans l'espace.

Gymnastique douce ou stretching ?

Par ailleurs, s'il est admis généralement que la pratique du yoga doit se faire dans le respect de ses possibilités, sans forcer, ce n'en est pas pour autant une gymnastique « douce ». Le stretching en serait assez proche dans son aspect postural puisque l'une des procédures du yoga consiste à « étirer » les muscles. Mais, encore une fois, il n'est pas possible de restreindre le yoga à une simple méthode d'étirement musculaire si important que cela puisse être. Ce serait donc à la fois du stretching, de la relaxation, une psychothérapie comportementale, cognitive...

Au bout du compte, si l'on totalise tout ce que le yoga implique, il apparaît qu'il recouvre un vaste programme : rééduquer son corps, rééduquer ses pensées, ne plus se laisser dominer par ses émotions ! N'est-ce pas un programme trop ambitieux et trop vaste pour être bien fait ? me direz-vous. N'est-il pas préférable de faire une seule chose mais de bien la faire plutôt que de se disperser ? En fait non, car vous vous rendrez vite compte au cours de cet ouvrage que rien de cela n'est vraiment difficile et surtout que tout est relié. Notre corps physique, nos émotions, nos pensées sont en interactivité permanente. Ils sont tous dépendants les uns des autres. En outre, les outils qui vous sont proposés par le yoga sont particulièrement adaptés de façon à être utilisés pas à pas sans nécessiter d'aptitudes particulières. La seule chose qui soit requise est simplement l'envie d'être mieux et la motivation à se transformer.

Si le yoga peut être appliqué à des troubles de santé et qu'il existe bien une « yoga-thérapie », il n'est pas, pour autant, possible de le réduire à une simple thérapeutique ou alors il faut prendre le mot thérapie dans son acception de transformation et d'amélioration. Dans ce cas, le yoga peut, cela est vrai, être un élément thérapeutique et être utilisé pour développer ou ramener la santé, mais ce n'est en aucun cas une méthode réservée aux malades tel qu'on le comprend couramment. Tout le monde peut y avoir accès. Mais ne sommes-nous pas tous plus ou moins stressés, plus ou moins fatigués, n'avons-nous pas tous, à un moment ou à un autre, besoin de renforcer nos aptitudes, sans pour autant être vraiment malades ? Face à cela, le yoga développe notre potentiel de santé, de force et de sérénité, nos facultés d'être plus détendus, moins stressés, moins « mal dans notre peau ». C'est pourquoi nous pouvons considérer que, finalement, le yoga a également une fonction thérapeutique. Rien d'anormal alors à ce qu'il se retrouve dans les classifications de la médecine parmi les psychothérapies comportementales.

Pour notre part, nous considérons que parler d'applications du yoga à la santé et de yoga-thérapie n'est pas contraire à l'esprit du yoga, loin s'en faut. (Voir le chapitre sixième : Le yoga pour se soigner.)

D'autre part, le yoga n'est pas non plus de la gymnastique ni de la kinésithérapie. Le yoga a cette particularité d'associer, et le corps, et l'esprit dans un même travail. La différence avec la gymnastique, telle que nous la connaissons habituellement, est le recours à la conscience lors de la pratique d'un exercice. Nous ne devons pas faire un exercice de façon machinale mais nous devons le synchroniser avec le souffle et être très attentifs aux sensations qui en résultent. Cette façon de procéder définit le yoga et le yoga ne commence vraiment qu'à ce moment. Certains peuvent en effet adopter des postures de yoga sans pour autant faire du yoga ! Tout dépend de l'état d'esprit dans lequel se font les exercices.

Une autre différence importante concerne la façon dont vous devrez pratiquer un exercice physique et doser l'intensité de vos efforts. Il vous faudra, pour faire du yoga, ne pas forcer. Cela signifie qu'un exercice doit être fait en douceur, en étirement et qu'il faut arrêter à la moindre sensation de douleur. Par exemple, le travail en ressort est prohibé. Vous ne pourrez pas vous mettre debout, vous pencher en avant et, avec de petits mouvements de ressort, essayer à tout prix de toucher le sol au risque de vous faire mal. Il vous faudra oublier ces méthodes de travail. Il faut être progressif et attentif tout en étant patient pour gagner en efficacité et en temps.

La kinésithérapie, quant à elle, est essentiellement une méthode de rééducation. Certes, le yoga y parvient, mais le réduire à une simple rééducation du corps serait à nouveau trop restrictif. Vous étirerez les muscles, les tendons pour que le corps retrouve sa fluidité de mouvement. Certes, vous renforcerez la tonicité musculaire pour assurer une bonne tonicité de la charpente ostéo-musculaire. Certes, vous développerez l'harmonisation de fonctionnement entre les différents groupes musculaires, ce qui préviendra les faux mouvements et assurera plus de grâce et d'efficacité dans vos déplacements, tout en limitant les contraintes et les risques de douleurs. Mais, pour autant, le yoga n'est pas seulement de la kinésithérapie car la totalité de votre être sera impliquée dans n'importe quel exercice.

Le yoga tient compte de toutes les dimensions d'un individu. Il les équilibre en permettant de se recentrer et de s'harmoniser.

D'autres techniques sont parfois similaires et partagent le même objectif. Rien de surprenant encore une fois, puisque le corps est le même dans toutes les méthodes. Le Qi Gong, le Tai Qi, de nombreux arts martiaux sont, en Orient, des méthodes conduisant à la maîtrise et à l'épanouissement de l'être. Dans nos pays également de nombreuses méthodes concernent à la fois le corps et l'esprit, utilisant l'un et l'autre pour un développement global de la personne.

Un même objectif

Toutes ces méthodes sont similaires car rappelons bien que la méthode du yoga n'est pas une fin en soi. Elle est seulement, mais c'est en cela déjà extraordinaire et suffisant, un moyen qui nous permet de nous développer et d'être heureux. Toutes les techniques qui y concourent peuvent donc enrichir la méthode du yoga et inversement. Le yoga ne doit en aucun cas être un dogme, une scolastique sclérosée et fixée à tout jamais. Ce serait contraire à l'esprit du yoga qui demande d'exercer de plus en plus de lucidité. Il n'existe pas de parole révélée dans ce domaine. Si certains le pensent et s'escriment à le faire croire, c'est plus pour protéger certaines prérogatives que pour aider sincèrement les autres à s'épanouir. Je vous conseille de vous méfier de toute personne ou de toute école qui tiendrait un discours dogmatique et refermé sur lui-même. Par contre, cela ne veut pas dire que l'on ne reconnaisse pas que les pratiquants du yoga, depuis des millénaires, ont acquis une expérience colossale et ont sélectionné les outils les plus efficaces. C'est de cette expérience que nous pouvons profiter dès aujourd'hui. Ce d'autant que la majorité des exercices sont parfaitement compréhensibles pour une mentalité occidentale aussi bien qu'orientale. A la lumière des acquisitions scientifiques, les conceptions magiques s'estompent pour laisser place à des explications plus rationnelles. Ces connaissances nouvelles nous permettent de rendre alors encore plus performants les outils du yoga, en comprenant exactement comment ils agissent. Ils ne s'opposent pas du tout, bien au contraire.

Pour en bénéficier, nulle croyance n'est nécessaire. Il suffit simplement de s'asseoir et de pratiquer.

Pour parvenir à une plus grande sérénité, le yoga a progressivement collecté un grand nombre d'outils tout aussi intéressants les uns que les autres et pouvant avoir des indications et des contre-indications selon les cas et les individus.

Les quatre outils principaux du yoga

Je vous l'ai déjà laissé entendre, le yoga s'adresse à de nombreux niveaux de notre personne. Pour cela, les yogis ont donc recueilli non pas un seul type d'exercices mais au contraire une multitude d'outils qui peuvent aborder de manière plus spécifique chacune des parties qui nous composent. C'est un peu à la mode d'un poème à la Prévert, l'association de moyens parfois apparemment très différents.

Quatre classes d'outils ont été développées : premièrement, des exercices physiques, deuxièmement, des exercices respiratoires, troisièmement, des exercices s'adressant aux sens, aux pensées, enfin, quatrièmement, des conseils pour la conduite de notre vie.

Ces quatre classes d'outils sont en fait quatre parties d'un tout. S'ils sont apparemment différents, en fait, étant donné qu'une personne est un tout unique et global, quel que soit l'exercice, il n'est pas indépendant des autres. Patanjali, dont je vous ai déjà parlé, distingue quant à lui huit parties dans les célèbres *Yogasūtra*. Ces parties prennent le nom de « membre », pour bien signifier que chaque partie n'est qu'un membre d'un groupe plus large qui appartient bien à un même ensemble, comme chaque membre appartient à un même corps ou à une même famille ou groupe. Aucun membre ne peut être fondamentalement isolé de l'ensemble sauf pour des raisons pédagogiques.

Les quatre parties du yoga

Postures et exercices physiques
Postures (asanas)
Contractions (bandhas)
Nettoyages (kryas)

Exercices concernant le souffle (pranayama)
Rééducation respiratoire
Allongement du souffle
Modification et maîtrise des rythmes

Exercices concernant les sens et les pensées
- Relaxation (yoga nidra et savasana)
- Exercices sur les sens (prathyara)
- Concentration (dharana)
- Méditation (dhyana)
- Identification (samadhi)
- Exercices sur les sons (nada yoga)

Conseils
Attitude générale (yama)
Engagements personnels (nyama)

Les postures

Les outils les plus connus du yoga sont bien évidemment ceux qui sont le plus visibles, à savoir les exercices physiques. C'est ce que l'on appelle l'ensemble des postures. Personnellement, je préfère utiliser le mot « assise » à celui de « posture », car le terme sanskrit réservé pour l'exprimer est « asana ». N'oubliez pas que le sanskrit est une langue indo-européenne et qu'il ne sera pas étonnant de trouver des mots dérivant d'une même origine. Si bien que le mot « asana » découle de la même racine que « assise » et indique l'idée avant toute autre de l'immobilité et de la stabilité. Nous le retrouvons également dans l'expression « être dans son assiette ». En mécanique, les correcteurs d'assiette permettent d'assurer la stabilité. C'est ce qui caractérise la « posture » de yoga.

Néanmoins, je garderai le terme de posture qui est consacré dans notre langue.

Les postures sont innombrables puisque toutes les attitudes que l'homme est capable de prendre peuvent donner lieu à une posture. L'image d'Epinal du yoga représente un yogi immobile dans une posture stable, mais il existe également des exercices physiques que l'on peut faire en mouvement. Dans ce cas, ce qui les différencie de toute autre pratique gymnique classique est l'importance de la respiration et de la conscience qui doivent être associées à leur réalisation, tout en étant pratiqués sans précipitation.

Lorsque les postures sont dynamiques, vous prenez et quittez la posture sur une respiration. Lorsque les postures sont statiques, vous gardez la même attitude plusieurs respirations.

Il existe aussi des enchaînements qui associent différentes postures de base.

Il existe de nombreuses façons de classer les exercices.

On peut classer les exercices en fonction de leurs effets sur le rachis : on parle alors des exercices de flexion, d'extension, de verticalité, d'inversion, ou de torsion. Il est possible également de les classer par rapport aux autres segments osseux et articulaires : position des membres supérieurs ou inférieurs.

Les effets vont varier, bien évidemment, selon que la personne effectue une ouverture thoracique (extension rachidienne) ou une fermeture thoracique avec un massage abdominal (flexion rachidienne). Mais, répétons-le, dans tous les cas, la personne devra être attentive, prudente et surtout ne pas forcer car bon nombre d'exercices sont « antiphysiologiques », comme par exemple la posture sur la tête. Cette posture ne peut donc être prise que très progressivement et certainement pas du jour au lendemain.

A ces exercices posturaux, il faut ajouter deux autres types d'exercices physiques.

Tout d'abord, les kryas.

Le mot krya signifie *action*. Dans cette rubrique, sont répertoriés des exercices qui ont pour fonction de préparer le corps en le « purifiant ». En fait cela consiste en un certain nombre de méthodes d'hygiène qui vont du brossage des dents à l'automassage du ventre, en passant par des exercices de concentration sur une flamme de bougie.

Ensuite, les bandhas.

Le mot bandha signifie contraction et donne dans notre langue le mot bander. En effet, il s'agit de contractions, soit de la région du cou : jalandara bandha, soit des abdominaux : uddyana bandha, soit du périnée : mula bandha.

Pour Patanjali dans les *Yogasūtra*, les asanas représentent seulement le troisième membre du yoga.

Asana, nous l'avons déjà évoqué, signifie assise. C'est dire l'importance de la stabilité qui doit primer dans l'exécution de cet exercice sans pour autant que ce soit au détriment de la sensation de confort qui doit être associée.

Sur les 256 versets des *Yogasūtra* seuls trois nous donnent des précisions sur les « asanas ». Il se contente de nous dire dans les versets 46 à 48 dans le chapitre II : « *46 Les postures pratiquées et en particulier les assises doivent se construire sur une relaxation totale des muscles inutiles au maintien de la posture tout en étant installé de façon ferme et solide. 47 Toute crispation doit être éliminée. La pensée doit être dirigée dans la posture de façon à être totalement et fermement absorbée dans celle-ci. Ceci conduit à une identification totale avec l'essence de la posture. 48 Grâce à ce travail, nous sommes moins influencés par toutes les perturbations extérieures et nous arrivons à discerner ce qu'est concilier les contraires.* »

Le nombre des postures de yoga est immense. Traditionnellement, il est dit qu'il en existe 84 000, ce qui s'explique par le fait qu'il suffit, par exemple, de varier la position des mains pour que cela transforme tout l'exercice. En réalité, et plus modestement, il en existe quatre-vingt-quatre principales que l'on peut réduire à douze essentielles.

Elles peuvent porter des noms de yogis célèbres, de végétaux, d'animaux, de formes géométriques, de minéraux... Chacune est réputée avoir une action sur l'état psychique ou sur l'état de santé.

La pratique et la maîtrise de quelques exercices suffisent amplement. Elles permettent de développer les possibilités physiques du corps et, dans un second temps, de faciliter l'apprentissage de tous les sports. La maîtrise de l'immobilité apprend paradoxalement à discipliner le mouvement.

J'ai longtemps dispensé des cours à des danseurs dans le cadre du stage de danse international d'Annecy. Dans ce contexte, il m'était donné de côtoyer des danseurs et des chorégraphes prestigieux. Ils s'accordaient tous pour dire que, dans la danse, la plus grande difficulté n'est pas l'exécution du mouvement mais l'absence de mouvements parasites ! Tel est l'état d'esprit avec lequel nous devons pratiquer les postures de yoga.

Le souffle

Le deuxième outil du yoga concerne l'ensemble des respirations que nous avons le pouvoir de moduler presque à l'infini. Mais tout comme dans les postures physiques, le travail de la respiration doit être lent et progressif. Il ne faut pas forcer, ne pas suffoquer.

Le premier bénéfice de la maîtrise du souffle est son action sur l'ensemble du système neurovégétatif permettant de donner un apaisement et une détente, ce qui est essentiel, en particulier en cas de stress, d'anxiété ou d'angoisse. Les répercussions sur le sommeil sont alors évidentes et rapides.

Cette deuxième classe d'outils figure dans les *Yogasūtra* comme la quatrième partie du yoga. Elle s'intitule pranayama, ce qui veut dire allongement du souffle. Patanjali n'est pas plus prolixe pour le travail du souffle qu'il ne l'était pour les postures. Seuls les versets 50 à 53 lui sont consacrés. « *50 Les mouvements respiratoires comprennent l'inspiration, l'expiration et les suspensions. Il est également possible de porter son attention sur les régions concernées par la respiration, de prendre conscience de son amplitude, de sa régularité, de son rythme. Tout cela conduit à l'allongement du souffle et le rend plus subtil. 51 Par la pratique qui se poursuit, on accède à un autre plan respiratoire qui s'accompagne d'un état de conscience particulier. 52 Nous percevons avec clarté la réalité des objets, nous ne sommes plus perturbés. 53 Le mental est prêt à être dirigé. »*

Insistons enfin sur une particularité essentielle. La maîtrise du souffle est fondamentale pour contrôler les fonctions végétatives. Seul l'être humain peut agir consciemment sur sa respiration. Aucun animal n'en a la possibilité. C'est une voie royale pour diriger l'attelage que nous sommes.

La relaxation

La troisième classe d'outils est celle regroupant l'ensemble des exercices que je nomme psychosensoriels, puisqu'ils regroupent à la fois des exercices sur les sens et sur les pensées. Concentration, relaxation, méditation... Ces exercices concernent tous le mental directement. Mais c'est surtout la façon d'aborder l'individu qui diffère car, que ce soient les exercices de postures ou sur le souffle, ils visent tous à plonger la personne dans un état de bien-être. Et ainsi à expérimenter un état de paix.

Avec les exercices psychosensoriels, c'est directement à notre faculté de penser que l'on fait appel pour générer ces états sans passer par des intermédiaires. Grâce à notre faculté d'abstraction, nous pouvons diriger certaines pensées pour nous libérer de pensées automatiques. Nous pouvons associer à ces nouvelles pensées des images qui vont déclencher des réactions physiologiques particulièrement intéressantes pour réguler les systèmes comme le système neurovégétatif. Nous appliquons les conseils que Lewis Carroll, l'auteur d'*Alice au pays des merveilles*, a pu donner : « S'il est impossible que l'on ne pense pas à quelque chose, il est toujours possible de penser à autre chose. » N'était-ce pas décrire de façon très explicite ce à quoi correspond la pratique de ce troisième groupe d'exercices ?

Sur le plan technique, ce troisième groupe d'exercices est très varié. Il comporte des exercices faisant intervenir la prononciation des sons, des concentrations sur un objet ou un concept ou un sentiment, des visualisations, des développements de pensées ou d'idées. Patanjali, pour sa part, dans les *Yogasūtra*, définit non pas les moyens et les techniques, mais les états et les mécanismes psychologiques qui se déroulent. Il mentionne quatre étapes qui sont : le contrôle des sens : pratyara; la concentration : dharana; la méditation : dhyana; l'unification : samadhi. Puis il regroupe l'ensemble des trois dernières étapes par la fusion : samyama.

Patanjali, dans les *Yogasūtra*, précise aux versets 54 et 55 du chapitre II et aux versets 1 à 4 du chapitre III :

« *La maîtrise des sens :*

54 La maîtrise des sens a lieu quand le mental n'est plus identifié au champ d'expérience et que l'on est capable de se dissocier du champ d'expérience des sens, ceux-ci pouvant être dirigés dans une attention précise.

55 Les sens sont alors parfaitement contrôlés.

1 La concentration de l'esprit sur un objet est obtenue lorsque tous les sens peuvent rester en attention soutenue sur l'objet de la concentration.

2 La méditation survient lorsque toutes les activités mentales sont en relation exclusive avec l'objet de la méditation.

3 L'état d'unité totale avec l'objet de la méditation survient lorsque la personne est totalement absorbée dans sa méditation et qu'elle s'identifie à l'objet de la méditation. Tout se passe comme si l'identité propre de la personne disparaissait au profit de la connaissance de l'objet.

4 L'association de ces trois états de concentration, de méditation et d'unité engendre l'état d'identification qui est une parfaite maîtrise de la conscience. »

Très fréquemment, des contresens sont faits car un même mot peut désigner à la fois une méthode et un état. C'est le cas pour la relaxation et la méditation qui recouvrent des notions très proches. La relaxation-technique consiste par exemple à s'allonger sur le sol et à prendre conscience de son corps ou à l'imaginer vivre des scènes.

La méditation-technique consiste par contre à s'asseoir et à porter son attention sur son corps ou sur son souffle ou à imaginer une scène.

La différence consiste apparemment en une différence de position mais, en fait, on peut également se relaxer en marchant, en travaillant tout comme pour la méditation.

Pour moi, relaxation et méditation ne se différencient

pas vraiment. Même les états sur lesquels relaxation et méditation débouchent sont similaires. Dans le yoga nidra, qui est une relaxation profonde faite allongé, l'objectif est de déclencher un état dans lequel on s'identifie totalement à la scène imaginée. C'est exactement ce que l'on recherche dans la méditation. Lorsque l'on pratique une posture de yoga, on va tâcher de s'identifier à la posture pour s'en imprégner complètement. C'est encore et toujours méditer.

Comme le cerveau ne fait pas de différence entre ce qui est vécu réellement ou imaginé, vous compensez les expériences antérieures qui avaient pu être perturbatrices en expérimentant et en vivant des expériences positives et épanouissantes par le biais de ces méthodes. Cela développe votre faculté à être plus stable et serein.

Nous verrons cette classe d'exercices dans le chapitre cinquième sur le perfectionnement de votre pratique du yoga.

Les conseils

Enfin, la quatrième classe d'outils concerne un ensemble de dix conseils. Ceux-ci nous permettent d'établir un ensemble de règles pour régir notre façon de nous comporter autant avec nous-mêmes qu'avec les autres. Mais ces conseils ne sont pas simplement « donnés en l'air ». Ils peuvent véritablement être expérimentés sur le tapis lorsque l'on pratique les autres exercices.

Cela est très précieux car, à force de répéter de nouvelles façons de se comporter dans de bonnes conditions, il nous est possible de reprendre de « bonnes habitudes », ce qui permet, après cette rééducation, d'avoir recours à ces nouveaux comportements dans notre vie courante.

Ce chapitre des conseils, que nous avons évoqué en quatrième et dernier lieu, est en fait abordé par Patanjali dans les *Yogasūtra* en tout premier. Il le décompose en deux parties. Yama, qui représente ce qu'il convient de ne pas faire. Nyama, qui représente ce qu'il convient de faire. Je préfère personnellement traduire yama par l'attitude générale et nyama par l'engagement personnel. L'ensemble de ces dix règles est à rapprocher des méthodes de thérapie cognitive qui font partie intégrante des psychothérapies comportementales. Les thérapies cognitives visent à transformer notre façon de voir les choses. Nous avons souvent tendance à ne voir dans notre entourage que ce qui correspond à nos repères. Nous sélectionnons les éléments pénibles au détriment des éléments plus positifs. En redessinant un cadre différent, les yamas et les nyamas modifient la façon dont nous nous situons dans le monde. Nous ressentons alors une impression de plus grande unité et nous conduisons avec plus de confiance dans notre vie.

La globalité

Le génie du yoga est d'être global.

Avec ces quatre classes d'exercices, il concerne les différents niveaux de notre être.

Tout comme il est possible de venir en France par la voie des airs, par la voie des mers, par le rail, par la route, il est possible d'accéder à notre être par différents canaux. Toutes les méthodes conduisent à développer notre intériorité et notre équilibre, même si elles ne sont pas du tout identiques.

Que ce soit par la pratique des postures physiques, par le travail sur le souffle, par l'application des conseils, que ce soit par la pratique des exercices psychosensoriels, il est possible d'arriver à destination.

Selon les individus, il est alors possible de privilégier tel ou tel moyen. Certains ne supportent pas l'avion, d'autres le train, d'autres la voiture, d'autres le bateau. Il en est de même en yoga. Certains ne supportent pas la méditation, d'autres les exercices de rétention du souffle, d'autres encore les exercices de purification. Dans ces cas, il faut doser les différents moyens pour trouver la proportion qui convient. Cependant, dans la majorité des cas, s'il n'y a ni aversion, ni contre-indication pour l'un ou l'autre des outils, il est bien plus intéressant d'associer les quatre moyens d'accès à la sérénité. D'autant plus que, dans ce cas, les effets des uns et des autres ne se contentent pas de s'additionner mais ils se multiplient.

En pratique, on associe les différents moyens mais en faisant varier les proportions de chacun d'eux au fur et à mesure des progrès.

Parfois même, l'association de ces quatre types d'exercices permet de compenser des déséquilibres qui se produiraient par la pratique intense d'une seule méthode. D'autant que chacun de ces moyens n'est en fait que la facette accentuée des autres outils.

Lorsque vous pratiquerez des exercices sur le souffle, vous verrez que vous ne pouvez pas négliger les conseils et la posture ni l'état dans lequel vous êtes. Lorsque vous ferez une posture de yoga, vous verrez que cela conduit à un certain état de méditation et que le souffle ne peut être négligé de même que les conseils. Lorsque vous pratiquerez un exercice de relaxation, de concentration ou de méditation, vous verrez qu'il faut obligatoirement respirer et prendre une position.

En fait, s'il y a quatre grandes classes d'exercices, elles s'adressent chacune plus spécifiquement à une facette de notre personne, comme autant de moyens d'aborder notre développement car il n'est pas possible en fin de compte de dissocier notre être, de nous « couper en tranches ». C'est pourquoi, en les associant, nous renforçons la possibilité d'arriver là où nous voulons aller.

De cette façon, en s'impliquant physiquement, avec tout son corps, avec sa respiration, en s'impliquant avec ses pensées, en s'impliquant émotionnellement avec ses sensations, le pratiquant du yoga est totalement engagé dans son développement personnel. Il se sent concerné dans sa totalité, rien n'échappe à son contrôle. Cela en est le merveilleux avantage. Mais c'est également là que se trouve le revers de la médaille. Car pour être efficace, le yoga nécessite un investissement total qui peut rebuter certains. Souvent les prétextes invoqués sont le manque de temps et le manque de disponibilité pour nous consacrer à nous-mêmes un peu de temps. Tant de choses nous paraissent plus urgentes ! Malheureusement, la pratique du yoga ne peut avoir des effets que dans la mesure où nous pratiquons. Il nous faut donc apprendre à discerner ce qui est important de ce qui est urgent. La pratique du yoga est importante, pour ne pas dire essentielle, alors il ne faut pas la dévaloriser. Cela est fondamental puisqu'il s'agit de notre faculté d'être bien ! D'où découle également notre faculté d'être bien avec les autres.

Mais à bien y réfléchir, l'engagement ne demande pas spécialement beaucoup de temps. Il s'agit plus d'une question d'organisation et ce d'autant plus que l'on peut très rapidement faire quelques exercices dans la journée à n'importe quel moment : prendre conscience de son souffle, modifier l'état de tension des muscles des épaules, s'étirer. Autant de petites attentions qui, bien que très simples, apportent des bienfaits considérables. Ce sont ces petites implications dans la vie quotidienne qui sont parfois les plus difficiles à réaliser bien que à la portée de chacun. Souvent, le manque de temps n'est qu'une excuse. Lorsque nous y arrivons et que nous prenons conscience des bienfaits que cela apporte, les excuses pour ne pas pratiquer disparaissent et nous trouvons très simple de libérer quelques instants pour pratiquer le yoga.

L'engagement de toute notre personne permet alors la transformation en profondeur de tout notre être.

CHAPITRE DEUXIÈME

Pourquoi faire du yoga ?

Une rencontre avec un Swami

La pratique du yoga, nous l'avons compris, n'est qu'un moyen pour parvenir à des objectifs précis. Pourtant, bien qu'il semble très simple de répondre à la question « pourquoi faire du yoga ? », il m'a fallu personnellement assez longtemps pour y répondre sans détour.

Ce jour-là, j'étais assis dans une grande salle à Saint-Jean-de-Monts, sur la côte ouest de la France. Cette grande salle avait été mise à disposition par la mairie pour un stage de yoga organisé par une fédération. Par les immenses baies, nous avions vue sur l'océan et la salle était inondée de lumière. Nous avions même le sentiment de percevoir cette odeur si particulière qui règne en maître dans ces lieux atlantiques. Sur l'estrade, face à l'océan, se tenait debout un « yogi » qui venait de Madras. Il s'appelait Satchitananda, ce qui signifie la félicité de l'esprit. Ce nom était en lui-même déjà tout un programme. Cet homme, que je devais aller voir quelques mois plus tard dans son école de yoga en Inde, possédait une vitalité extraordinaire. Quelques particularités nous permettaient de bien l'identifier. Ses cheveux descendaient jusqu'au sol et il avait fait vœu de silence. Il était la figure typique des yogis tels que l'on peut se les représenter. Pour moi, qui « rêvais » de yoga depuis l'âge de 14-15 ans, cela me comblait. Comme il s'était engagé à ne plus parler depuis plus de douze années, il s'exprimait à la fois par gestes et par écrit. Mais, bien qu'il fût muet par choix, nous arrivions facilement à le comprendre même sans écrit. Son regard vif lançait çà et là des feux pétillants. La vivacité de son regard et l'éloquence de ses gestes nous indiquaient comment pratiquer le yoga. Ce Swami, qui était un ancien athlète, faisait des démonstrations de postures ou d'exercices de yoga devant les centaines de pratiquants venus de la France entière pour assister à ce stage. La matinée se déroulait ainsi, entrecoupée de démonstrations et d'exercices que nous devions refaire. Vers la fin de la matinée, il écrivit sur sa petite ardoise un texte que nous lut et commenta son disciple et interprète : « Maintenant, prenez la posture sur la tête en lotus que vous maintiendrez une heure. » Stupéfaction dans la salle. Chacun se regardait. Avions-nous bien compris ? J'étais jeune et tout à fait capable de prendre la posture sur la tête en lotus mais, quant à la garder une heure, cela était une autre histoire... Autour de moi, la majorité des professeurs de yoga et des pratiquants n'avaient même pas la possibilité de s'asseoir en lotus, ce qui n'avait d'ailleurs rien de déshonorant car ils avaient pour la plupart commencé le yoga à un âge où, même avec une pratique intense, il leur était difficile d'y parvenir. Mais, de toute façon, la pratique de la posture du lotus et de la posture sur la tête n'est en rien indispensable. Le yoga ne nécessite absolument pas la pratique et la réalisation d'exercices acrobatiques. Pourtant, ce jour-là, le Swami nous l'avait demandé. Il y avait tout un monde qui nous séparait de ce Swami, fort sympathique par ailleurs, mais qui n'avait pas du tout la même pédagogie que la nôtre. Il ne se rendait absolument pas compte des possibilités et des limites des pratiquants de cette salle, ce qui n'avait d'ailleurs rien à voir avec le fait que nous étions européens. Même les pratiquants indiens que je devais voir quelques mois plus tard dans son « ashram » n'étaient pas plus avancés que mes compagnons présents dans cette salle, bien au contraire.

Ça passe ou ça casse !

Il faut dire qu'à l'origine la pédagogie en Inde n'est pas tout à fait la même qu'en Occident. Les maîtres, qui en sont de véritables, c'est-à-dire qu'ils maîtrisent vraiment la technique du yoga, que ce soit dans le domaine des postures, des respirations ou du contrôle des états de conscience, ont pour mission de remettre le flambeau à celui qui sera digne de cette transmission. De nombreux élèves viennent les voir pour devenir des disciples et acceptent la dure discipline de l'apprentissage. Ils seront prêts à tout. Ceux qui auront pu assimiler l'ensemble de la méthode seront sélectionnés et deviendront eux-mêmes des maîtres. L'entraînement est long et demande un investissement total, autant physique que psychique. Ceux qui se feront mal, qui ne pourront pas supporter les difficultés, s'élimineront d'eux-mêmes. Certes, il n'y a pas de concours à passer ni d'examen, mais la sévérité de la méthode en fait office quotidiennement. En France, vous ne trouverez aucune équivalence à cela. Le yoga est enseigné à des personnes qui, comme vous, ne veulent pas en faire le seul centre d'intérêt de leur vie. Rares sont les personnes qui commencent à l'adolescence. De ce fait, dès le début, elles sont aux prises avec des difficultés pour réaliser les exercices physiques ou respiratoires, ou même rester allongées sur le dos le temps d'une relaxation... Si les professeurs ne veulent pas voir leurs salles désemplir, il est évident qu'il ne leur faut pas appliquer les méthodes indiennes. Il faut d'emblée enseigner une méthode qui amène un mieux-être et non un mal-être.

Je tiens à insister sur le fait qu'il n'y a pas une méthode meilleure que l'autre, mais qu'elles s'adressent à des personnes différentes.

La méthode des maîtres en Inde (qui s'occidentalisent de plus en plus et qui ont de plus en plus recours à des pédagogies adaptées et progressives) permet de transmettre totalement une technique parfaitement cohérente mais très difficile. Elle requiert un investissement de temps considérable, ce qui ne lui permet pas d'être pratiquée par tous. Il faut y consacrer sa vie.

D'un autre côté, la pédagogie à laquelle nous avons recours par nécessité et par conviction autorise chacun à utiliser la méthode pour se transformer et être mieux. Profitant des acquis scientifiques, les exercices peuvent être épurés, en étant encore plus efficaces et assimilés rapidement.

Mais, dans un cas comme dans l'autre, l'entraînement est nécessaire. Les résultats sont fonction du niveau de départ et du temps passé à s'entraîner. Mais n'est-ce pas le cas dans toute discipline ? Combien de temps faut-il pour faire un bon pianiste ? Un bon skieur ? Beaucoup. Cependant, rien ne nous empêche de prendre du plaisir rapidement à descendre des pistes ou à jouer quelques pièces de piano. Pour le yoga, ce pourrait être à peu près identique à la différence que, dès le premier jour de pratique, nous acquérons des outils qui nous servent au quotidien. Cela aujourd'hui est vrai, à la différence de la pédagogie du maître indien qui sélectionnera un ou deux disciples et qui, pour cela, fait passer de nombreuses épreuves à ses élèves afin qu'ils méritent son enseignement.

C'est certainement ce qui habitait Swami Satchitananda qui, ce jour-là, demandait à tous les participants de réaliser des exercices qu'il savait, peut-être malicieusement, impossibles à réaliser.

Néanmoins, certains, dans ce palais des congrès, essayaient de se conduire en élèves sages – comme moi-même – et s'appliquaient à faire ce qui avait été proposé. Cela aurait pu conduire à une catastrophe, pour nous, nos genoux et nos cervicales, si l'organisateur du stage n'était intervenu pour lui expliquer que, même si nous étions des professeurs de yoga, nous n'avions pas la possibilité de rester une heure dans la posture. Cela fit sourire le Swami qui ne désarma pas pour autant et nous proposa aussitôt un autre exercice presque aussi difficile ; une fois encore, il fallut négocier. Après un certain temps, il nous fut possible de reprendre le cours de yoga mais sous la dictée d'un professeur de la fédération. Nous étions sauvés !

Quelques heures plus tard, je demandai un rendez-vous auprès du Swami pour lui faire part de mon désir de progresser dans le yoga. Dans sa petite chambre d'hôtel, son interprète prit alors l'ardoise sur laquelle il venait de griffonner quelque chose et me dit : « Si vous voulez atteindre la sérénité, il vous faut pratiquer pendant deux heures deux fois par jour le travail du souffle... » et il m'expliqua la technique du pranayama (allongement du souffle) auquel je devais me consacrer. J'étais à nouveau stupéfait ! Cela ne me serait pas possible. J'avais mes études de médecine à faire conjointement, ce qui ne me laissait dans le meilleur des cas qu'une seule petite heure par jour pour l'étude et la pratique du yoga. En sortant dans le couloir, après l'avoir chaleureusement remercié, j'éprouvais un sentiment partagé. J'étais heureux d'avoir pu parler à un « maître » de yoga mais j'étais fort déçu par ses propositions qui n'étaient pas réalistes ou, plus exactement, qui étaient inadaptées à mes possibilités. Alors à quoi servait donc la pratique du yoga ? Etait-ce pour se contorsionner ? Etait-ce pour maîtriser sa respiration ? Etait-ce pour parvenir à la félicité de l'esprit comme l'indiquait le nom de ce « guru » ? Le lendemain, un autre enseignant devait nous faire un cours sur l'approche philosophique du yoga. J'en profitai pour lui poser la question : « A quoi sert le yoga ? » Ce conférencier étant français, je pensais qu'il connaissait mieux que notre interlocuteur de la veille notre état d'esprit occidental. Mais là encore, sa réponse me surprit fortement. Que n'avais-je pas dit ! Ma question, selon lui, n'avait aucun sens ! Nous ne souhaitions, « nous, Occidentaux » que posséder et avoir ! De cette façon nous ne pourrions jamais atteindre la profondeur de l'être. J'étais gêné d'avoir déclenché une telle réaction. Je devais l'assumer et j'écoutai la suite. Il se calma un peu et nous expliqua que le yoga devait se faire sans la recherche d'aucun but. Il appelait cela le yoga de l'action désintéressée. « Faites le yoga sans vous poser de questions, disait-il. N'essayez pas d'avoir d'objectif, c'est en ne cherchant pas que vous récolterez les fruits. » Alors quoi ? Je devais faire du yoga pour faire du yoga. Certes, cela me plaisait beaucoup mais, personnellement, j'avais débuté le yoga pour me sentir mieux. J'avais été nourri par quelques romans mettant en scène des yogis aux pouvoirs extraordinaires qui pouvaient ainsi mieux assumer leur vie d'homme. Ce que je voulais, c'était me sentir plus solide, plus équilibré, faciliter mes relations avec mon entourage, éviter de me mettre en colère inutilement et je pouvais ainsi allonger la liste à l'infini. Mais ici, soudainement, cet enseignant me disait qu'il fallait renoncer à toutes ces raisons !

Ne pas vouloir les fruits de l'action

Il me fallut quelques années pour comprendre ce que voulait, en fait, dire cette phrase : « Faire du yoga sans en vouloir les fruits. »

En fait, cela ne voulait pas dire qu'il ne fallait pas avoir de but ni d'objectif dans la vie – nous verrons bien au contraire qu'il en faut, y compris lorsque l'on pratique le yoga.

Cela signifie qu'il ne faut pas être malheureux de ce que l'on ne peut pas posséder. Il ne faut pas non plus se construire des espérances impossibles à réaliser, sinon nous sommes déçus et malheureux dès lors qu'elles ne peuvent pas se réaliser.

C'est fréquemment ce qui se passe lorsque nous attendons de quelqu'un qu'il se comporte d'une certaine façon alors que cela lui est impossible.

D'autre part, toujours lorsque nous avons un but très précis, nous risquons d'être trop obsédé par notre projet unique. Dans ce cas, nous ne faisons pas attention à tout ce qui se présente sur notre chemin et nous ne profitons pas de tous les autres bénéfices que l'on aurait pu retirer de cette situation, même si les opportunités qui se présentent à nous sont meilleures que celles de notre projet initial.

Ne pas avoir d'objectif doit être compris comme le moyen d'être encore plus disponible à tout ce qui peut se présenter. Il nous faut savoir apprécier ce qui se présente à nous. N'est-ce pas déjà une merveilleuse philosophie ? La simple application de ce conseil de base qui fait partie des dix conseils du yoga (yama et nyama) ne nous permet-elle pas tout de suite d'être plus heureux ?

Je dois dire que son application reste parfois difficile au quotidien. Cependant il est possible de s'y entraîner sur un tapis de yoga. Par exemple, rien ne sert de nous rendre malheureux parce que nous ne pouvons pas réaliser la posture sur la tête en lotus ou ne pas pratiquer quatre heures de maîtrise de la respiration par jour ou mieux encore, ne nous rendons pas malheureux parce que nous ne sommes pas assez heureux. Cela serait le comble ! Et pourtant, que cela est fréquent ! Combien de fois nous nous surprenons à pleurer sur notre sort !

Mais alors, le yoga apporte-t-il quelque chose à celui qui le pratique ? Aujourd'hui, je puis rassurer les personnes qui me posent la question. Oui, le yoga apporte un nombre inestimable de bénéfices, oui, il est d'autant plus légitime de vouloir s'améliorer par la pratique du yoga qu'il est fait pour cela. Mais, par contre, ne considérons pas ces énumérations des bénéfices attendus comme un catalogue. Nous ne pouvons pas dresser une liste des « difficultés de la vie » avec pour chacune d'elles la solution miracle. Malheureusement, cela n'est pas aussi simple que cela. Aujourd'hui, je mesure l'incongruité de ma demande auprès du Swami lorsque j'étais dans sa chambre à Saint-Jean-de-Monts.

Etre à l'écoute de notre corps

Nous l'avons déjà dit dans le premier chapitre, et nous tenons à insister sur ce point, les premiers pratiquants du yoga ont mis au point cette méthode pour se sentir mieux dans leur peau. Comme tout le monde, ils sentaient les difficultés de la vie, ils s'étaient également rendu compte que, selon nos états et nos émotions, nous pouvions avoir un certain nombre de perturbations physiques. Lorsque nous étions frustrés, nous nous sentions fatigués. Lorsque nous étions énervés, nous avions mal au ventre... C'est pour cela qu'ils ont « inventé » le yoga.

Cependant, comme ils n'étaient pas encore des spécialistes en neurophysiologie, ni en génétique, ni même en biologie, ils appelaient tout ce qu'ils percevaient des manifestations de l'énergie.

Le mot énergie devenait pour eux synonyme des manifestations de la vie qu'ils ressentaient en eux.

Vous-même, lorsque vous vous mettez en colère, vous sentez qu'une force monte en vous. Vous parlez précipitamment, vous devenez rouge, vous parlez fort, vous criez. Vous pouvez décrire cet état émotionnel comme un état dans lequel l'énergie monte vers le haut du corps et sort avec force. Cela est un bon moyen de résumer vos sensations. C'est une image qui exprime en des termes concrets vos sensations de façon plus pratique et plus imagée que si vous parliez des systèmes nerveux et endocrinien qui sont concernés.

Ce langage de l'énergie est un moyen simple pour traduire les manifestations d'un comportement. De même lorsque vous vous sentez dépressif, vous avez le sentiment de ne plus avoir d'énergie. Lorsque vous êtes oppressé, vous avez l'impression que l'énergie est bloquée dans votre thorax...

Dans tous ces cas, les pratiquants du yoga disent que cette énergie ne circule plus librement, qu'elle peut même à la longue être perturbée et entraîner des troubles tant fonctionnels qu'organiques.

Ces désordres reconnaissent bien sûr de nombreuses causes mais ont tous pour conséquence un état de mal-être. C'est en agissant sur le développement d'un mieux-être que le yoga va pouvoir effacer progressivement ces troubles appelés perturbation de l'énergie.

La première des bonnes raisons de faire du yoga est donc d'améliorer son état de santé général ou, comme le disent de façon imagée les yogis, d'améliorer la circulation de l'énergie.

Les faits le confirment. Dans la majorité des cas les premiers pas dans le yoga sont conditionnés par un trouble de santé. Toutes les études, qu'elles soient faites en Angleterre, en Belgique, ou par nous-même en France vont dans ce sens avec cependant quelques variations dans les pourcentages. A la question « Pour quelle raison avez-vous débuté la pratique du yoga ? », plus de 60 % répondent : « Pour des raisons de santé », soit presque un élève sur trois ! Dans l'étude que nous avions faite au sein de l'Association Médecine et Yoga, ainsi qu'auprès d'élèves de MJC, nous arrivions à des scores de 60 à 70 %. Les autres 30 à 40 % d'élèves étaient motivés par des raisons de mieux-être général ou des raisons d'ordre « spirituel. »

Objectif mieux-être

Il n'est pas étonnant de constater que la majorité des débutants invoquent des raisons de santé car c'est évidemment ce qui est le plus apparent parmi l'ensemble des bienfaits que le yoga procure.

Quel n'est pas le médecin qui un jour ne s'est vu conseiller la pratique du yoga à un patient ? Parfois en le conseillant avec précaution, ne sachant pas si celui-ci le prendra comme un aveu de l'échec de ses traitements ou s'il le prendra bien. C'est le cas d'un de mes élèves, adressé par un confrère psychiatre qui lui avait dit : « Nous avons essayé les traitements classiques mais malheureusement, ils ont provoqué des effets secondaires nécessitant leur interruption. Il faut que vous fassiez du yoga. Mais, pour vous, je vous préviens, faites-le comme un professionnel car, pour que cela soit efficace, il vous faudra le pratiquer régulièrement. Pour vous c'est certainement la meilleure solution. » C'est ainsi que Jean-Pierre devait se présenter à la salle de yoga et s'inscrire à trois cours par semaine.

Tout cela encourage un grand nombre de personnes à s'initier au yoga pour ses effets apparents et quantifiables.

Nous pouvons même aller plus loin et dire que la vie quotidienne des pratiquants doit se trouver améliorée. Si tel n'est pas le cas, il ne faut pas hésiter à changer pour suivre une autre activité ou un autre traitement.

Cet aspect est important et ne s'oppose en rien à ce que nous disions précédemment quand nous recommandions de ne pas avoir d'objectif trop précis, bien au contraire.

En pratique, vous devrez après quelque temps vous poser la question suivante : « Qu'est-ce que cela m'apporte ? »

Si vous pouvez constater des bénéfices et des avantages, alors vous pouvez continuer. Si tel n'est pas le cas, il faut que vous reconsidériez sérieusement votre pratique.

Si, dans presque 70 % des cas, les débutants déclarent vouloir améliorer leur santé en faisant du yoga, dans l'étude que nous avions faite, parmi ces 70 % de personnes, la volonté d'améliorer des troubles du sommeil était la motivation la plus fréquente.

Une pile électrique

Christine ressemblait plus à une pile électrique qu'à une jeune femme détendue. Elle parlait précipitamment, ne restait pas en place et m'expliquait qu'elle n'arrivait plus à s'endormir. Elle était même réveillée plusieurs fois par nuit. Parfois après s'être réveillée vers 5 heures, elle ne pouvait même pas se rendormir. Dans le meilleur des cas, elle restait somnolente en voyant les aiguilles du cadran de son réveil égrener les heures. Inutile d'ajouter qu'elle était devenue irascible, que dans la journée elle oscillait entre l'envie de dormir et un état d'excitation et de fébrilité exaspérant autant pour elle que pour son entourage.

Il est vrai qu'elle avait de nombreuses contrariétés, à la fois professionnelles et sentimentales. A son bureau, l'ambiance n'était pas très bonne, le travail devenait moins intéressant, les collègues nerveux et tendus. Sentimentalement, elle sortait d'une relation qui avait été douloureuse et s'était terminée par une rupture qu'elle n'avait pas désirée. Mais, par ailleurs, elle n'avait pas de problèmes familiaux, ni financiers, ni de logement. Elle avait une légère surcharge de travail en dehors de sa profession car elle faisait partie d'une association à laquelle elle consacrait deux ou trois heures le week-end. Si bien que progressivement son sommeil s'était dégradé. De ce fait, elle avait dû prendre quelquefois du Lexomil pour s'endormir. Une fois, elle avait même dû emprunter du Témesta à une amie. Bref, Christine était anxieuse. Elle se faisait une montagne de tout, ne pouvait pas envisager un événement sans le voir sous ses pires aspects et y penser pendant des heures.

Cela s'accompagnait d'un état désagréable de tension intérieure, de pensées automatiques qu'elle aurait souhaité ne pas voir revenir sans cesse. Ces pensées automatiques qui venaient la perturber étaient souvent liées à ses préoccupations. Elle voyait des images liées à son travail.

Elle ressassait sans cesse les difficultés. Systématiquement, ces idées se développaient en s'amplifiant et mille scénarios défilaient dans sa tête lorsqu'elle s'allongeait pour s'endormir. Elle arrivait bien à fermer les yeux mais, après une minute, elle s'était déjà retournée plusieurs fois. De plus, ces pensées s'accompagnaient fréquemment de sensations pénibles. Une boule à la gorge, une oppression thoracique. Autant d'éléments qui la perturbaient. Non, elle ne doutait pas d'elle. Oui, elle avait envie de faire des choses et avait des projets... Mais elle était préoccupée et inquiète. Nul doute, elle allait bénéficier de la pratique du yoga en limitant ces manifestations qui se déclenchaient de façon automatique et qui l'entravaient dans son comportement quotidien. Pour contrecarrer son état de tension, la pratique du yoga allait lui permettre de développer des états de détente et de calme.

Les états d'anxiété, les états d'angoisse et certaines de leurs conséquences comme les troubles du sommeil sont parfaitement pris en charge par le yoga. Nous pouvons même dire que la pratique du yoga en est le remède idéal car il s'adresse directement à la cause. Rien d'étonnant alors à ce que ces troubles soient les premiers à disparaître avec la pratique du yoga. Mais pour être efficace, il est important que la pratique corresponde au besoin et soit bien adaptée.

Un programme adapté

Lorsque vous êtes fatigué, nerveux, tendu, il est important de ne pas aborder les exercices de yoga dans n'importe quel ordre. Comment construire votre séance de yoga et comment établir un programme ?, voilà une préoccupation essentielle pour obtenir les résultats les plus efficaces.

Si vous êtes très nerveux, mais que vous commenciez par vous allonger et que vous fassiez une petite relaxation, il y a fort à parier que vous ne tiendrez pas en place. Le seul résultat que vous obtiendrez sera d'être encore plus excité. C'est pourquoi, en cas de nervosité, il est préférable que vous commenciez par faire quelques mouvements de façon à vous mettre en phase avec l'état qui vous habite.

C'est ainsi que Christine débuta sa première séance. Le programme était établi de façon à la faire bouger pour canaliser son énergie puis progressivement la ramener au calme.

Il en aurait été tout autrement si Christine avait été fatiguée, apathique, sans ressort. Il aurait fallu au contraire débuter par une phase de récupération et l'amener progressivement vers une dynamisation.

Au cours de l'heure, les exercices que Christine faisait se ralentissaient, les respirations s'apaisaient. Ses pensées étaient à la fois canalisées et calmées. Lentement, un état de détente se substituait à l'état d'énervement antérieur. Christine se sentait mieux, plus calme, plus libérée. Les idées obsédantes disparaissaient. Parfois elles revenaient en force mais la concentration pendant la séance sur les différentes parties du corps en mouvement, sur la respiration, sur le souffle ramenaient chaque fois de l'ordre. Après quelque temps où Christine s'était familiarisée à la pratique du yoga en cours, il lui fut possible de pratiquer quelques exercices chez elle. Progressivement, des exercices très simples lui permirent d'apprendre à se détendre dans n'importe quelle situation. Si bien qu'en très peu de temps, elle se sentit plus détendue, n'était plus envahie par les pensées parasites, s'endormait rapidement. Chaque soir, il est vrai, elle pratiquait systématiquement quelques exercices avant de s'endormir. Elle appelait cela faire le chat. Elle s'étirait, faisait le gros dos, prenait conscience de la pesanteur de son corps relâché sur le sol... Christine exprimait ce qu'elle ressentait à ce moment-là en disant que cela la ramenait dans son corps, lui permettant d'être plus centrée en elle.

« Avant, je me sentais dispersée. Maintenant, je me sens plus stable. D'ailleurs je ne m'emporte plus pour la moindre chose. J'ai l'impression d'être plus ancrée et moins une embarcation fragile agitée au gré des flots. »

Le cas de Christine est le cas de milliers d'adeptes du yoga (ils sont au moins 200 000 à 400 000 en France à pratiquer régulièrement dans un cours de façon hebdomadaire) qui ont su trouver quelques minutes par jour pour pratiquer des exercices très simples mais très efficaces.

Son objectif à elle était de retrouver le sommeil. Mais en fait, son programme était construit surtout pour lui permettre d'être plus calme et détendue. C'était un programme qui lui permettait de lutter contre les stress de la vie quotidienne qu'elle n'arrivait plus à endiguer. Christine n'avait pas pris d'anxiolytiques, ni d'antidépresseurs. Elle avait compensé les difficultés de la vie par un contrôle des réactions automatiques négatives et paralysantes qui avaient pris le dessus. Elle avait pu résoudre ses problèmes d'insomnie en agissant sur les états d'anxiété qui les avaient provoqués. Mais, de façon bien plus intéressante encore, non seulement elle n'était plus insomniaque, mais elle se sentait mieux dans sa tête. Elle retrouvait plus de confiance en elle. Elle sentait une joie de vivre qu'elle avait oubliée. Si bien que, quelques mois plus tard, à l'occasion d'une réception, elle me présentait son fiancé avec qui elle vit aujourd'hui.

Individualiser

Pour parvenir à un résultat maximal, la pratique du yoga nécessite une adaptation individuelle.

Dans l'absolu, si chaque pratiquant débutait jeune, en étant en pleine forme, sans problème particulier de santé, nulle adaptation ne serait nécessaire. La pratique non spécifique du yoga permettrait d'atteindre une bonne maîtrise de l'ensemble des fonctions de notre corps, ce que l'on pourrait résumer en disant que nous sommes plus maîtres à bord du vaisseau que nous représentons. Cependant, dans notre réalité, nous avons tous une histoire personnelle différente. Nous débutons tous avec un système ostéoarticulaire dont l'état n'est pas identique. Nous ne réagissons pas aux événements de la même façon. Nos comportements sont uniques. C'est pourquoi il n'est pas vraiment possible de proposer exactement la même pratique à chacun. Pour Christine, nous l'avons bien vu, le début des séances et l'objectif au sein de la séance était tout à fait particulier. Elle arrivait tendue et excitée. Il fallait qu'elle reparte détendue et apaisée. Pour d'autres, ce sont les douleurs dont il faut tenir compte, pour d'autres de l'hypertension artérielle dont ils souffrent.

Le yoga se caractérise par sa grande souplesse d'utilisation. Non seulement l'agencement d'une séance peut être différent, mais même un exercice apparemment identique pourra être individualisé et ne sera pas pratiqué de la même manière par deux personnes différentes. Chacun peut le faire en fonction de ses possibilités. Le simple fait de se pencher en avant peut donner lieu à dix exécutions possibles. Chaque exercice peut être dosé selon les possibilités et les limites de la personne.

Le professeur a un rôle important à jouer, bien entendu, mais plus encore le pratiquant qui doit être à l'écoute de lui-même.

Reprendre possession de soi

Etre à l'écoute est la première qualité demandée au pratiquant de yoga. Si le débutant n'est pas encore familiarisé avec ce processus d'écoute intérieure, progressivement il apprend à développer cette faculté. Cette observation est indispensable pour appréhender exactement les effets de la pratique et l'ajuster à ce que nous ressentons. Nous pouvons savoir ainsi s'il faut étirer plus ou moins ce muscle qui commence à nous faire un peu mal, retenir notre souffle plus ou moins longtemps avant d'avoir le sentiment de suffoquer...

Dans ces conditions, vous vous engagez littéralement corps et âme dans les exercices qui deviennent uniques. Vous n'êtes plus un objet inanimé auquel on ferait pratiquer un certain nombre d'exercices machinalement tout en pensant à autre chose. Dans la pratique du yoga, vous devenez véritablement un acteur de votre vie. Vous reprenez possession de vous-même. Vous écoutez votre corps, vous adaptez les exercices, vous êtes présent, vous investissez l'ensemble de votre corps. Dans ces conditions, vous devenez également responsable de vous-même. L'enseignant peut vous guider au mieux en mettant en garde, en proposant, en conseillant, mais, en dernier recours, le yoga est une expérience qui ne peut qu'être vécue. Certes, un grand nombre de signes extérieurs peuvent renseigner sur l'état intérieur et orienter la pratique, mais rien n'est plus pertinent que la sensation qui nous habite.

Pour avoir des résultats, il n'y a pas de doute, il faut s'engager, se prendre en main. Ici, nulle pilule du bonheur, nul traitement à avaler sans s'impliquer. Ces traitements ont leur intérêt, ce n'est pas cela que je remets en cause, seulement, il faut savoir que dans le yoga cela fonctionne différemment. Nous nous prenons en charge et cela demande une responsabilisation. Cette maîtrise que l'on acquiert alors passe progressivement par la maîtrise des fonctions plus automatiques.

Maîtriser ses fonctions automatiques

Etant à la fois observateur et acteur, nous devenons progressivement le véritable capitaine de notre vaisseau. Le yoga nous apporte très rapidement un meilleur « contrôle de soi », ce qui nous donne de fait le sentiment d'être tout simplement nous-mêmes. Souvent, nous sommes ballottés par des émotions que nous n'arrivons pas à canaliser telles de frêles embarcations chahutées lors d'ouragans. Nous perdons même parfois la faculté de prendre du recul et ce n'est que quelque temps après que nous réalisons avoir été trop loin, alors que notre embarcation s'est échouée sur un rivage non souhaité.

D'autres fois, ce ne sont pas seulement les comportements qui ne sont pas maîtrisés, mais ce sont les sensations ou les fonctions neurovégétatives qui s'emballent de façon isolée : palpitations, bouffées de chaleur, sueurs... La pratique du yoga nous permet de reprendre possession de notre corps et de mieux maîtriser ces fonctions automatiques. La respiration en est l'élément le plus évident, mais cela est également possible au niveau des tensions musculaires ou de la fréquence cardiaque. En agissant ainsi sur ces régulations autonomes, nous pouvons ne plus subir les réactions anarchiques de ces systèmes mais les maîtriser pour atteindre un état de plus grand calme et de détente. Les pensées ne sont plus automatiques et ne nous obsèdent plus.

Mais attention, le yoga ne consiste pas à serrer encore plus les mâchoires pour « encaisser » les coups. Bien au contraire, le yoga intervient sur les causes, en aval du déclenchement des réactions non désirées. De ce fait, cela respecte un total équilibre de la personne. Il n'y a rien d'autre qui puisse être perturbé lorsqu'un élément s'améliore car l'action sur les mécanismes normalement automatiques et inconscients, procède d'une optimisation de leur fonctionnement.

De plus, au fur et à mesure qu'ils progressent, les yogis acquièrent, avec la totale maîtrise de ces phénomènes, la connaissance de leur utilisation correcte. Ils sont alors tout à fait capables de ne pas en subir de conséquences néfastes.

C'est pourquoi la pratique du yoga nécessite d'être faite de façon progressive, par paliers. Chaque personne individualisera ses exercices et ses séances pour progresser à son propre rythme.

Le petit plus qui change tout

Christine avait réussi à retrouver et à développer son potentiel de vie et de force.

Retrouver un équilibre est souvent le premier objectif, car le yoga ne retire pas ou ne lutte pas contre des éléments négatifs. Il ne peut que renforcer des aptitudes qui existent déjà. Il stimule le potentiel de bonheur. Il optimise les potentiels de santé.

Le simple fait de pratiquer les exercices de yoga en prenant conscience de son corps, tout en s'abandonnant, renforce le sentiment de confiance en soi et dans la vie. Ce qui est une évidence lorsque l'on s'observe à titre personnel ou lorsque l'on écoute directement ce que les pratiquants décrivent a été mis en lumière de façon plus scientifique par les études qui ont été faites. Pour cela, on a fait passer des tests évaluant le degré de « confiance en soi » à des élèves n'ayant encore jamais fait de yoga. Puis, au terme de quelques semaines de pratique régulière, ces élèves ont été de nouveau soumis à ces tests. Le verdict de ces études est sans appel. La pratique du yoga développe la confiance en soi.

Cela est très important lorsque l'on sait que ce sentiment est le plus stabilisant qui soit. C'est la première marche à gravir. C'est en ayant davantage confiance en soi que les relations avec les autres s'améliorent, qu'elles deviennent plus naturelles.

Progressivement, nous nous sentons mieux, nous nous sentons plus libres, nous sentons notre respiration plus légère. Et de fait, tout semble mieux circuler en nous.

Le seul fait de vouloir retrouver le sommeil, de diminuer l'anxiété, de calmer les angoisses justifierait à lui seul la pratique du yoga. Mais il s'avère qu'à cela s'ajoute le développement de la force positive de vie et donc la faculté d'être plus heureux. C'est difficile de quantifier ce petit plus, mais c'est ce qui fait toute la différence et qui a une valeur inestimable.

Le yoga ne diminue pas seulement la souffrance, il augmente le potentiel de chaque individu à être heureux.

Une approche globale

Depuis toujours, dans la philosophie du yoga, il n'est pas fait de différence entre le corps d'une part et l'esprit d'autre part. Ce qui est maintenant bien acquis de façon scientifique a toujours été pressenti par les pratiquants du yoga. C'est d'ailleurs pourquoi le yoga propose des exercices qui s'adressent à toutes les parties de l'individu. Postures physiques, exercices de concentration...

Actuellement, la découverte de nombreuses molécules comme les endorphines, sécrétées par le cerveau et dont l'action déclenche à la fois une sensation de bien-être et améliore le fonctionnement des organes, montre l'importance de la continuité entre les différents aspects de notre corps. La découverte de certaines molécules, comme la lulibérine, qui en même temps déclenche un comportement amoureux et agit sur la maturation du follicule au sein de l'ovaire, apporte une pierre de plus à l'édifice. Il y a une véritable interdépendance entre les fonctions physiologiques, les pensées et les actions. Aujourd'hui, l'homme est considéré comme un continuum allant de son aspect le plus physique au plus subtil avec des interrelations permanentes.

Les tensions, les stress déclenchent souvent des troubles avec des manifestations plus physiques. Inversement une maladie plus organique se répercute sur les comportements, les pensées, les états...

La pratique du yoga, de ce fait, agit sur l'ensemble du corps. Les troubles liés au stress, à l'anxiété, à l'angoisse vont disparaître progressivement en entraînant dans leur sillage la majorité des troubles plus physiques.

Etirer le corps n'a pas qu'une action physique. Cela se répercute sur la respiration, les émotions, les pensées. Modifier son souffle, le contrôler également n'a pas qu'une action sur la respiration. Cela modifie l'état de tension musculaire, le fonctionnement des systèmes nerveux végétatifs, les pensées. Enfin, visualiser une situation plaisante, se concentrer, développer ses sensations modifie tous les autres aspects de l'individu.

Notre corps est plus délié

Le yoga développe l'intelligence du corps. Les exercices qui sont pratiqués lentement, consciemment, soit dans des postures très simples, soit dans des postures inhabituelles pour notre corps, permettent à celui-ci d'apprendre des positions de base. Tout comme nous apprenons à dessiner les lettres, puis à écrire les mots, les exercices du yoga permettent d'inscrire dans notre cerveau des positions clefs que l'on sera capable d'enchaîner les unes aux autres. Cela signifie que le pratiquant de yoga pourra développer ses capacités à se mouvoir dans l'espace et sera parfaitement préparé pour toutes les autres activités physiques. La souplesse est développée, la tonicité et la coordination également. De ce fait, les différentes parties de notre corps s'articulent parfaitement bien. Il n'y a plus de contraintes excessives et nous évitons les surcharges qui provoquent des faux mouvements. Nous limitons le risque de survenue de lombalgies, de douleurs du dos, de tensions dans les jambes...

Les exercices de yoga permettent également de compenser les troubles presque inhérents à la station verticale. N'oublions pas que l'homme s'est redressé pour devenir *Homo erectus* il y a seulement deux millions d'années. Cette station verticale a engendré des avantages flagrants. Le primate a pu acquérir la parole, développer la préhension avec la main, tout en développant son cerveau. Mais ces avantages se sont accompagnés d'effets pervers. La station debout favorise la fragilité de la région lombaire, les troubles du retour veineux, les atteintes douloureuses de l'attache de l'épaule. Tout cela se traduisant souvent par des phénomènes de lombalgies, voire de sciatiques, de tendinites de l'épaule ainsi que d'insuffisance veino-lymphatique.

La pratique du yoga permet de compenser ces troubles en nous apprenant à utiliser au mieux notre squelette, nos muscles, sans solliciter de façon excessive les tendons, les ligaments... en nous libérant des raideurs du manque de souplesse. En un mot, nous nous sentons mieux dans notre corps.

Mieux dans sa peau

Mais plus que tout, il ne faut pas oublier que la pratique du yoga apporte ce petit plus qui fait que l'on se sent bien dans sa peau. Non seulement notre système digestif fonctionnera mieux, notre respiration sera plus libre, nos fonctions cardio-vasculaires s'harmoniseront, notre peau sera plus souple, nous nous déplacerons avec plus de vélocité, mais nous ressentirons plus de joie de vivre. Et n'est-ce pas cela qui est de loin le plus important ?

Etre d'humeur plus égale et apporter autour de soi la joie de vivre, n'est-ce pas ce qui peut être le plus réconfortant, y compris pour nous-mêmes ?

Etre apprécié des autres et se faire des amis parce que nous sommes plus disponibles et plus à l'écoute, n'est-ce pas une raison extrêmement motivante ?

Se sentir heureux de vivre, sans raison apparente, juste en ouvrant les yeux le matin, apprécier l'air que l'on respire, n'est-ce pas une des meilleures raisons qui soient de faire du yoga ?

Se sentir vivre dans un monde où une aventure est en marche, se sentir partie prenante dans un monde où la conscience est en train de se développer (même si cela est encore insuffisant), n'est-ce pas la plus belle récompense que l'on puisse espérer lorsque l'on vient s'asseoir sur un tapis, en fermant les yeux, en écoutant sa respiration, en sentant ses muscles s'étirer ?

Tout cela n'a rien d'exagéré. Cela est pratiqué depuis des siècles, amélioré progressivement pour qu'aujourd'hui cela soit encore plus efficace et pratique. Des milliers d'études l'ont confirmé de par le monde dans l'ensemble des centres de recherche hospitaliers ou universitaires.

Si vous voulez profiter de cette expérience, il n'y a rien d'autre à faire qu'à vous asseoir et à suivre les consignes qui vous sont données pour la pratique des exercices.

CHAPITRE TROISIÈME

Comment faire du yoga ?

Une première séance

Hélène savait que ce soir-là elle devait aller à sa première séance de yoga. Lors de la communication téléphonique, le professeur, Chantal, lui avait recommandé de porter une tenue qui ne provoquerait pas de gêne : survêtement, jogging, short, tee-shirt, collants... Il lui fallait veiller à ne pas être serrée à la taille ni au cou, cela allait de soi. Elle avait trouvé dans son armoire une tenue ample qui ne l'empêcherait ni d'exécuter les mouvements, ni de respirer profondément.

Maintenant, elle se trouvait dans la salle de yoga. Le lieu, inutile de le préciser, était parfaitement propre. Visiblement, il avait été bien aéré. La température était douce, ce qui allait s'avérer nécessaire pour ne pas se refroidir durant la relaxation qui terminerait la séance. Dans la salle étaient disposés des tapis sur l'un desquels Hélène plaça une grande serviette. Il est en effet plus agréable, lorsque l'on doit s'allonger, de poser son visage sur sa propre serviette. La salle était tendue de tissu bleu et sobrement décorée. Il n'y avait pas de mobilier en dehors d'un petit meuble qui servait de bibliothèque. Là étaient disposés des ouvrages sur le yoga que l'on pouvait emprunter. Aux murs, quelques affiches et photos mettaient tout de suite dans l'ambiance. Une colonne vertébrale était rangée dans un coin, ce qui permettrait de préciser certaines données anatomiques. Enfin, des coussins étaient disposés à côté de chaque tapis pour faciliter l'assise jambes croisées. Après quelques mots d'introduction, Chantal invita les élèves à s'allonger à même le sol.

Sur le dos, Hélène, à l'invitation du professeur, passa en revue les différentes parties du corps qui étaient en contact avec le sol : talons, mollets, cuisses, fessiers, dos, dos des mains, dos des bras, épaules et crâne. Puis elle observa sa respiration : les mouvements du ventre qui montait et descendait au gré des vagues du souffle. Déjà, cette simple prise de conscience lui permettait de se sentir plus détendue. Elle était dans un autre état que celui qu'elle avait ressenti en arrivant. Cette voix qui la portait, qui lui suggérait de placer son attention dans telle ou telle partie du corps, la faisait voyager paradoxalement très loin à l'intérieur d'elle-même.

L'exercice qui devait suivre était une prise de conscience du bassin. Des mouvements de bascule en avant et en arrière permettaient de sentir toute la ceinture pelvienne et les conséquences que cela amenait dans l'ensemble du corps. Comme cela était étrange ! Un simple petit mouvement avait un pouvoir extraordinaire. Comme cela paraissait étonnant de sentir bouger son corps ! Si proche mais pourtant au quotidien si loin. Nous partageons notre vie avec lui, mais combien nous le malmenons ! Toujours plus vite, toujours plus fort. Que d'ordres il reçoit et doit exécuter rapidement. Ici, rien de cela, c'était réapprendre à vivre avec soi. Ce petit mouvement permettait de se réapproprier son corps, sa vie. C'était comme une expérience de réconciliation. Hélène redécouvrait qui elle était.

Le professeur demanda de s'asseoir sur les talons. Les élèves furent invités également à allonger leurs bras et à poser leur front au sol. Puis, à quatre pattes, ils firent la posture du chien et du chat, où le dos s'arrondit et se creuse. Les mouvements devaient se synchroniser le plus parfaitement possible au souffle. Les exercices continuèrent à s'enchaîner les uns avec les autres. Le tout s'égrenait comme autant de perles enfilées sur un fil. Le fil, en l'occurrence, était celui du souffle. Hélène se sentait descendre de plus en plus profondément à l'intérieur d'elle-même. Un sentiment de paix s'installait. Vers la fin de la séance, chaque élève prit un coussin et s'assit. L'attention fut portée à l'entrée des narines pour observer l'air qui entrait et sortait. Si curieux que cela puisse paraître, c'était somme toute avec un exercice des plus simples, qu'Hélène ressentait s'amplifier cet état de détente.

Enfin, une relaxation qui serait assez courte pour la première séance, dit Chantal, permit à nouveau de sentir son corps lourd et relâché.

Lorsqu'elle dit que la séance était terminée, tous furent étonnés de se rendre compte que le temps avait passé aussi rapidement. Chacun se rhabilla dans un silence léger. Les visages étaient décrispés, des sourires se dessinaient. Chacun se sentait bien.

Ce soir-là, Hélène se sentit comme sur un nuage. Elle flottait littéralement et dormit d'un profond sommeil comme cela ne lui était pas arrivé depuis longtemps.

■ Les sept clefs de la pratique

PREMIÈRE CLEF : Qui veut voyager loin ménage sa monture

Le premier conseil à appliquer lorsque l'on va pratiquer le yoga est de ne pas se faire de mal... Evident, me direz-vous. Mais peut-être pas tant que cela car les exercices de yoga peuvent parfois être tout à fait inhabituels. Il ne s'agit pas de sauter, de marcher, de courir, ou même de nager qui sont autant d'activités pour lesquelles nous sommes programmés. Dans la méthode du yoga, il n'en est rien. Il faut tirer sur un muscle qui ne travaille jamais, se pencher en avant, s'étirer, retenir son souffle, voire se mettre sur la tête... Autant de positions et d'exercices qui ne sont pas forcément naturels. Il faut donc, si l'on veut progresser rapidement, prendre tout son temps. Celui qui va trop vite risque de se faire mal et de se retarder. Un yoga qui fait mal est un yoga mal fait. Cependant, ne pas se faire mal ne signifie pas qu'il ne faille rien faire. C'est souvent la règle la plus difficile à intégrer. En effet, nous prenons l'habitude de tirer, de pousser en forçant pour essayer de dépasser nos limites. Dans le yoga, ce n'est pas cela qui est demandé, alors le débutant oscille souvent entre forcer et ne rien faire. Pourtant, pratiquer le yoga nécessite une implication des muscles, parfois de la force. Ce n'est pas une gymnastique faite en douceur. Il faut trouver l'équilibre en faisant l'exercice au maximum de ses possibilités mais sans dépasser ses limites. Le professeur doit, en règle générale, nous inciter à la prudence et à la modération. Inversement, certaines personnes doivent être stimulées au contraire pour dépasser leurs limites.

Cet équilibre est affaire personnelle et se trouve progressivement.

Il faut pour cela abandonner tout esprit de compétition avec ses voisins car, si nous sommes entraînés par eux, nous risquons de ne plus être à l'écoute de nos sensations et ainsi de dépasser nos limites, ce qui serait alors préjudiciable pour nous-mêmes. Le non-respect de cette

Comment se préparer

Le matériel :
La tenue : Souple, elle ne doit pas serrer. Jogging, collant, tee-shirt, short...
Pas de ceinture. Sans chaussons ni chaussettes pour les exercices physiques.
Un tapis mousse pour éviter la dureté du sol.
Une serviette pour des raisons d'hygiène.
Un coussin pour s'asseoir ou un petit banc.
Une couverture pour se couvrir pendant la relaxation.

Le lieu :
Calme.
Aéré.
Propre.
De préférence en intérieur, l'extérieur étant souvent source de distraction.

Le moment :
A distance des repas.
En cas de faim, boire un verre d'eau ou de lait.
Après la douche matinale.
Avant de se coucher.

Exercice de bascule du bassin

Comment le pratiquer

*1) Allongez-vous sur le sol.
Les jambes sont écartées, les
bras le long du corps.
Portez votre attention sur le
bassin.
2) En inspirant, creusez le
bas de votre dos.
3) En expirant, plaquez le
bas de votre dos sur le sol.
4) Continuez cet enchaînement plusieurs fois en syn-
chronisant le souffle et le
mouvement.
Observez les différents
muscles qui sont concernés
dans l'exercice : les fessiers, le
bas du dos, les cuisses, le
ventre.*

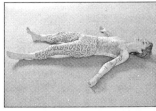

*Puis, observez les conséquences de ce mouvement sur le reste
de votre colonne vertébrale. En particulier sur le rachis cervical.
Vous vous rendrez vite compte que le rachis cervical se mobilise en sens inverse de votre rachis lombaire. C'est dû au phénomène de compensation.*

Les effets

Cet exercice redonne de la souplesse à toute la ceinture pelvienne. Il permet une excellente prise de conscience de tout le
bassin, de développer la proprioception de cette zone et
secondairement une prise de conscience de l'ensemble de la
colonne vertébrale.
C'est un exercice relaxant, bénéfique pour toutes les douleurs
du dos.
Il est à pratiquer quotidiennement en rentrant chez soi en cas
de douleurs du dos ou en cas de tension nerveuse ou stress.

Exercice du chien et du chat

Comment le pratiquer

1) Placez-vous assis sur les talons.

2) Posez les mains au sol de chaque côté des genoux, inspirez dans la position.

3) Expirez en faisant glisser les mains le plus loin possible en avant en laissant le même écartement entre les mains et en laissant les fessiers en contact avec les talons. Le front est posé au sol.

4) Inspirez en vous mettant à quatre pattes sans bouger les mains de place. Bras et cuisses sont à la verticale. Dans le même temps, creusez le dos.

5) Expirez en arrondissant le dos. Le mouvement doit partir du bassin qui s'enroule progressivement en entraînant tout le rachis. En fin d'expiration, la tête est penchée en avant.

6) Inspirez à nouveau en creusant le dos. Le mouvement d'enroulement de la colonne vertébrale part du bassin pour remonter de façon synchronisée avec le souffle.

7) Recommencez autant de fois que nécessaire les phases 5 et 6.

8) Après une phase d'inspiration le dos est creusé, expirez en vous replaçant dans la position de départ, assis sur les talons, front au sol, bras tendus puisque les mains n'ont toujours pas bougé.
9) Redressez-vous assis sur les talons.

Les effets

Cet exercice amplifie les effets du précédent. Il permet de développer la prise de conscience du corps et en particulier du rachis avec le bassin et le crâne.

Il assouplit la colonne vertébrale, il relaxe l'ensemble des muscles du dos, il assouplit l'avant du corps, en particulier la cage thoracique. Il permet de synchroniser le souffle et le mouvement.

Comme c'est un mouvement dynamique qui se pratique en enchaînement, la concentration sur le corps est facilitée.

C'est un excellent exercice de rééquilibration général entre l'avant et l'arrière du corps et plus généralement de l'ensemble de l'être.

règle est cependant fréquent même chez les pratiquants avertis. En effet, il est tentant lors d'un stage de vouloir faire les exercices proposés. Nous nous disons toujours que la petite douleur que nous sentons n'est pas importante ou grave. Mais quelle déception le lendemain lorsque nous nous rendons compte que cela a eu des conséquences néfastes et nous oblige au repos ! Cette règle, comme toutes les règles du yoga, est une question de bon sens, mais parfois nous en manquons.

Pour appliquer cette première clef, c'est-à-dire ne pas se nuire, il faut avoir recours à une deuxième clef du yoga qui véritablement ouvre toutes les portes de la pratique : l'observation de soi.

Deuxième clef : Le Témoin

La spécificité de l'homme par rapport aux autres animaux est de pouvoir être conscient. Cette conscience est d'une importance considérable puisqu'elle lui permet de prendre du recul par rapport aux événements et d'infléchir les comportements ou la stratégie en intégrant un maximum d'informations. Dans le yoga, cette conscience est développée à son maximum. Nous l'appelons souvent le « Témoin » par opposition aux réactions automatiques qu'il nous est possible d'avoir. Ce Témoin, qui est en chacun de nous, représente cette petite partie qui nous permet de prendre conscience de ce qui se passe à l'intérieur de nous aussi bien qu'elle nous rend compte de l'extérieur.

Dans toutes les traditions il en est fait mention. Dans celle de l'Inde, ce Témoin est appelé le « regardant », ce que nous pouvons traduire par observateur. Patanjali en parle abondamment. C'est pour lui la clef fondamentale du yoga.

Pour comprendre ce qu'est le Témoin, il est un exercice très simple à réaliser que vous allez pouvoir faire maintenant :

1) Asseyez-vous confortablement ou allongez-vous.

2) Fermez les yeux et portez votre attention dans votre main, comme dans une relaxation. Appréciez ce que vous ressentez; c'est l'observateur qui est en vous qui enregistre ce qui se passe. Vous êtes alors en train de prendre conscience de votre main. Ces sensations, indépendamment de la prise de conscience, existent en permanence. Elles sont transmises par votre système nerveux seconde après seconde. Ce que vous faites dans ce cas, c'est prendre conscience de la sensation.

3) Après cette prise de conscience de votre main, vous pouvez, de proche en proche, apprécier l'état de tension ou les sensations de votre corps. Votre bras est-il lourd ou léger ? Votre dos est-il crispé ou détendu ? Vos jambes sont-elles lourdes ou pleines de fourmillements ?

4) Après avoir été témoin de votre état de tension musculaire et des sensations physiques, vous allez pratiquer la même prise de conscience avec votre respiration. Toujours dans la même position, observez la fréquence respiratoire, l'amplitude, par quelle narine vous respirez le plus. Est-ce que l'une

des deux narines est bouchée ? Observez les mouvements du
ventre, de la cage thoracique.
Vous avez pris conscience de l'état de votre respiration.
5) Puis, prenez conscience de vos pensées.
Quelles ont été vos pensées automatiques qui se sont introduites
dans votre cerveau depuis tout à l'heure pendant que vous obser-
viez votre corps et votre respiration ?
En faisant cela, vous prenez du recul pour être Témoin de vous-
même.

Avec cet exercice, vous réalisez qu'il est possible de se dissocier de son corps, de sa respiration, de ses pensées.

Il est également possible de prendre conscience de l'ambiance générale qui vous habite. Reprenez donc l'exercice :

6) Dans quel état vous sentez-vous ? Etes-vous d'une façon géné-
rale tendu ? Relaxé ? Impatient ? Irrité ? En paix ?...

Vous êtes, dans ce cas, le Témoin de vous-même.

Cette faculté d'être témoin de ce que vous êtes vous donne la possibilité de vous détacher de vos réactions.

Je vous encourage à faire cet exercice la prochaine fois que vous vous mettrez en colère. En général, dans ces cas-là, nous ne sommes absolument pas détachés de nos réactions. Nous faisons corps au contraire avec l'état qui nous habite. Nous ne pouvons pas du tout prendre de recul. Mais cette prochaine fois, essayez d'en prendre. Même si cela ne modifie pas votre façon de réagir, obli-gez-vous à prendre conscience de votre état. Imaginez que vous êtes un observateur qui doit faire un compte rendu de votre état. Si vous y parvenez, vous êtes alors dans une situation de témoin. L'intérêt en est évident. Lorsque nous sommes capables de nous entraîner pour prendre conscience de ce qui se passe, nous sommes alors capables d'intervenir de façon plus efficace. Nous sommes conscients de ce qu'il est préférable de faire ou ne pas faire et pouvons réorienter nos réactions.

Pour modifier ce qui se passe en nous et surtout agir sur les mécanismes qui sont normalement automatiques, la prise de conscience est incontournable.

En général, nous ne pouvons pas agir sur ce que nous ne voyons pas ou tout au moins sur les manifestations dont nous n'avons aucune sensation. La méthode du bio-feedback en est un exemple.

Si nous pouvons agir sur notre respiration, c'est parce que nous pouvons en prendre conscience. Si nous avions un moyen de prendre conscience de nos battements cardiaques, nous pourrions alors agir sur eux. C'est ce qui a été fait avec le biofeedback (contrôle par information retour). Un enregistrement électrique des battements du cœur est relié à un voyant, soit sonore, soit visuel. A chaque battement, un son est émis ou une lumière s'allume. Dans ces conditions, nous avons un moyen de savoir quels sont le rythme et la fréquence cardiaques et nous pouvons agir dessus.

En nous concentrant sur le son ou la lumière indépendamment de notre cœur, nous ralentissons la fréquence d'émission du son ou de la lumière. Ce qui signifie que nous agissons sur les battements du cœur. Dans le yoga, nous ne faisons pas intervenir d'appareillage externe. Nous n'en avons pas besoin puisque nous développons notre faculté d'écoute intérieure. Ce qui est d'ailleurs bien plus efficace puisque nous ne dépendons pas d'un appareillage. Nous gagnons donc en autonomie.

Cette faculté d'observation est valable pour tous les processus physiologiques. Nous pouvons agir sur la tension musculaire, sur la fréquence respiratoire, sur les pensées, sur les émotions, sur nos comportements, voire sur le cœur, comme dans l'exemple précédent.

Dans les postures de yoga, l'observation nous permet d'adapter au mieux les exercices. Elle nous permet de savoir si nous allons ou non trop loin dans notre exercice, de rectifier une position, de revenir en arrière et de ce fait de ne pas nous faire de mal.

Projection ou observation ?

Cependant, l'observation n'est jamais vraiment neutre. Le simple fait de porter votre attention sur votre respiration a toutes les chances de la modifier. Pourquoi ce phénomène ? Tout simplement parce que la prise de conscience s'accompagne d'une projection qui modifie l'observation. Vous imaginez, ou plus exactement vous produisez une reconstruction mentale de la région que vous observez.

Lorsque vous portez votre attention dans votre main gauche, cela s'accompagne dans le même temps de la perception d'une image mentale de la main gauche. Cette image et cette impression qui s'associent à la prise de conscience peuvent modifier la situation. C'est ce qui se produit par exemple lorsque vous avez l'habitude de prendre conscience de votre respiration. Vous avez associé à cette prise de conscience un état réflexe de détente. Si bien que, dès que vous en prendrez conscience dans votre vie quotidienne, vous ressentirez cette détente s'installer en vous. Vous induirez un état de détente. Inversement, si vous n'en avez pas l'habitude et que vous êtes anxieux, le fait de porter votre attention sur votre respiration peut au contraire majorer votre trouble. C'est pourquoi il faut souvent un entraînement régulier avant d'utiliser la respiration pour endiguer une crise d'anxiété ou d'angoisse. Si vous brûlez les étapes dans l'apprentissage de la respiration, vous risquez non seulement de ne pas avoir d'effet mais au contraire d'obtenir l'effet inverse. Dans le même esprit, lorsque vous prenez conscience de vos paroles, cela peut vous faire bégayer. Tout dépend de l'état dans lequel vous vous trouvez et donc du sentiment qui va se trouver associé à votre prise de conscience. Si vous êtes crispé, tendu, nerveux, vous allez majorer le trouble.

Tout se passe comme si vous aviez d'un côté une observation neutre qui irait de la périphérie vers le centre, c'est-à-dire centripète, et d'un autre côté une observation associée à un sentiment qui serait pour sa part centrifuge, correspondant à une projection.

La distinction de ces deux mécanismes est essentielle car ils sont au cœur de l'action du yoga. Le pratiquant, lorsqu'il est capable de les maîtriser, c'est-à-dire de passer d'un état d'observation neutre, dans lequel il est témoin de ce qui se passe, à un état d'observation-projection dans lequel il influence les réactions physiologiques, avance alors très rapidement vers plus de sérénité.

Vous êtes alors capable de prendre du recul.

Passons à l'application :

1) Reprenez la position précédente.
2) Observez votre main en insistant uniquement sur la sensation qui provient de la main. Chaud, froid, picotements, engourdissement, lourdeur, légèreté, douleurs. Toutes ces sensations sont de véritables sensations qui proviennent de la périphérie. Ce sont des sensations kinesthésiques et proprioceptives. Elles vous renseignent sur la position et les sensations.
3) Maintenant que vous avez réalisé cela, insistez sur la représentation mentale de la main. Vous la voyez, vous pouvez même la décrire. Elle se projette sur l'écran interne de votre cerveau.
4) Puis, passez d'une sensation à l'autre. Alternez la prise de conscience des sensations et de l'image. Observez bien la différence qui existe entre les deux.
5) Il vous est alors possible, en vous concentrant sur ces sensations, d'induire un état de chaud, de froid, de densité, de légèreté...

En comprenant ce phénomène et en le maîtrisant, vous aurez déjà franchi un pas de géant dans la pratique du yoga.

Beaucoup de pratiquants, il est vrai, mettent parfois des années pour réaliser cela, parfois n'y arrivent même pas car cela ne leur a jamais été enseigné. Pourtant, avec un peu de soin, cela est facile à obtenir. Vous entrerez dès lors par la grande porte du yoga.

Après l'observation, l'identification

Curieusement, après avoir pris du recul, le professeur vous demandera de vous impliquer complètement dans vos exercices.

Ce sera exactement l'inverse du processus précédent.

Dans ce cas, vous ne vous détachez pas de vos sentiments mais vous vous laissez baigner par eux.

Faisons immédiatement un nouvel exercice pour mieux le comprendre.

1) Allongez-vous sur le sol.
2) Dans cette position, portez votre attention sur votre main. Dans un premier temps, vous la sentez comme précédemment en obser-

vateur. Passez en revue toutes les facettes de votre sensation tout
en étant détaché d'elle.
3) Puis, vous allez imaginer que vous êtes, non plus dans votre tête
en train de l'observer, mais que vous êtes vous-même votre main.
La main occupe tout l'écran mental. Vous êtes à l'intérieur de votre
main. Vous vous identifiez carrément à votre main qui devient
lourde, pesante.
Ce processus d'identification, vous l'appliquerez dans de nombreux
autres exercices : postures, respiration...

L'idéal sera de pouvoir passer de l'observation avec recul à l'identification. Comme avec un appareil photo en réglant la focale, vous passez d'un gros plan à un plan général ou l'inverse.

Pouvoir passer d'un état d'observation, tout en étant conscient, à un état où vous vous identifiez à un élément est l'un des secrets du yoga et de son efficacité. Celui-ci sera utilisé dans tous les autres exercices. C'est en appliquant ce mécanisme de façon consciente que vous pourrez vraiment dire que vous faites du yoga. C'est ce qui fera la différence entre un exercice de gymnastique et un exercice de yoga.

TROISIÈME CLEF : L'unité entre le mouvement, le souffle, la pensée

Nous arrivons maintenant à la troisième clef du yoga. Celle-ci est très simple et son intérêt est pourtant majeur.

Cela consiste à synchroniser les mouvements avec le souffle et la pensée.

Les conséquences seront de réunir les différentes composantes de notre personnalité et de combattre les sensations désagréables de dispersion, d'éclatement que nous pouvons parfois avoir dans la vie quotidienne.

En alliant mouvement et respiration et en nous concentrant bien sur les sensations qui émanent des deux premières composantes, nous créons une unité d'action. Nous sommes à nouveau engagés dans un ensemble cohérent.

Le mouvement matérialise la respiration.

Les sensations donnent un support à nos pensées qui de ce fait ne s'évadent pas.

La respiration facilite le mouvement et engendre un état de paix.

Dès lors, nous ressentons un état d'unité et de ressourcement.

Mais, encore une fois, mieux vaut le pratiquer que de disserter longuement.

1) Placez-vous debout. Pieds nus, légèrement écartés. Les bras sont relâchés le long du corps.

2) Dans la posture, fermez les yeux et concentrez-vous sur la sensation qui émane du contact de vos pieds avec le sol.

3) Puis portez l'attention dans les bras.

4) Faites une première inspiration lente.

5) Retenez un instant votre souffle puis expirez encore plus lentement.

6) Refaites une même respiration en levant les bras sur l'inspiration.

7) Puis en les abaissant sur l'expiration.

Le début de l'inspiration et le début du mouvement doivent parfaitement coïncider. Durant toute l'inspiration, vous levez les bras lentement vers la verticale.

Le mouvement cesse en même temps que l'inspiration. Puis durant l'arrêt du mouvement vous cessez la respiration.

La synchronisation est la même durant l'expiration.

Il doit être impossible de distinguer ce qui débute : la respiration ou le mouvement. Ils sont parfaitement indissociables.

Dans le même temps, vous êtes totalement concentré et attentif au mouvement et à la respiration. Vous ne le pratiquez pas de façon machinale. Vous êtes présent.

Vous avez ressenti le mouvement dans l'épaule. Vous vous êtes appliqué à allonger le souffle.

8) Refaites l'exercice deux ou trois fois.

Puis allongez-vous sur le sol pour pratiquer le deuxième exercice.

1) Rapprochez les pieds.

2) Posez les mains à plat sur le sol, les bras étant le long du corps. Veillez à ne pas casser la nuque.

Dans cette position, refaites l'exercice de synchronisation pratiqué debout.

3) Les bras partent en arrière à l'inspiration.

4) Ils reviennent en avant sur l'expiration.

5) Faites-le plusieurs fois en veillant toujours à allonger le temps de l'expiration.

Cette synchronisation est la troisième clef qu'il est indispensable de connaître pour vraiment pratiquer le yoga.

Vous l'appliquerez dans chacun des exercices. Que ce soit en vous penchant en avant, que ce soit en levant une jambe, que ce soit en vous redressant... Vous veillerez systématiquement à synchroniser le mouvement dynamique et la respiration.

Vous veillerez également à être présent. Vous observerez ce qui se passe, soit en prenant du recul, soit en vous identifiant à l'exercice. Dans ce deuxième cas, vous êtes totalement impliqué dans la posture. Vous avez un sentiment d'immersion totale, ce qui ne permet à aucune autre pensée de venir traverser votre esprit. Les yogis disent que vous êtes présent dans un véritable état d'unité. Ceci vous assurera une excellente cohésion et développera votre solidité par rapport aux agressions externes.

QUATRIÈME CLEF : L'étirement sans heurt

Depuis des millénaires, les pratiquants du yoga ont expérimenté les meilleures façons de procéder pour exercer l'ensemble de leur corps. Il leur fallait assurer un bon fonctionnement de celui-ci, surtout quand ils pratiquaient des méthodes de méditation qui les immobilisaient longtemps.

Pour compenser leur « sédentarité », ils ont développé un ensemble d'exercices faisant intervenir les muscles, les tendons, les ligaments, les articulations...

Un des éléments principaux de ce travail consiste à assouplir les muscles pour leur redonner une longueur optimale et ainsi améliorer leur fonctionnement.

La gymnastique, habituellement, nous conseillait, pour nous étirer, de nous mettre dans une position d'étirement maximal du muscle et de tirer dessus, souvent en ressort. L'assouplissement se faisait par tractions successives qui s'enchaînaient les unes aux autres. Malheureusement, le recul acquis depuis l'application de cette méthode a recensé un trop grand nombre d'inconvénients pour la conseiller à tous.

La méthode du yoga est aux antipodes de celle-ci. Elle recommande au contraire de ne pas travailler en ressort. Le principe est d'allonger progressivement les muscles en utilisant le souffle, et cela de façon très lente.

Cette façon de procéder permet de court-circuiter les réflexes de contraction lors d'étirements. Ce sont eux, en effet, qui sont responsables des troubles qui pourraient survenir.

Pour mieux le comprendre, faisons un peu d'anatomie et de physiologie :

Chaque muscle est innervé par un nerf moteur qui, lorsqu'il est stimulé, déclenche la contraction.

Par ailleurs, il existe à l'intérieur de chaque muscle un capteur qui mesure l'étirement de celui-ci.

Lorsque l'étirement survient rapidement, le détecteur d'étirement est stimulé et envoie une information à la moelle épinière pour l'en informer.

Ce phénomène entraîne de façon réflexe une stimulation du nerf moteur qui va entraîner à son tour la contraction du muscle.

En résumé, nous pouvons dire que tout étirement rapide entraîne une contraction du même muscle. Ce mécanisme est essentiel pour permettre une adaptation permanente aux forces qui s'exercent sur les muscles. Cependant, ce qui est bon dans le maintien de la posture ou dans d'autres circonstances devient nuisible si nous faisons un travail gymnique rapide. Dès que vous étirez un muscle en ressort, celui-ci se contracte, entraînant un mouvement paradoxal qui peut être responsable de lésions intramusculaires. Ce risque est diminué avec l'entraînement et l'échauffement mais persiste.

Dans le cas du yoga, l'étirement est progressif et lent. De ce fait, le réflexe est adapté de façon permanente et ne provoque pas de contraction brutale qui s'oppose à l'étirement, toujours passif. L'avantage de cette procédure est évident. Les fibres musculaires peuvent non seulement s'allonger sans risque, mais l'assouplissement est également plus rapide.

La quatrième clef pour la pratique du yoga consiste donc à exécuter les mouvements lentement. Pour savoir si nous exécutons correctement le mouvement, il existe un truc. Il faut toujours être dans un état d'équilibre. Cela signifie qu'il faut pouvoir à tout instant faire le mouvement en marche arrière.

La lenteur et l'attention que l'on porte à l'exercice permettent de doser parfaitement les étirements, que ceux-ci se fassent sur une respiration, c'est-à-dire en dynamique, ou en restant en place dans la posture tout en respirant, c'est-à-dire en statique.

Mais passons à la pratique.

1) Placez-vous en position de départ debout, les pieds légèrement écartés.

2) En inspirant vous levez les bras à la verticale.

3) En expirant vous ramenez les bras le long du corps.

Vous avez exécuté un mouvement en dynamique.

Maintenant refaites le même exercice.

4) Inspirez en levant les bras.

5) Mais cette fois-ci expirez en vous penchant en avant. Les bras descendent vers le sol, votre tête s'incline, le dos est étiré, votre tronc se fléchit. Fléchissez légèrement les jambes pour que cela ne tire pas trop dans le bas du dos.

6) Restez ainsi dans cette position à vide, c'est-à-dire sans respirer.

7) Puis dès que le besoin d'inspirer se fait ressentir, redressez-vous en remontant les bras à la verticale.

8) Enfin, expirez en ramenant les bras le long du corps.

Vous venez à nouveau de pratiquer un exercice en dynamique.
Votre souffle a accompagné le mouvement, comme nous l'avons
précisé dans la clef numéro trois.
Votre pensée était présente, comme précisé dans la clef numéro deux.
Vous avez fait attention à ne pas vous faire mal, comme précisé
dans la clef numéro un.
Vous avez travaillé lentement en ayant le sentiment que vous auriez
à tout instant pu revenir en arrière. Vous avez étiré vos muscles du
dos progressivement sans le brutaliser. Vous avez appliqué la clef
numéro quatre.

Maintenant, nous allons refaire le même exercice mais en statique.
Pour cela :

1) Reprenez la position de départ.
Debout, pieds rapprochés, bras
le long du corps.
2) Dans cette position, inspirez
en levant les bras.
3) Puis expirez en portant les
mains dans la direction du sol.
4) Restez dans la position tant
que vous vous y sentirez bien.
N'oubliez pas de légèrement fléchir les jambes pour ne pas nuire
au bas du dos.

5) Dans la posture, installez-vous
confortablement et respirez. Respirez lentement. Respirez profondément. Sur chaque expiration,
n'essayez pas de descendre plus
bas mais relâchez un peu plus
votre corps, vos épaules, votre
dos, vos bras... Décontractez
votre visage. Ressentez votre respiration, le ventre qui se rentre à
chaque expiration, qui ressort à
chaque inspiration... Observez la
détente qui s'installe et les mains
qui sans aucun effort se rapprochent du sol. Ne forcez en aucun
cas. Ne faites pas de tractions.
Laissez la pesanteur travailler
pour vous...

Après quelques respirations, vous allez vous redresser. Mais pas comme tout à l'heure.

Vous allez vous redresser en déroulant le dos. Bien sûr, vous l'avez compris, vous devez vous redresser en inspirant.

6) Lentement, vous déroulez la colonne vertébrale en inspirant. Attention, veillez à garder la tête penchée en avant même lorsque l'inspiration est terminée.

7) Ce ne sera que sur l'inspiration suivante que vous redresserez la tête. Cela pour éviter les baisses de tension (hypotension orthostatique) dues au retour trop rapide. Les bras remontent lentement tout en restant ballants. Ils ne remontent pas à la verticale. Ils restent le long du corps.

Vous venez d'exécuter une nouvelle posture de yoga. Vous l'avez cette fois-ci exécutée en statique. Vous êtes resté dans la posture un certain nombre de respirations, ce qui fait que vous vous êtes « installé » dedans de façon à la « vivre ». En appliquant les quatre clefs que nous venons d'étudier. Vous ressentez un effet de détente et de paix. Sans vous en rendre compte, vous avez déjà engagé un processus de transformation en minimisant les inconvénients. Vous êtes déjà en train de reprendre possession de votre corps. Vous vous sentez différent et plus confiant. Votre cerveau a été momentanément plus irrigué, votre expiration a été facilitée, votre état est apaisé.

Avant d'apprendre d'autres postures il est temps maintenant d'aborder la clef numéro cinq.

Cinquième clef : La récupération entre les exercices

Vous avez pratiqué à l'instant un exercice très simple qui ne vous a pas demandé un grand effort. Je ne doute pas que vous vous sentiez en pleine forme et tout à fait capable de continuer à pratiquer directement un autre exercice. Cela est tout à fait possible, cependant il est nécessaire de faire une pause entre deux exercices. Celle-ci peut être très courte, mais elle est nécessaire.

La pause permet à l'organisme à la fois de récupérer et de repasser par un état de neutralité avant d'enchaîner un autre exercice.

Par ailleurs, et c'est là un intérêt majeur, durant la pause vous allez pouvoir sentir les zones qui ont été concernées durant l'exercice.

Voici comment procéder en pratique :

Pour cela concentrez-vous pour ressentir les différentes régions qui ont été étirées, contractées, massées... lors de l'exercice.

Dans le cas présent, portez votre attention sur les muscles du dos. Dans le ventre, dans la nuque...

En prenant conscience des muscles de votre corps, vous les ressentez.

Dans la clef numéro deux, nous vous avions fait part de l'intérêt de pouvoir prendre conscience d'une fonction physiologique automatique pour pouvoir la maîtriser. C'est le cas des muscles. Si vous ne les sentez pas, vous ne pourrez pas les détendre. Si vous ne pouvez pas les localiser, vous ne pourrez pas avoir d'action dessus. En les faisant bouger, en les étirant, en les comprimant, en les contractant, vous arrivez à mieux les situer, à mieux les sentir et, progressivement, vous apprenez, après les avoir mobilisés, à les détendre. Par ce procédé, vous établissez des connexions entre différents neurones qui participent à la contraction des muscles et leur prise de conscience. Après un certain temps d'entraînement (qui peut être très court) vous pourrez relâcher vos muscles dès que vous le souhaiterez.

Cela n'est pas sans importance puisque, par voie réflexe, vous ressentirez automatiquement une détente à la fois sur les plans émotionnel et cognitif. Moins de sensations désagréables, moins de sensations de serrements, moins de douleurs musculaires, moins de pensées, de rumination.

Cette cinquième clef vous permet donc de développer encore plus la conscience de votre corps, ce qui pour un pratiquant de yoga est indispensable.

SIXIÈME CLEF : L'intention dans un exercice

La pratique du yoga est un peu comme une auberge espagnole.

Je vous en prie, ne le répétez pas à des puristes de yoga, ils ne le supporteraient pas. Cependant, j'entends tout simplement par là que vous retirerez comme bénéfice du yoga uniquement celui que vous apporterez. Alors, me direz-vous, cela n'a donc aucun effet ! Bien évidemment si ! Vous n'êtes pas surpris de ma réponse, le yoga a des effets réels. Il vous donne des moyens pour développer un certain nombre de facultés que chaque humain possède. Il développe votre résistance physique, votre concentration, votre faculté à prendre du recul, votre faculté à vous identifier à un état ou à une situation. Mais vous pouvez vous en servir pour ce que vous voulez. C'est pourquoi, en yoga comme dans de nombreuses autres situations, c'est l'intention qui compte. Le silex taillé est-il un bien ou un mal ? Selon l'utilisation, le silex taillé est un bien ou est un mal. En lui-même, le silex est neutre. C'est la pensée humaine qui va s'en servir qui le rendra outil pour permettre d'améliorer la vie d'une famille ou arme pour assouvir une émotion de colère.

Avec le yoga, il en est de même. Vous pouvez vous rendre plus autonome mais cela peut être pour votre bien ou votre mal. Ce peut également être pour le bien de votre entourage ou contre votre entourage. Il faut que vous soyez vigilant aux intentions qui vous habitent et à la façon dont vous utiliserez les moyens que vous maîtriserez.

Histoire de fakirs

L'idée majeure du yoga est toutefois de vous aider à être mieux et à vivre mieux. Si tel est votre souhait, et si vous adhérez à cette démarche, il convient de ce fait que vous en ayez l'intention volontaire. C'est en ayant cette intention que vous vous sentirez mieux. L'intention, c'est la pensée que vous allez introduire et renforcer durant votre pratique. C'est elle qui oriente et renforce vos réactions vers un état de mieux-être. Nous avions déjà vu que, lorsque l'on prend conscience de la respiration lors d'une émotion, cela pouvait nous apaiser ou nous faire perdre encore plus nos moyens. Pourquoi ? Tout simplement parce que, dans un cas, nous avons associé une intention de calme et, dans l'autre, une intention de panique.

L'intérêt, c'est que dans la pratique du yoga, vous êtes dans un état où vous devenez plus lucide, c'est-à-dire vous-même. Dans ces conditions, vous avez la direction du navire et pouvez l'orienter à votre guise, là où vous le décidez.

C'est pourquoi nous verrons dans un chapitre ultérieur les dix conseils qui sont autant de bornes délimitant l'intention. Ceux-ci nous préparent à la pratique du yoga.

La pratique du yoga est en fait une méthode composée de nombreux outils qui sont neutres. Ils nous laissent plus maîtres de nous, nous empêchant d'être ballottés pour réaliser ce que nous souhaitons.

Souvent, les intentions volontaires peuvent s'exprimer sous forme de petites phrases courtes que l'on se récitera durant la pratique des exercices.

Voici par exemple comment procéder en pratique.

1) Lorsque vous prenez la posture de la pince debout, prenez non seulement conscience de ce que vous faites, mais accompagnez votre sensation par une intention de détente.
2) Pensez à relâcher vos muscles.
3) Pensez à ressentir une sensation de bienfait.
4) Pensez à tous les éléments que vous souhaitez ressentir.

Vous ferez exactement la même chose dans tous les exercices, qu'ils soient posturaux, respiratoires, méditatifs ou que ce soient simplement des exercices de relaxation.

SEPTIÈME CLEF : La relaxation

Nous avons souvent prononcé le mot de relaxation depuis le début de cet ouvrage. Mais qu'est-ce vraiment que la relaxation ? Que recouvre précisément ce terme ?

En fait, nous pouvons dire que c'est à la fois une méthode et un état.

J'étais encore externe. Je travaillais le matin à l'hôpital et l'après-midi j'allais suivre les cours magistraux donnés à la faculté. Nous changions tous les quatre mois de service hospitalier. Les choix s'opéraient par ordre alphabétique, mais pour plus d'équité la première lettre était tirée au sort chaque fois. Par chance, ce jour-là, c'était le tour des « C ». Tous les services s'offraient donc à moi. Je choisis tout de suite la pédiatrie. N'était-il pas indispensable, pour un médecin qui se destinait à la médecine générale, de faire un stage pratique dans un service pour enfants ? Celui-ci était dirigé par un des chefs de service qui, au cours de mes études, devait me marquer le plus par sa compétence exceptionnelle et par ses qualités humaines reconnues par chacun.

Malheureusement, que le service fût bon ou non, cela n'empêchait pas la maladie de frapper les enfants et, le matin, lorsque nous arrivions, nous faisions connaissance des nouveaux pensionnaires arrivés d'urgence pendant la nuit.

Ce jour-là, Guillaume était dans son lit, dans une chambre au bout du couloir. Il avait été hospitalisé d'urgence pour une angine. Une angine, me direz-vous, cela n'est pas très grave. Pourtant, dans son cas, cela devait s'avérer grave. Cette maudite angine ne s'était pas améliorée par les traitements classiques. Une prise de sang avait révélé un effondrement des globules blancs. Guillaume avait une leucémie. Le pronostic était réservé. Les médecins du service en avaient l'expérience et au bout du couloir il y avait des chambres, dont je m'occupais comme externe, réservées aux petits patients suivis pour des cancers ou pour diminution de leur immunité. C'est donc là que je retrouvai Guillaume ce matin-là en sortant de ma nuit. Il dormait encore si bien que je ne revins le voir que plus tard. Je complétai son dossier et me pris inévitablement d'amitié pour lui comme pour beaucoup de mes petits pensionnaires. Il allait le rester longtemps. Nous discutions souvent ensemble et avec sa famille. Un jour que Guillaume ne se sentait pas bien, qu'il avait mal à la tête, mal au cœur, se sentait triste, je lui proposai de faire un peu de yoga, ce qu'il accepta avec joie. Comme, dans le service, internes, chefs de clinique et le Pr Reinert savaient que j'enseignais le yoga, ils me donnèrent le feu vert pour faire pratiquer à Guillaume le yoga quotidiennement. Si bien que, chaque jour, il avait droit à une séance. Il avait 10 ans mais était déjà d'une intelligence particulièrement aiguë. Il était sensible, observateur, doté d'une grande mémoire. Cependant, comme il était assez gêné par les traitements qu'il recevait, nous n'avions pas opté pour la pratique des exercices physiques. Nous avions préféré pratiquer uniquement la relaxation. Après la visite matinale faite à l'ensemble des autres petits malades, je venais voir mon protégé, et l'un et l'autre nous nous installions pour la relaxation. Moi, assis dans le fauteuil, lui s'allongeant sur le lit. Il prenait la position que je lui avais montrée dite de savasana : sur le dos, les jambes légèrement écartées, les bras le long du corps pour se relaxer au mieux. Dans ces conditions, pendant dix minutes, je l'emmenais se promener dans son corps, nous faisions les bras, les jambes, l'ensemble des muscles. Parfois, je l'emmenais se promener à l'intérieur de ses vaisseaux pour stimuler les cellules guérisseuses. Nous avions même levé une véritable armée pour chasser ces vilaines cellules qui n'obéissaient plus aux ordres de leur « général ». D'autres fois, je l'emmenais se promener dans des jardins d'Eden, sur des plages. Chaque fois, Guillaume vivait pleinement les suggestions que je lui faisais. Lorsqu'il ressortait de la relaxation, j'avais l'impression qu'il avait vraiment été marcher sur du sable fin et blanc. J'avais vraiment l'impression qu'il avait été cueillir des fruits sur des arbres magiques qui lui donnaient plus de force. Dans le même temps, tout naturellement, les traitements plus lourds étaient suivis. Avec Guillaume, nous avions mis en place ce que l'on pourrait appeler la relaxation en tant que méthode. Elle consiste à apprendre à se relâcher phase par phase de façon consciente en faisant intervenir une concentration sur les muscles, sur la respiration ou en imaginant des scénarios relaxants.

Cette relaxation conduit à un état que Guillaume maîtrisait parfaitement bien. Il appliquait parfaitement les autres clefs du yoga. Il se concentrait, il s'identifiait totalement aux suggestions, si bien que, pendant la relaxation guidée, son état devenait celui sur lequel il se concentrait.

Ne pas contracter ce qui est inutile

Ce qui caractérise l'état de relaxation sur un plan physique, c'est de n'utiliser que les muscles nécessaires au maintien de la posture. Inversement, dans cette situation, nous n'avons pas de muscles contractés inutilement pour rester dans cette position.

Ce qui est vrai pour les muscles l'est également pour le psychisme. Dans ce cas, vous êtes concentré sur le sujet qui vous concerne. Toutes vos pensées sont dirigées sur ce sujet et ne sont aucunement parasitées par d'autres pensées inutiles à la situation. Sur le plan respiratoire, la relaxation entraîne en général une respiration lente et profonde.

L'état de tension musculaire, la fréquence respiratoire et les pensées étant corrélés, vous comprenez tout l'intérêt de la maîtrise de l'un des trois éléments. D'autant que toutes les réactions physiologiques vont être à l'unisson. L'ensemble des adaptations des systèmes nerveux sympathique et parasympathique vont s'équilibrer, les sécrétions endocriniennes vont s'harmoniser. Le bénéfice qui en résulte est donc immense.

Les six clefs précédentes préparent toutes à cette septième clef. L'idéal en relaxation est atteint lorsqu'il est possible instantanément par la prise de conscience de son corps de le détendre. Alors, nous maîtrisons nos états.

Cette méthode que nous avions choisie avec Guillaume ne faisait appel qu'aux pensées. Nous n'avions pas eu recours aux techniques du yoga agissant sur les autres composantes de l'organisme qui participent toutes à l'élimination de la majorité des contractures ou des crispations. Les postures, par exemple, concourent à cette élimination. C'est ce que vous faites spontanément lorsque vous vous étirez le matin au réveil ou après être resté longtemps assis sans bouger. Vous vous étirez, vous bâillez, vous relâchez tous vos muscles engourdis.

Mais pour Guillaume, nous nous étions limités à la relaxation. Allongé dans une position immobile, il portait son attention sur le corps, sur la respiration, ou visualisait des images relaxantes, parfois stimulantes, pour renforcer sa confiance en lui et dans l'efficacité des traitements.

Pour cela, nous avions eu recours aux trois principaux moyens pour se relaxer : conscience et détente des muscles, conscience et détente de la respiration, conscience et visualisation de scènes agréables. Ce sont les trois méthodes qui amènent toutes à cette détente.

Le tableau de bord

Encore une fois, nous allons insister sur l'importance de la prise de conscience ou du Témoin pour bien utiliser la relaxation.

Tout se passe comme si nous pouvions considérer que nous disposons d'un tableau de bord, celui-ci nous renseignant en permanence sur l'état de notre état. Souvent, nous n'y prêtons même pas attention, mais en fait il est à notre disposition chaque fois que nous le souhaitons. Pour cela, il suffit de quelques secondes pour porter notre conscience sur ce tableau de bord et tous les voyants apparaissent alors. Mais, mieux encore, ce tableau non seulement nous renseigne sur l'état de notre être, mais il nous permet d'agir sur lui. Nous sommes en prise directe avec lui et nous disposons de voyants de renseignements qui sont en même temps ses manettes d'action.

Comme la relaxation agit par petites touches, de proche en proche soit sur les muscles, soit sur la respiration, soit sur les pensées, elle va contaminer l'ensemble des autres paramètres de l'individu. Cette pratique peut se faire lors d'épisodes d'entraînement, circonscrite dans le temps, comme avec Guillaume, mais peut également se pratiquer dans la vie quotidienne. Malheureusement, Guillaume ne put jamais appliquer cette méthode dans la vie quotidienne. Il combattit en gardant le moral jusqu'au bout mais sa petite armée fut impuissante devant les cellules rebelles.

La maladie nous fait parfois nous révolter. C'est le cas de façon systématique lorsqu'elle emporte trop tôt une personne que l'on aime, un sentiment d'injustice nous submerge alors. Mais, quelle que soit l'issue, la qualité des instants de vie importe plus que tout. Pour Guillaume, ce fut le cas.

Guillaume avait été un exemple de courage et je continue à croire que le recours à la relaxation, si elle a pu aider ce petit être à rester lui-même dans une des situations les plus difficiles à supporter pour un être humain, peut également nous aider sans réserve dans les situations beaucoup plus banales que nous pouvons rencontrer au quotidien. Comme, dans la majorité des cas, autant en ce qui vous concerne qu'en ce qui me concerne, nous avons à faire face à des situations moins pénibles que celle de Guillaume, je crois sincèrement que cette méthode facile d'accès s'avère efficace et utile pour tous et dans tous les cas, sauf exceptions.

Pour vous entraîner à ce septième outil du yoga qu'est la relaxation, il vous faudra tout d'abord vous allonger confortablement dans une ambiance de calme en étant certain de ne pas être dérangé. N'ayez ni trop chaud ni trop froid comme pour la séance de yoga. Une fois dans les meilleures dispositions, vous pourrez débuter la relaxation. Pour mieux y parvenir, enregistrez le texte sur une cassette que vous vous repasserez.

Laissez-vous alors guider par la voix. La voix suivra les différentes étapes que nous avons définies précédemment. Elle vous invitera à prendre conscience des différentes parties de votre corps. Puis vous invitera à imaginer un paysage tranquille et agréable. Voici un texte qui est utilisé dans la cassette de *Pratiquez la relaxation au quotidien*[1]. Les trois points de suspension indiquent qu'une pause silencieuse est faite à cet endroit du texte.

Texte de la relaxation

Allongez-vous sur le dos, dans la position de détente... jambes écartées... bras le long du corps, paumes des mains tournées vers le ciel... la tête dans l'axe du corps... Les yeux sont fermés.

Installez-vous confortablement... Recherchez votre position de détente optimale...

Prenez maintenant conscience des différentes parties de votre corps qui sont en contact avec le sol... Les talons... les mollets... les cuisses... les fessiers... le dos... tout le dos... le dos des mains... les avant-bras... les bras... les épaules... et le crâne...

Tout votre corps est en contact avec le sol... Détente... vous abandonnez tout votre corps... Vous vous laissez porter par le sol... Vous vous abandonnez au sol... Vous vous laissez porter par le sol... Détente...

Le visage est relâché... Les yeux fermés... les lèvres et les mâchoires desserrées... Vous avalez votre salive... Les lèvres et les mâchoires ne se touchent plus...

Vous portez votre attention maintenant au niveau du point médian entre les sourcils... Vous prenez bien conscience de ce point entre les sourcils que vous veillez à bien relâcher... à bien détendre...

Puis vous prenez conscience de la ligne des sourcils... Au-delà de la ligne des sourcils vous apparaît le plan frontal... plat... lisse comme l'eau d'un lac ou d'un étang... Parfaitement immobile... Puis à partir du plan frontal... la pensée s'étale sur tout le visage...

Puis, à partir du visage, la pensée descend par le cou... Vous ressentez bien le cou... les épaules... Vous prenez bien conscience des sensations au niveau des épaules... des bras... des avant-bras... Ressentez bien les avant-bras et les mains...

Puis, à nouveau, la pensée se porte au niveau du visage...

A partir du visage, la pensée descend par le cou... la poitrine... le ventre... ressentez bien tout votre ventre...

Détente... prenez conscience du bassin... tout le bassin, les hanches, les cuisses, les mollets, les pieds, puis à nouveau le visage... Le visage est détendu, souriant...

Souffle calme, détendu, régulier... La détente envahit le visage.

Vous inspirez sur le visage et, en expirant, la pensée descend dans tout votre corps, par le cou, les épaules, les bras, les avant-bras, la poitrine, le ventre, le bassin, les mains, les jambes et les pieds...

Détente dans tout votre corps. Vous restez ainsi en détente dans tout votre corps... Tout votre corps est relâché... détendu... apaisé... Chaque muscle de votre corps se relâche, s'abandonne... Prenez conscience de votre bras gauche qui est lourd, très lourd... Sentez votre bras gauche qui s'enfonce dans le sol comme dans du sable... Ce bras gauche est lourd, pesant... Vous ressentez cette sensation de pesanteur, de tout le bras gauche...

Puis du bras droit... Vous ressentez également votre bras droit, pesant... Votre bras droit devient de plus en plus lourd... pesant... immobile... comme plaqué au sol...

Puis vous prenez conscience de votre jambe gauche... Votre jambe gauche est elle aussi lourde... pesante, immobile... Vous ressentez votre jambe gauche très lourde... immobile... comme plaquée au sol... très pesante... lourde... de plus en plus lourde... Ressentez bien votre jambe gauche... presque ankylosée... très lourde, pesante...

Puis votre jambe droite... lourde... très lourde... elle aussi très lourde et pesante...

Les jambes pesantes... la jambe droite est lourde, très lourde. Les jambes, les bras, très lourds... très pesants.

Puis vous portez votre attention dans chaque muscle de votre dos... Chaque muscle se relâche... se relâche... et se détend... Vous ressentez chaque muscle de votre dos qui se relâche et qui s'apaise... Tout votre dos s'enfonce dans le sol... Les bras... le dos... le bassin... Vous prenez conscience de votre empreinte dans le sable...

Tout votre corps est lourd... pesant... Tout votre corps s'enfonce dans le sol, très relâché... très détendu... Vous êtes bien. Vous appréciez cette ambiance puis vous portez votre attention dans votre bras gauche...

Vous prenez conscience de la détente... de la pesanteur...

Puis vous portez votre attention dans la paume de la main... Vous prenez conscience de la sensation de chaleur... vous sentez la sensation de chaleur... Vous sentez la pesanteur... la détente... la chaleur de votre main et de votre bras gauche comme réchauffé par les rayons du soleil... Tout votre bras gauche est lourd, pesant et chaud...

Votre bras droit est lourd... pesant... Vous prenez conscience de la détente... de la pesanteur... Puis vous portez votre attention dans la paume de la main... Vous prenez conscience de la sensation de chaleur... vous sentez la sensation de chaleur... Vous ressentez la pesanteur... la détente... la chaleur de votre main et de votre bras droit... comme réchauffés par les rayons du soleil...

Tout votre bras gauche est lourd... pesant... et chaud... Votre bras droit est lourd... pesant... chaud... de plus en plus chaud... lourd... pesant...

Vous portez votre attention dans la jambe gauche... très détendue... lourde... relâchée et chaude... Vous ressentez votre jambe gauche lourde et chaude... La jambe droite est relâchée... lourde et chaude... très lourde, très chaude, comme réchauffée par les rayons du soleil... Tout votre corps est pesant, lourd et réchauffé... chaud... comme réchauffé par les rayons du soleil... Tout votre corps est relâché, détendu... Vous appréciez cette détente...

Vous êtes bien, parfaitement détendu... parfaitement vigilant...

Maintenant nous allons quitter cet état de relaxation.

Vous portez votre attention au niveau de votre ombilic... Vous observez les mouvements de l'ombilic qui monte et qui descend au gré des respirations comme le ferait un bouchon sur l'eau au gré des vagues...

Puis vous inspirez profondément en ouvrant bien la cage thoracique... les côtes s'écartent... et à l'expiration... vous relâchez bien...

A nouveau vous inspirez profondément... vous ouvrez bien la cage thoracique... les côtes s'écartent... Gardez l'air dans les poumons... gardez bien l'air dans les poumons et... vous expirez lentement...

---

1. Voir le livre et la cassette audio : *Pratiquez la relaxation au quotidien*, du Dr Lionel Coudron, éd. Ellébore.

*Respiration suivante... Vous ouvrez les yeux... puis...
vous entrelacez les doigts... Vous étirez tout votre corps...
les bras en arrière en poussant bien les mains... en poussant bien les pieds... Vous réveillerez chaque muscle de
votre corps et vous vous réveillerez...*

Relaxation avec visualisation

*Si vous souhaitez maintenant poursuivre la relaxation,
vous restez en détente dans votre corps... lourd... pesant...
chaud... dans votre corps régénéré où chaque partie du
corps est libérée, où le souffle circule librement.*

*Tout votre corps est lourd et s'enfonce comme dans du
sable chaud... Ressentez votre corps lourd... Le visage relâché et frais... Le front est frais... Votre corps est lourd...*

*Vous imaginez être sur une plage, allongé sur une plage,
et vous sentez le contact avec le sable chaud... Les rayons
du soleil viennent réchauffer tout votre corps... Ces rayons
qui viennent sur votre peau...*

*Vous voyez le soleil... vous voyez le soleil haut dans le
ciel et vous allez vers le soleil... et le soleil vient vers vous...
vous rencontrez le soleil... vous êtes maintenant dans le
soleil et le soleil est en vous... Vous sentez cette énergie du
soleil, ce soleil qui est en vous... vous êtes dans le soleil...
dans cette énergie du soleil et le soleil est en vous... Prenez
conscience de cette énergie, de cette densité... de cette luminosité, de cette clarté, de cette force... Prenez conscience de
toutes ces qualités du soleil... vous êtes dans le soleil... le
soleil est en vous. Vous êtes bien.*

*Puis lentement le soleil s'éloigne... vous vous éloignez du
soleil... vous êtes à nouveau allongé sur le sable. Alors
vous vous redressez et vous regardez le paysage... Vous
regardez la mer. La mer... l'océan... Vous voyez l'horizon...
Vous vous mettez debout... Vous marchez sur le sable
chaud... Prenez conscience du contact avec le sable
chaud... des plantes des pieds sur le sable sec, puis maintenant le contact avec le sable humide... Prenez conscience
de vos pieds qui s'enfoncent dans le sable, puis qui s'enfoncent un peu plus profondément... Vous êtes maintenant en
contact avec les dernières vagues... Vous ressentez ce
contact des dernières vagues et vous marchez dans les der-*

nières vagues le long de la plage... Vous ressentez ce contact de l'eau sur vos chevilles... sur vos pieds... sur vos mollets... puis lentement vous remontez sur le sable sec pour vous asseoir... Vous vous asseyez et vous regardez le paysage qui s'offre à vous... Vous regardez l'horizon, le ciel... la mer... la couleur du ciel... la couleur de la mer... Vous prenez conscience de la différence des couleurs... Et maintenant le soleil se couche... A l'horizon... vous voyez le soleil qui descend... Vous observez un disque immense... rougeoyant... orange... vous voyez tout le ciel irisé... orangé... La luminosité se répand dans tout l'espace du ciel... lentement, le soleil plonge... Vous voyez les reflets du soleil comme des fils d'argent qui sont tissés entre lui et vous et qui courent sur les vagues... Voyez les reflets sur chacune des vagues... vous appréciez ce spectacle.

Prenez conscience également de la luminosité de tout le ciel qui se transforme en indigo... violet... Vous appréciez ce spectacle. Détente... Equilibre... On ne sait si le soleil monte ou descend... Tout est en équilibre... Vous êtes bien... puis vous appréciez cette ambiance de calme et de paix... Vous prenez conscience des murmures des vagues... des dernières vagues... Vous prenez conscience également des parfums... des parfums de la mer, de l'océan qui viennent jusqu'à vos narines... Vous prenez conscience des sons... peut-être des chants d'oiseaux... des bruits lointains... des bruits d'insectes... Vous écoutez toute cette vie... Un vol d'oiseaux qui traverse le paysage... Vous êtes bien... Vous vous laissez bercer par ce spectacle... Vous vous laissez pénétrer par cette ambiance... Puis maintenant le soleil plonge profondément... il disparaît... Vous voyez la transformation des couleurs dans le ciel... vous êtes bien... Sentez la douceur de ces moments. Vous restez à l'écoute de vos sensations. Ce paysage s'ancre profondément en vous. Ce paysage est en vous. Vous prenez conscience de cette énergie qui maintenant est inscrite profondément en vous. A tout instant vous savez qu'il vous est possible de la faire venir à la surface. Vous êtes comme protégé par une sphère qui vous entoure dans laquelle est incluse cette ambiance de calme... de paix... d'équilibre. Il vous suffira de suggérer cette sphère qui vous entoure pour retrouver instantanément cette ambiance de calme et de paix dans n'importe quelle circonstance. Vous imaginez cette sphère qui vous entoure, qui vous protège et dans laquelle baigne cette ambiance de calme...

Vous vous allongez sur le dos et vous restez en détente... Vous prenez conscience de tout votre corps... relâché... Les talons... les mollets... les cuisses... les fessiers... tout le dos... le dos des mains... les bras en contact avec le sol ainsi que le crâne... Vous êtes bien... Puis la pensée se porte au niveau de l'ombilic... Vous observez le mouvement de l'ombilic qui monte et qui descend... Puis vous inspirez profondément... Vous ouvrez bien la cage thoracique... les côtes s'écartent... Et expiration... vous relâchez l'air... A nouveau vous inspirez... vous ouvrez bien la cage thoracique, les côtes s'écartent... vous gardez l'air dans les poumons quelques instants... Puis expiration... vous relâchez l'air... Inspiration suivante, vous prenez bien l'air dans vos poumons... vous gardez bien l'air dans vos poumons... vous le gardez... encore... encore... encore, et lentement vous relâchez l'air. Sur une longue inspiration vous ouvrez lentement les yeux. Vous appréciez la luminosité... la clarté de votre vision... la profondeur du champ. Vous rapprochez les talons... vous posez vos mains sur vos cuisses... vous entrelacez les doigts... vous tournez la paume des mains et vous portez les bras en arrière. Vous tirez les orteils vers vous... vous poussez fort avec vos mains, vous étirez tout votre corps... Chaque muscle de votre corps se réveille et doucement vous relâchez... Vous restez quelques instants en détente... Vous bâillez si le besoin s'en fait sentir... Vous basculez sur le côté... puis vous vous redressez...

Maintenant vous êtes parfaitement bien détendu... Vigilant... calme et vigilant... Détendu... et présent.

Comment affiner la pratique

Vous êtes maintenant en possession des sept clefs ou des sept outils de base pour pratiquer le yoga.

Ce que nous avons vu est l'essence même de la pratique. Ces outils seront indispensables à tous les exercices que nous allons maintenant envisager.

Vous savez qu'il vous faut être prudent pour aller sûrement.

Vous savez qu'il vous faut prendre du recul par rapport à vos exercices et en être conscient car cela développe l'état de Témoin.

Vous savez qu'il vous faut pratiquer les exercices en associant le corps, la respiration et les pensées pour synchroniser l'ensemble de votre être et vous réunifier.

Vous savez qu'il vous faut pratiquer les exercices lentement et progressivement, sans heurt, pour aller plus rapidement dans l'assouplissement et donc dans la détente.

Vous savez qu'il vous faut alterner les exercices avec des périodes de récupération pour vous permettre d'amplifier la prise de conscience.

Vous savez que l'intention qui accompagne votre pratique est déterminante pour obtenir les effets du yoga.

Vous savez comment vous relaxer pour engendrer un état de paix, que ce soit pendant la pratique du yoga ou dans votre vie quotidienne.

Vous êtes prêt pour continuer sur la voie du yoga.

CHAPITRE QUATRIÈME

Connaître le yoga

■ 1. Une séance matinale tonifiante

Chaque matin, je me levais vers 5 heures pour pratiquer ma séance de yoga. J'avais décidé de procéder ainsi durant toute ma première année de médecine pour préparer le concours. Après cette séance, je me trouvais en pleine forme pour travailler. Je pouvais alors étudier mes cours : anatomie, physiologie, histologie... J'avais l'esprit clair, la mémoire disponible.

Ma séance comprenait un enchaînement très classique qui était composé essentiellement de postures debout et de postures d'extension.

Si bien que, dans le silence de l'aurore, après ma toilette, je me trouvais sur mon tapis pour une demi-heure d'exercices.

Je ne commençais pas par une relaxation étant donné que je venais de me réveiller mais je faisais néanmoins une mise en condition par un exercice de concentration. Dans un premier temps assis, puis dans un deuxième temps debout.

Je vous propose la même séance que vous pourrez allonger ou réduire en fonction du temps dont vous disposerez.

L'important dans cette séance est de bien comprendre qu'elle s'articule autour de deux axes principaux.

Tout d'abord, ce sont des postures d'extension du rachis. De ce fait, elles participent à une meilleure ouverture de la cage thoracique, ce qui permet de favoriser l'inspiration. Extension et inspiration sont tous deux des éléments stimulants et tonifiants. Ils participent à l'éveil.

Ensuite, les exercices sont essentiellement pratiqués en dynamique. Vous ne resterez pas longtemps dans les postures. Pour la majorité, vous ne resterez que l'espace de deux ou trois secondes. Juste le temps nécessaire à la suspension du souffle en apnée pleine. Ce deuxième élément est également stimulant et tonifiant.

Vous allez donc enchaîner des exercices tout d'abord debout, puis allongé sur le ventre.

Vous continuerez par des exercices de compensation de ces exercices pour équilibrer votre travail.

Pour cela, vous pratiquerez quelques exercices de torsion et de rotation.

Enfin, vous terminerez par une courte concentration sur le souffle, que vous pourrez plus tard placer en début de séance.

Si vous disposez de peu de temps, vous pouvez n'enchaîner que deux ou trois postures en associant par exemple la posture du triangle, la posture du cobra et terminer par un exercice de respiration. Vous n'avez eu besoin que de cinq à dix minutes. Qu'est-ce que dix minutes sur une journée ? N'est-ce pas un investissement dérisoire pour rester en bonne santé physique et mentale ?

Alors passons à la pratique.

Exercice d'intériorisation assis

Pour le pratiquer

1) Asseyez-vous sur le sol, jambes croisées sur un petit coussin, sur un petit banc ou bien même sur une chaise.

2) Fermez les yeux.

3) Posez les mains sur vos genoux, le dos redressé.

(Voir « Comment la prendre et Précautions » aux postures assises, page 159).

Concentration :

1) Portez votre attention sur les bruits extérieurs.

2) Aiguisez votre concentration de cette façon, puis revenez sur votre corps.
3) Observez votre respiration et votre corps comme vous l'avez appris dans les clefs du yoga.
De cette façon, vous avez pu vous placer dans un état de disponibilité. Placez-vous dans la position debout tout en maintenant cet état et en appliquant les sept clefs du yoga : prudence, observation, synchronisation, lenteur, alternance avec des phases de récupération, intention d'action, relaxation.

Les Postures debout

Posture debout : Samasthiti

Comment la prendre

1) Placez-vous en position debout verticale.
2) Vos bras sont ballants et pendent le long du corps.
3) Imprimez une légère rotation externe des épaules, ce qui a pour effet de tourner les paumes des mains vers l'avant.
4) Conservez vos pieds rapprochés.
5) Les jambes sont tendues avec les genoux bloqués sans raideur.
6) Tous les muscles superficiels du dos et des épaules sont bien détendus.
7) Veillez à bien équilibrer le poids de votre corps sur les deux pieds.
8) Vous gardez les yeux ouverts, le regard étant porté sur une horizontale.

Effets anatomiques

Tous les muscles intervenant dans la position debout sont concernés : pieds, chevilles, jambes, cuisses et rachis.
Les muscles profonds de l'épaule sont contractés.
Le bassin est en position intermédiaire.

Respiration

La respiration est calme et naturelle durant tout l'exercice.

Précautions

Aucune.
Toutefois, si c'est bien une position naturelle, il n'en reste pas moins vrai que maintenir cette position très longtemps peut provoquer des troubles tensionnels et

donc des chutes. C'est ce qui s'observe chez les militaires et en particulier chez les célèbres horse-guards, contraints de rester immobiles au garde-à-vous très longtemps. C'est pourquoi ils sont autorisés et obligés de faire quelques mouvements de parade régulièrement. En ce qui nous concerne, la durée du maintien de la posture n'atteindra jamais ces difficultés.

Effets physiologiques

C'est essentiellement une posture de préparation et de récupération.

Elle permet la mise au calme. Tout le système nerveux végétatif s'équilibre.

Tout le système cardio-vasculaire se met au repos ainsi que la respiration.

Aspect symbolique

C'est par excellence la posture de l'homme debout. Elle symbolise la spécificité de l'homme par rapport à tous les autres animaux.

C'est également un exercice de vigilance. Surtout lorsque les épaules sont en légère rotation externe. C'est une ouverture, une mise en disponibilité. C'est une préparation et une intériorisation pour la pratique des autres exercices.

Concentration

La concentration se porte sur les différents segments anatomiques qui sont en fonction : muscles des jambes, du dos et de l'épaule.

Sur la détente des muscles superficiels du dos (le trapèze et le grand dorsal).

Sur le sentiment de solidité et de verticalité que l'on ressent dans la posture.

Sur le sentiment que vous êtes un lien entre le ciel et la terre, c'est-à-dire sur l'aspect symbolique.

Votre pensée peut balayer l'ensemble de votre corps en montant des pieds vers la tête et en redescendant. Vous pouvez synchroniser celle-ci avec votre respiration. La pensée monte durant l'inspiration, descend durant l'expiration.

Posture de l'étirement vertical

Comment la prendre

1) Placez-vous dans la position debout comme précédemment, vos bras étant le long du corps.

2) En inspirant, montez les bras par les côtés, vers le ciel, jusqu'à ce que vos paumes se rejoignent. Dans le même temps synchronisé, montez sur vos orteils.

3) Puis, en expirant, faites le mouvement inverse : abaissez vos bras et redescendez les talons au sol.

4) A noter qu'il est possible de ne pas monter sur les orteils.

Effets anatomiques

Cette posture tonifie tous les muscles maintenant la position debout.

Il s'y associe les muscles de la ceinture scapulaire permettant d'écarter et d'élever les bras.

En fin de posture, les muscles de la poitrine sont assouplis et étirés de même que ceux du dos.

Les muscles abdominaux sont renforcés.

Respiration

En dynamique, parfaitement synchronisée avec le mouvement.

Précautions

Il n'existe pas de limitation en dehors des limitations du mouvement dues à des cas d'épaules douloureuses.

Cependant, faites bien attention à la bonne coordination des mouvements. Soyez attentif à vos épaules et à vos omoplates.

Prenez également quelques précautions.

Faites attention durant l'exercice, lorsque vous avez les bras à la verticale, de ne pas creuser la région lombaire. Cela se voit souvent lorsque le grand dorsal est un peu raccourci. Il entraîne alors l'ensemble des muscles lombaires pour l'« aider ».

Le poids du corps doit se porter entre les omoplates (dans la région inter-scapulaire) et ne doit pas s'accompagner d'une lordose (cambrure) lombaire.

Enfin, veillez à la liberté du rachis cervical qui peut être impliqué et se contracter par une tension du trapèze si l'on n'y prend pas garde. Seul le long du cou, qui est un muscle profond du rachis cervical, participe normalement. Vous ne devez pas sentir de contracture dans cette région.

Effets physiologiques

Les mêmes implications sur le système nerveux que pour les deux exercices précédents.

Cependant, cet effet est rendu plus efficace par la participation de l'étirement du plexus solaire.

Il s'ajoute une légère stimulation du système cardio-vasculaire si l'exercice est répété, puisqu'il mobilise les réserves d'énergie.

Par son action tonifiante sur les muscles du dos et des hanches, l'exercice renforce l'ossification.

Il améliore les processus de digestion par son action de mobilisation des abdominaux et par son action sur le système nerveux autonome qui innerve le tractus digestif.

Enfin, il renforce l'assise, par le biais de la tonification de la ceinture abdominale.

Aspect symbolique

C'est le même aspect symbolique que dans la posture debout mais cet exercice est plus dynamique. Vous devez vous concentrer sur une sensation de légèreté dans le mouvement ascendant et de pesanteur dans le mouvement descendant. L'un et l'autre s'associent au ciel et à la terre.

Le ciel est le symbole de ce qui est fluide, mobile, dynamique.

La terre est le symbole de ce qui est ferme, solide, dense et stable.

En montant, vous exercez votre mobilité ; en descendant, vous renforcez votre solidité et votre ancrage.

Symboliquement, l'homme émane à la fois de l'un et de l'autre. Il trouve donc sa place entre ciel et terre, ce qui est renforcé par cet exercice.

Pour vous, les effets seront de vous donner une plus grande stabilité et un plus grand équilibre face aux événements de la vie quotidienne.

Concentration

Concentrez-vous sur les éléments anatomiques concernés.

Sur les étirements, les contractions, les coordinations musculaires et également sur l'équilibre.

Mais concentrez-vous surtout sur la coordination entre le souffle, le mouvement et le sentiment de légèreté à l'extension.

De plus, lorsque vous redescendez les bras, imaginez que ceux-ci se reposent sur un nuage. Veillez bien à imaginer et à ressentir la densité de l'air. Vous devez déposer vos bras comme s'ils revenaient en se posant sur du coton.

A l'inspiration, au contraire, vous êtes comme aidé par des fils d'or qui vous tractent vers le ciel et qui aident vos bras à se lever.

Pour que l'exercice soit efficace, absorbez-vous totalement dans cette sensation.

Posture de l'étirement en flexion

Comment la prendre

1) La position de départ est toujours la même : debout pieds joints, mains jointes.

2) Sur l'inspiration, montez les deux bras vers le ciel tout en gardant les deux mains jointes.

3) Durant la suspension de votre respiration, faites un pas en avant avec le pied gauche.

4) Durant l'expiration, descendez les bras, les mains de chaque côté du pied gauche en étirant bien le dos durant toute la descente. Dirigez le front vers le genou gauche.

5) Restez ainsi dans la posture en respirant librement.

6) Puis, pour quitter la posture, joignez les mains et inspirez en tirant les bras vers le ciel jusqu'à ce que vous soyez à la verticale.

7) Une fois redressé complètement, expirez en redescendant les bras, mains jointes devant la poitrine.

8) Ramenez les deux pieds côte à côte tout en ayant une respiration normale.

9) Recommencez de l'autre côté.

Respiration

La posture se fait en dynamique durant tous les mouvements. Elle se pratique en statique lorsque les mains sont en contact avec le sol et que votre front est sur les genoux. Vous pourrez rester ainsi plusieurs respirations dès que vous vous sentirez à l'aise dans la posture. Vous tiendrez la posture entre trois et six respirations.

Effets anatomiques

La particularité de la posture par rapport aux précédentes se situe au moment de la descente en flexion.

Plusieurs zones d'intérêt se manifestent :

Durant la descente : le dos se muscle à cause du poids des bras. Les muscles profonds du cou sont tonifiés ainsi que les muscles courts qui gainent le rachis.

Les muscles superficiels du dos se contractent tout en restant de la même longueur. Par contre, durant la descente, seuls les muscles fessiers qui retiennent le bassin vont progressivement se relâcher pour permettre la bascule de celui-ci.

Lorsque le dos se fléchit, les muscles du dos s'allongent progressivement en se relâchant. Lorsque le dos remonte, ces muscles (agonistes) vont se contracter activement alors que, durant la descente, ils s'opposaient au mouvement (antagonistes). Les muscles abdominaux sont également contractés durant la descente et la montée.

Ils sont relâchés dans la posture.

– Les muscles fessiers se relâchent progressivement tout comme le grand dorsal pour doser la vitesse de descente.

– Il se produit un étirement intense de tous les muscles de l'arrière de la cuisse qui s'insèrent sur le bassin et sur la jambe. Ce sont les muscles ischio-jambiers (ischio car ils s'insèrent sur une partie du bassin qui s'appelle l'ischion et jambiers puisqu'ils s'insèrent sur la jambe), dont l'intensité varie selon la jambe avant ou arrière. L'étirement est plus intense pour la jambe arrière.

Le psoas, dont la fonction est de basculer le rachis par rapport au fémur et au bassin, intervient dans l'exercice.

– Durant toute la première partie de la descente, le bassin bascule lentement. Il fait une antéversion. Veillez bien à ce que ce soit vraiment la seule partie à bouger. Le reste du rachis doit être simplement entraîné comme un seul bloc. De ce fait, votre attention doit être portée sur le dos de façon qu'il maintienne le rachis en rectitude.

– Les muscles du mollet sont étirés.

Bien sûr, la jambe arrière est plus étirée que la jambe avant.

– Il n'y a pas d'appui réel des mains sur le sol. Néanmoins, le fait de poser les mains au sol permet un relâchement des muscles sustentateurs de l'épaule qui sont normalement contractés dès que les bras sont ballants.

– Le poignet s'assouplit.

– Durant la remontée, une forte stimulation des abdominaux se produit. Dans ce cas, ils ne se raccourcissent pas mais travaillent en isométrique (c'est-à-dire qu'ils gardent la même longueur durant toute leur activité) avec une augmentation progressive de la force lorsqu'ils remontent.

Précautions

Ce sera surtout au niveau de la région lombaire que vous veillerez à faire attention. Equilibrez bien l'étirement entre les muscles arrière de la cuisse (ischio-jambiers) et les muscles de la région lombaire. Si cela tire trop, alors n'hésitez pas à plier la jambe avant. Cela permettra de diminuer la flexion lombaire qui vient en compensation du manque de souplesse des ischio-jambiers et donc de protéger les articulations lombaires.

En fait, il faut que vous mainteniez toujours le dos droit durant toute la descente sans l'arrondir. Pour cela, il faut que vous poussiez sur la poitrine vers l'avant en maintenant les omoplates le plus rapprochées possible. Imaginez que vous pincez vos omoplates. Contractez pour cela les muscles qui les rapprochent (les rhomboïdes et grands dorsaux) car, spontanément, ils auront tendance à être étirés. Il faut que vous vous opposiez à ce mouvement en les maintenant en contraction.

Effets physiologiques

Les effets physiologiques sont les mêmes que pour les postures précédentes.

Il s'y ajoute un massage de la région abdominale par compression du ventre et par l'inversion de la région.

Enfin, une augmentation de la pression artérielle cérébrale se produit toujours, liée à l'inversion, ce qui entraîne une modification momentanée du flux sanguin dans la région.

Aspect symbolique

L'étirement vers le ciel est l'expression de nos préoccupations spirituelles. La flexion et le contact avec le sol sont l'expression de notre matérialité, de nos origines, de nos racines.

Le ciel est l'expression symbolique de notre faculté à créer, à imaginer et de notre faculté d'abstraction.

La terre est l'expression symbolique de notre mémoire, de nos passions et de nos besoins fondamentaux.

Cet aspect symbolique prolonge ce qui a déjà été vu avec la posture debout samasthiti.

L'abaissement vers le sol, comme dans un salut, insiste sur la notion d'humilité. Nous ne sommes rien, nous nous inclinons, nous reconnaissons que nous ne sommes que de passage sur terre. Mais il nous est possible, par notre condition d'homme, de nous redresser. La conscience qui nous habite fait de nous une parcelle de la conscience et à ce titre un acteur dans l'aventure de la vie.

Cette posture très exigeante montre l'intensité de l'effort nécessaire à l'homme pour se redresser et vivre sa condition d'homme.

L'alternance gauche droite souligne la bipolarité qui existe en nous à partir du moment où nous appartenons à la manifestation. Nous émanons d'un père et d'une mère. Nous vivons dans une alternance de nuits et de jours. Nous avons un côté gauche, un côté droit. Nous ne sommes pas monobloc. Nous devons nous réconcilier avec nous-mêmes et réunifier ces différents aspects.

Ce sera la symbolique de tous les exercices asymétriques.

Posture du triangle : Trikonasana

Comment la prendre

1) Ecartez les pieds d'un écartement équivalent à la largeur des épaules, ou légèrement supérieur à la largeur de votre bassin.
Les mains se joignent en arrière dans une attitude appelée « yoni mudra ». Pour cela, vous joignez vos paumes, vous enlacez les doigts en laissant les pouces et les index tendus.
Puis tendez les bras en les étirant en arrière.
Les omoplates se rapprochent, la cage thoracique s'ouvre, les épaules partent en arrière.

2) Dans la position, inpirez profondément. Lentement, calmement.

3) Puis, en expirant, penchez-vous en avant en veillant surtout à ne pas arrondir le dos.

Ne fléchissez qu'au niveau du bassin. Toute la partie supérieure se mobilise d'un seul bloc.

Restez ainsi dans cette position penchée en avant, en suspension de souffle.

4) Puis, sur une inspiration, redressez l'ensemble du tronc en parfaite synchronisation avec le souffle. Redressez-vous face à la jambe comme lorsque vous vous êtes fléchi.

5) Relâchez vos bras le long du corps sur l'expiration.

Restez dans cette position pour en apprécier les effets.

Vous venez de vous pencher en avant. Vous allez maintenant faire le même exercice en vous penchant sur le côté gauche, puis sur le côté droit. Enfin, vous reviendrez de face et resterez en observation.

6) Pour cela, ouvrez légèrement le pied gauche, tournez votre bassin de façon à vous trouver face à la jambe gauche. Dans cette position, après avoir inspiré lentement et profondément,

7) Descendez comme vous l'avez fait de face, c'est-à-dire sur une expiration. Restez à vide, puis,

8) Redressez-vous sur l'inspiration, toujours en restant à gauche, face à la jambe, durant toute la remontée.

9) Retenez le souffle. Durant cette apnée pleine, tournez-vous vers la jambe droite. Dans le même temps, refermez le pied gauche et ouvrez le pied droit.

10) En expirant, penchez-vous sur la jambe droite comme précédemment, comme à la phase 7, et enchaînez les phases 8 et 9.

11) Pour quitter, une fois que vous êtes revenu de face, desserrez tout simplement le lien des doigts, relâchez vos bras le long du corps.

Restez en observation.

Respiration

C'est une posture uniquement dynamique. Veillez donc à bien coordonner la respiration durant les mouvements.

Vous pouvez garder la posture en statique lors de la fin de la flexion. Dans ces conditions, vous veillerez à respirer lentement et calmement pendant quelques respirations. Sinon, allongez bien votre expiration durant la descente, faites-la durer le plus longtemps possible.

Effets anatomiques

Dans la position de départ, les muscles du dos se contractent en se raccourcissant, provoquant un pincement des omoplates.

Dans le même temps, muscles et aponévrose du thorax sont étirés et assouplis.

Durant la descente et la montée, les mêmes remarques que pour la posture précédente sont valables.

Seul le bassin bascule, la descente s'accompagne d'une contracture des muscles du dos et du ventre qui ne varient pas leur longueur.

Cette posture apprend à bien contrôler le bas du dos. Elle n'occasionne pas de risques pour cette région puisqu'elle n'est pas en flexion. Elle ne va solliciter que les muscles des cuisses en produisant un étirement des muscles postérieurs des membres inférieurs.

Précautions

Il ne faut surtout pas arrondir le dos. La flexion s'effectue au niveau du bassin. Lorsque les muscles ischiojambiers sont raccourcis, nous pouvons avoir tendance à arrondir le dos. Dans ce cas, il ne faut pas forcer. Pratiquez également avec prudence dans le cas où vous auriez une épaule douloureuse.

Effets physiologiques

Aux effets déjà obtenus dans les postures précédentes s'associe un excellent développement de la proprioception de la colonne vertébrale.

Aspect symbolique

C'est la posture dite du triangle.

Comme il s'agit d'une posture qui porte un nom de figure géométrique, elle nous oriente vers une notion d'ordonnance équilibrée.

En effet, cette posture nécessite un équilibre qui ne va pas se faire uniquement dans la verticalité. Si tel était le cas, cela ne nécessiterait qu'une attention dans un plan (haut-bas, droite-gauche), or cela fait appel à une attention qui doit se développer dans un espace à trois dimensions (haut-bas, droite-gauche, avant-arrière). Nous devons tenir compte de toutes les forces qui tendent à nous déséquilibrer dans toutes ces directions, droite, gauche, avant, arrière, haut, bas. Pour y faire face, il nous faut trouver notre centre. A partir de là nous pourrons tenir compte des différentes forces qui entrent en jeu.

Non seulement il ne faut pas se laisser tomber en avant et s'opposer à la traction de la pesanteur mais, de plus, la pratique se fait des deux côtés et de face. Il y a trois directions qui sont indiquées.

Pour tout cela, elle est une posture qui développe une base solide. Elle renforce notre ancrage dans le sol. N'oublions pas que, sur un plan mathématique, le triangle est la figure la plus cohérente. Cela se traduit par une posture qui nous redonne force et cohérence.

Concentration

La concentration se portera sur les différentes difficultés d'exécution : sur le dos qui ne doit pas s'arrondir, sur la respiration qui est synchronisée, sur les mouvements des pieds qui ne doivent pas se déplacer durant l'exécution du mouvement.

Elle se portera enfin sur l'ancrage dans le sol et l'équilibre maintenu dans le mouvement, comme cela a été vu dans la symbolique.

Posture de l'angle : Konasana

Comment la prendre

1) Placez-vous en position debout verticale, les bras le long du corps.
Ecartez les pieds d'une largeur un peu supérieure à celle du bassin.
Inspirez en portant les bras à l'horizontale, en tournant les paumes vers le ciel.

2) Expirez en vous inclinant sur un côté (commencez par le côté gauche). Les bras, durant toute la descente, restent dans le prolongement l'un de l'autre, c'est-à-dire en croix. La tête ne s'incline pas mais reste dans le prolongement de la courbure naturelle qui s'installe dans le rachis.

3) Puis, dans cette position, tout en respirant naturellement, posez la main (du bras qui est vers le sol) sur la jambe. La main se pose mais ne prend pas appui.
Portez le bras supérieur de façon concomitante dans le prolongement du tronc qui est étiré, le biceps en contact avec l'oreille.

4) Restez dans la posture en respirant normalement.
5) Pour quitter la posture, redressez, dans un premier temps, le bras supérieur à la verticale tout en gardant le souffle naturel. Le bras se place alors dans le prolongement du bras inférieur.
6) Puis, lorsque les bras sont en croix, inspirez pour revenir à la position de départ.
Restez les bras horizontaux, le dos redressé à la verticale, en maintenant le souffle à plein quelques instants.
7) Puis expirez en relâchant les deux bras en même temps.

8) Recommencez de l'autre côté.

Respiration

Durant la prise de la posture, veillez toujours à la parfaite synchronisation entre mouvement, souffle et pensée. Il en sera de même pour la quitter.

Dans la posture, vous pouvez rester en statique plusieurs respirations.

Effets anatomiques

Les particularités de l'exercice concernent la flexion latérale ou inclinaison.

Dans cet exercice, comme pour la posture du triangle, les pieds sont écartés, la base est plus large.

Les muscles des épaules, des bras et des avant-bras développent leur coordination par la variété des mouvements accomplis.

Lorsque vous êtes dans la posture, penché sur le côté, l'épaule inférieure est en décompression, ballante. Les muscles profonds de l'épaule n'en sont pas pour autant relaxés, bien au contraire. Ils participent au maintien de l'articulation. L'épaule supérieure, quant à elle, va subir un positionnement qui correspond à une élévation avec un étirement du grand pectoral (muscle de la poitrine).

A cette asymétrie du mouvement des épaules s'associe une asymétrie du tronc. Du côté de l'inclinaison se produit une fermeture costale. Du côté opposé, une ouverture costale.

Les muscles profonds du rachis sont stimulés latéralement. Cela entraîne non seulement une inclinaison mais également une rotation des corps vertébraux lombaires.

Le bassin doit rester bien en place et horizontal malgré la traction exercée par les muscles du bas du dos.

De même pour le psoas, les petits et grands obliques qui participent à l'inclinaison latérale.

De l'autre côté, les muscles sont étirés durant le maintien de la position.

Toujours dans la région opposée à la flexion, se produit une contraction avec relâchement progressif pendant la descente. Il existe un tonus de base accompagnant l'étirement. Par contre, ces muscles se contractent de façon active lors du redressement.

A noter la mise en contraction de l'ensemble des muscles profonds du rachis, y compris de la région cervicale, durant tout l'exercice.

Précautions

Les précautions à prendre sont essentiellement liées aux raideurs et douleurs scapulaires. Ce qui peut nécessiter des aménagements en laissant le bras semi-fléchi.

Elles sont liées également aux fragilités lombaires (antécédents lombaires de lombalgies). Dans ces cas, il faut être prudent lors de l'exécution.

Effets physiologiques

Tout d'abord, on enregistre une compression, puis une décompression de la cavité abdominale, ce qui associe un massage intestinal.

L'ouverture et la fermeture de la cage thoracique entraînent des modifications de la ventilation et de la perfusion pulmonaire. La perfusion sanguine du poumon étant opposée à sa ventilation, cela contribue à une augmentation de l'extraction d'oxygène pulmonaire.

Aspect symbolique

C'est une posture asymétrique par excellence.

Elle permet de prendre conscience de l'existence des différentes parties qui composent notre corps.

Elle entraîne une ouverture latérale d'un côté et une fermeture latérale de l'autre. Cela illustre la notion d'oppositions qui cohabitent pour collaborer.

Par ailleurs, se dessine une figure géométrique très simple : l'angle. C'est la préparation qui préfigure les postures à tripodes mais celle-ci reste toujours dans un plan, ce qui, paradoxalement, est beaucoup moins stable que les autres. Elle souligne l'importance d'équilibrer les opposés non seulement entre les deux côtés mais aussi de rester dans un plan en équilibre entre l'avant et l'arrière. Il faut savoir « marcher sur un fil ». Il ne faut donc pas solliciter de façon excessive l'avant et l'arrière. Si l'on veut rester dans le plan frontal, il faut doser les efforts et se laisser porter par l'attraction terrestre. C'est un exemple d'équilibre obtenu par abandon mais également par vigilance.

Concentration

La concentration se porte sur les différents aspects anatomiques. En particulier sur la nécessité de ne pas déplacer le bassin, ni en avant ni en arrière. Le maintenir dans le plan du corps et des épaules nécessite une extrême vigilance et demande dès le début de porter toute son attention sur ce détail.

Pensez également à prendre conscience du massage d'un côté et de l'étirement de l'autre. Autant en ce qui concerne la région abdominale (flancs) qu'en ce qui concerne la cage thoracique avec sa respiration.

Posture de l'arbre : Vrikasana

Comment la prendre

1) Commencez par vous placer en posture debout.

2) Mettez la plante du pied à plat contre la face interne du genou opposé. Vous constatez que votre pied épouse parfaitement la forme du genou.

Poussez le genou de la jambe pliée le plus en arrière possible. Cela permet une ouverture maximale de votre hanche.

Respectez l'alignement de la hanche. Ne créez pas de «déhanchement».

3) Portez les mains jointes devant la poitrine. Puis respirez normalement.

4) Après quelques instants, portez les bras sur une horizontale durant l'inspiration.

5) Ramenez les mains jointes à l'expiration.

6) *Refaites le mouvement plusieurs fois.*
7) *Puis restez dans la posture d'équilibre en observation.*
8) *Posez le pied à terre et recommencez de l'autre côté après quelque temps d'observation.*

Effets anatomiques

Pour maintenir la position du côté où il y a appui, le moyen fessier ainsi que l'ensemble des muscles de la hanche se contractent pour consolider et affiner la position de la hanche.

Le grand fessier est tonifié.

Comme l'ensemble des muscles servant au maintien de la station debout du côté de la jambe d'appui.

La coordination entre les différents groupes de muscles du membre supérieur est développée.

Respiration

La respiration doit rester naturelle lorsque les mains sont l'une contre l'autre. C'est alors une posture statique. Restez dans cette phase le plus longtemps possible. Augmentez un peu chaque jour.

Lorsque vous ouvrirez les bras, vous associerez la respiration en restant parfaitement synchronisé. C'est alors une phase dynamique de la posture.

Précautions

Il n'existe pas de risques, sauf pour les personnes souffrant de luxation de la hanche.

Pour les personnes souffrant de douleurs de la hanche, il faut programmer un travail progressif pour la hanche portante. Cependant, le travail est souvent limité car il existe des raideurs pour la hanche en suspension.

Il se produit une limitation naturelle pour les personnes souffrant de troubles de l'équilibre (neurologiques ou ORL).

Effets physiologiques

L'équilibre est le meilleur reflet de la fonction de l'ensemble du système nerveux et un des meilleurs tests de l'âge fonctionnel.

En appliquant régulièrement cette posture, vous développerez la proprioception de l'ensemble des membres inférieurs et votre adaptation lors de la marche sur quelque terrain que ce soit. Si un certain nombre de nerfs sont déficients (à cause d'un trouble neurologique ou de l'âge), le recrutement (c'est-à-dire la mise en fonction d'autres cellules nerveuses) s'établit alors pour améliorer les possibilités d'équilibre.

L'effet se répercute sur l'ensemble du système nerveux de relation.

Aspect symbolique

C'est une position qui nous relie au sol par un seul pied.

Elle nous renforce dans notre ancrage au sol et en même temps nous permet de nous élever au-dessus des contingences de la vie quotidienne.

Elle nous donne donc le pouvoir de puiser nos ressources dans le ciel. Nous maintenons nos racines dans le sol mais nous y associons les qualités spirituelles.

Concentration

Durant toute la posture, gardez les yeux ouverts. Fixez un point fixe, immobile sur le sol ou droit devant vous.

Portez votre attention sur les différents muscles concernés.

Portez votre attention sur votre respiration qui doit rester régulière.

Puis portez votre attention sur le point extérieur.

Enfin, prenez conscience de l'effet de la posture qui développe votre équilibre, non seulement physique mais également mental.

Posture de la pince debout : Padastasana

Comment la prendre

1) Placez-vous debout pour la position de départ avec les mains jointes.

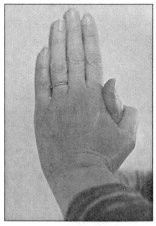

2) Levez les bras lentement sur une inspiration tout en conservant les mains jointes.

Lorsque les bras sont levés, restez en suspension de souffle quelques instants tout en étirant les bras et les épaules vers le haut ainsi qu'en tirant bien sur la taille. Si possible associez uddyana bandha, c'est-à-dire la contraction des abdominaux. En se contractant, ils se rétractent légèrement.

3) Puis redescendez les bras sur l'expiration et revenez en position de départ.

4) Dans cette position, inspirez sans bouger.

5) Ce n'est que dans un deuxième temps que vous déroulez l'ensemble du tronc en relâchant les bras progressivement. Ne forcez pas, vos bras restent ballants ou, si votre corps vous le permet, vos mains reposent sur le sol de chaque côté des pieds.

6) Restez dans la position, le souffle calme, plusieurs respirations.

7) Pour revenir à la position verticale de départ, redressez-vous lentement sur une inspiration, les bras ballants, tout en déroulant la colonne vertébrale. Mais dans un premier temps, ne relevez pas la tête. Restez ainsi la tête baissée en expirant.

8) Ce n'est que dans une deuxième phase que vous allez redresser la tête sur une nouvelle inspiration. Durant tout le temps où vous vous êtes redressé, les bras reviennent en suivant le mouvement tout en restant ballants le long du corps.

Respiration :

C'est une posture que vous garderez en statique aussi longtemps que vous le souhaiterez, c'est-à-dire tout en respectant la première clef qui consiste à ne pas vous nuire.

Vous veillerez à remonter en deux temps dynamiques lors du retour, c'est-à-dire sur deux respirations.

Effets anatomiques

Le déroulement du dos entraîne un relâchement progressif des muscles du dos qui freinent la descente.

Le bassin est spontanément basculé en arrière (rétroversion) dans cette posture. Cela est dû aux muscles de l'arrière des cuisses (ischio-jambiers) qui tirent sur le bassin, l'empêchant de basculer en avant. Il faut progressivement ramener le bassin en avant (antéversion) pour éviter ce phénomène.

L'ensemble des muscles profonds du dos et sustentateurs du bras sont en contraction permanente.

Seuls les muscles superficiels du dos et des épaules sont relaxés.

Étirement de toute la partie postérieure du corps. La chaîne des muscles dorsaux et ischio-jambiers et soléaire et jumeaux est mise en tension. (Voir « Précautions ».)

Action sur le rachis lombaire qui est en cyphose.

Précautions

Cette posture va étirer à la fois les muscles du bas du dos qui s'insèrent de la région lombaire au bassin et les muscles de l'arrière des cuisses qui s'insèrent du bassin aux jambes. Si les muscles de l'arrière des cuisses sont raccourcis et manquent de souplesse, les jambes étant allongées, ils ne permettront pas une bonne bascule du bassin en avant et, de ce fait, la flexion avant est compensée par une flexion du rachis lombaire. En effet, lorsqu'il existe un point faible dans une chaîne musculaire, c'est toujours ce point fragile qui cède. En l'occurrence, c'est toujours le bas du dos qui compense car les muscles qui enchâssent les lombaires ne sont pas aussi raides et puissants que les muscles des cuisses. Le risque est alors d'aggraver au niveau lombaire une faiblesse préexistante des articulations et des ligaments. Cela peut déclencher un lumbago ou une sciatalgie. Il ne faut donc surtout pas forcer ni, comme cela peut encore se voir dans certains cours de gymnastique, travailler en ressort. Si vous avez la moindre difficulté, il faut préparer la posture par un étirement des ischio-jambiers (muscles de l'arrière de la cuisse) sans solliciter le dos (voir « Les Postures inversées », page 181). Si vous avez une raideur de l'arrière des cuisses, il faut légèrement fléchir les genoux. Cela redonne de la « longueur » aux ischio-jambiers, ce qui permet une antéversion correcte du bassin et permet donc de ne plus solliciter le rachis lombaire de façon extrême.

Par ailleurs, faites attention au risque d'hypotension orthostatique lors du retour. Veillez bien à revenir en décomposant le retour en deux étapes avec la tête pour permettre aux jugulaires de retrouver leur calibre normal et donc de ne pas provoquer d'insuffisance d'irrigation cérébrale.

Effets physiologiques

Les mêmes effets que les exercices précédents sont notés.

Il se produit une augmentation de la pression artérielle cérébrale, une sollicitation du système parasympathique.

Compte tenu de la pression du ventre, il se produit un massage intra-abdominal.

L'étirement de tout l'arrière du corps engendre un effet relaxant de tous les muscles superficiels qui sont souvent les premiers à souffrir des tensions et des stress. Conjointement, il se produit une tonification des muscles profonds, ce qui est une excellente garantie pour permettre une meilleure coordination musculaire. Cela accentue la relaxation générale en permettant de détendre les muscles inutiles au maintien de la posture.

Enfin, cette posture engendre un sentiment de profonde relaxation. C'est une posture déstressante.

Aspect symbolique

La personne se renverse par rapport à son habitude.

C'est une posture d'abandon total à la force qui est la plus importante dans l'ensemble de l'univers, c'est-à-dire la force de gravitation. Cette posture nous apprend à nous soumettre et à ne pas lutter.

La flexion se déroule avec humilité sans offrande mais en abandon total. Dans la posture, le relâchement doit être encore approfondi. Il n'y a plus lutte pour occuper notre position de « MOI-JE ». Nous nous glissons dans le courant et nous laissons porter. C'est ainsi que nous serons vainqueurs des difficultés de la vie, en les reconnaissant, en les acceptant, puis en nous laissant porter.

Concentration

Portez votre attention sur les mouvements anatomiques, sur le flux sanguin qui augmente dans la région cérébrale.

Sur la détente des muscles superficiels du dos et des épaules.

Sur l'abandon total.

Sur la respiration et, en particulier, sur l'expiration qui est facilitée dans la posture. Observez également le mouvement de l'abdomen qui rentre lors de l'expiration.

Vous avez étiré durant ces exercices debout l'ensemble de vos muscles et de votre corps. Vous avez accéléré votre circulation sanguine et augmenté votre débit sanguin. De ce fait, vous avez de façon concomitante augmenté votre amplitude respiratoire. Votre corps dans son ensemble est dynamisé, vous vous sentez mieux. Vous sentez chaque partie assouplie et renforcée. Certaines régions ont été massées, comme la région abdominale. Vous avez également renforcé votre capacité d'équilibre.

Après ces postures debout, je vous invite maintenant à vous allonger sur le ventre pour continuer cette séance dynamisante, que vous effectuerez de préférence le matin.

Les Postures sur le ventre

Détaillons tout d'abord la position de repos sur le ventre.

Position de repos sur le ventre

Comment la prendre

1) Vous êtes allongé à plat ventre.

2) Placez vos gros orteils de telle sorte qu'ils soient en contact.

3) Détendez les fessiers et l'ensemble de tous les rotateurs externes de la hanche. Enfin, pensez à relâcher tous les muscles des membres inférieurs.

4) Portez vos bras le long du corps, les épaules en rotation interne, ce qui bascule vos bras pour une meilleure détente. Les avant-bras sont tournés en pronation, de ce fait les paumes sont tournées vers le haut. Vos bras seront légèrement fléchis en position de repos.

5) Votre tête est tournée, joue ou oreille en contact avec le sol. Cela entraîne une rotation des cervicales, normalement sans conséquence compte tenu de la très grande souplesse de la région. Il n'y a pas d'action musculaire mais simplement un étirement passif de la région.

Respiration

La respiration est normale, naturelle, lente et profonde.

Action

Cette posture de détente permet une récupération et un équilibre cardio-vasculaire et respiratoire.

La respiration s'effectue par les côtes en mobilisant la partie postérieure basse. Le diaphragme est amplement sollicité.

Précautions

En cas de douleurs de la nuque (cervicalgies), amener les bras en avant, les mains l'une sur l'autre et le front dessus. Cela évite la torsion cervicale.

Vous êtes maintenant prêt pour pratiquer la deuxième partie de votre séance qui se compose de postures clefs du yoga.

Le cobra : Bujangasana

Comment la prendre

1 Placez-vous en position de départ sur le ventre.
2) Rapprochez les talons l'un contre l'autre. Portez les mains de chaque côté du thorax au niveau de la poitrine. Votre respiration reste normale.
3) Posez alors votre front sur le sol, puis soulevez-le légèrement. Durant tout ce temps, votre respiration est toujours normale.

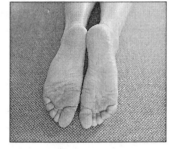

4) Puis, sur une inspiration, soulevez le tronc. Les mains restent au sol mais ne prennent pas appui (dans cette variante).

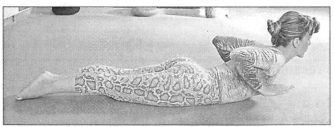

5) *Dans la posture, les côtes flottantes (les dernières côtes) restent en appui au sol ainsi que tout l'abdomen.*

Votre respiration reste calme et lente durant tout le temps où vous gardez la posture.

Veillez à bien pousser la poitrine en avant et donc à rapprocher les omoplates.

Votre menton est sur une horizontale, votre regard droit devant vous.

Vos talons restent joints et éventuellement vos fessiers se contractent. (Cela deviendra obligatoire pour d'autres variantes.)

6) *Pour quitter la posture, inspirez tout d'abord dans la position.*

7) *Puis, sur l'expiration, redescendez doucement en projetant le thorax vers l'avant comme pour vous allonger encore plus. Le cou est étiré et se place ainsi sur le sol, le menton en avant.*

8) *Puis reprenez une respiration normale, enfin, remettez-vous dans la position de repos au sol.*

Effets anatomiques

En position de départ, les talons sont rejoints.

Cela est uniquement obtenu par la contraction subtile des rotateurs externes des fémurs alors que les autres muscles de la jambe sont relâchés.

Dans la position de départ allongée, le bassin est spontanément basculé en avant (antéversion).

Les abdominaux, les grands fessiers interviennent pour basculer le bassin en rétroversion.

Les épaules subissent une rotation externe, ce qui s'accompagne de contractions des rotateurs et d'étirements des rotateurs internes.

Les omoplates se rapprochent et s'abaissent en glissant l'une vers l'autre et vers le bas. Les muscles du haut du dos sont concernés ainsi que les muscles des côtes. Enfin, les muscles de la poitrine et de l'omoplate sont étirés.

Le coude, en se fléchissant, entraîne la contraction du biceps ainsi que des autres muscles fléchisseurs du bras.

Cette flexion du coude s'accompagne d'une extension de la main qui étire les muscles de la main. La paume de la main est dirigée vers le sol, ce qui étire les muscles supinateurs.

Enfin, le redressement du rachis en englobant le rachis cervical se fait grâce à la contraction des muscles profonds du dos qui longent toute la colonne vertébrale et les muscles superficiels de la colonne vertébrale.

Le trapèze permet le redressement de toute la partie haute du dos et de la tête.

Le grand dorsal peut s'associer à lui selon la position des bras. Dans cette posture, il n'est pas impliqué. Dans les variantes du cobra où les bras se soulèvent, il participe alors activement.

Respiration

La prise de la posture s'effectue en deux temps. Tout d'abord la respiration est normale puis, lors de l'extension du rachis, celle-ci est synchronisée avec le mouvement. La posture peut être pratiquée en statique ou en dynamique. Dans le premier cas, la respiration est naturelle. Dans le deuxième, il faut rester en suspension à plein.

Lors de la descente, si vous étiez en statique, veillez tout d'abord à inspirer profondément avant de redescendre. Dans tous les cas, l'expiration accompagne le retour du menton sur le sol.

Précautions

Si vous avez des douleurs et des raideurs cervicales, vous devez aborder ces exercices avec prudence. En effet, l'extension cervicale peut être exagérée inutilement et créer ou réveiller une douleur. Pendant la posture, il n'y a pas vraiment de risque. Le risque existe surtout au moment du départ et de l'arrivée, lorsque le menton repose sur le sol. Pour éviter les problèmes, il vous faut alors partir une oreille au sol et revenir de même.

Par ailleurs, bien qu'il n'existe pas de risque lombaire, vous veillerez à contracter les muscles fessiers, ce qui provoque l'antéversion et la contraction des muscles postérieurs du bas du dos consolidant ces articulations.

Effets physiologiques

Cette posture demande un effort intense, elle accélère la fréquence cardiaque.

Il est nécessaire, comme dans toutes les postures, de conserver une fréquence respiratoire calme.

La pression est importante sur les abdominaux, ce qui engendre un massage intestinal.

Il se produit également un renforcement des sollicitations osseuses de la colonne vertébrale, luttant contre les manifestations d'ostéoporose.

Aspect symbolique

Cette posture porte le nom d'un serpent. Cela rappelle à l'homme son appartenance au processus évolutif de la vie. Dans cette posture, nous sommes reptile, ce qui représente un stade ancien de l'évolution. Nous expérimentons dans cette attitude un contact total avec le sol auquel nous faisons face. Nous sommes face contre terre dans un geste d'humilité totale. Nous pouvons alors prendre conscience de nos racines. Mais, dans le même temps, il nous est donné de nous redresser. C'est cette partie avant qui va se redresser. Ce redressement se fait au prix d'un réel effort. Pour aller dans le sens de la verticalité, il faut rentrer dans une dynamique d'action. Il faut lutter contre la gravité. C'est alors que l'on quitte l'état strict de matière pour être spiritualisé.

Cette posture est donc à la fois une reconnaissance de notre aspect reptilien et à une volonté de se transformer pour transcender l'état animal en un état humain.

Concentration

La concentration se pose sur les différentes parties anatomiquement concernées de même que sur la respiration et les effets physiologiques.

Veillez également à bien relâcher votre visage ; le front, les mâchoires. Ne crispez pas vos mains ni vos doigts.

Enfin, prenez conscience de l'aspect symbolique de la posture qui vous fait transcender votre animalité en conscience.

Il existe de nombreuses variantes du cobra.

Vous pouvez lever les mains en même temps que l'avant du corps. Vous pouvez les placer en arrière en entrelaçant les doigts ou même en croix à l'horizontale. Dans tous ces cas, le ventre reste plaqué au sol.

Il existe des variantes où la levée de la poitrine s'effectue de façon non pas active par la contraction des muscles du dos, mais passive en poussant sur les bras. Je vous recommande de ne pas faire cette pratique seul, mais sous la directive d'un enseignant, car elle peut être préjudiciable pour la région lombaire.

Dans tous les cas, la respiration, la concentration sont les mêmes. La symbolique ne varie pas beaucoup d'une variante à l'autre.

La sauterelle

Comment la prendre

1) Prenez la même position de départ que pour toutes les postures sur le ventre.
2) Rapprochez les talons. Tournez les paumes au sol. Les avant-bras sont bien placés dans le prolongement des bras. Le menton se pose au sol.
Dans cette position, vous appuyez avec les bras sur le sol.

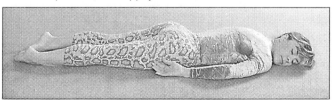

3) Inspirez en levant une jambe vers le haut. Cela entraîne une extension de la hanche.

4) Expirez en redescendant la jambe. Le bassin reste bien plaqué sur le sol.

5) Recommencez avec l'autre jambe.

6) Puis les deux jambes ensemble. Dans ce cas, placez vos deux mains sous les cuisses.

7) Reprenez la position de détente sur le ventre.

Effets anatomiques

Comme pour le cobra, les rotateurs internes de la hanche sont mobilisés, pour permettre le mouvement de rapprochement des talons.

Le fait de placer les mains sur le sol entraîne une ouverture du haut du corps associée à une hyperextension du rachis cervical.

Les épaules sont dans tous les cas sollicitées ainsi que les muscles postérieurs du dos.

Dans la position de départ, il faut noter qu'il existe une antéversion du bassin spontanément (le pubis ne s'appuie pas beaucoup mais ce sont les épines iliaques qui prennent appui).

Les muscles du dos vont progressivement se contracter.

Les plus superficiels, par le long bras de levier qu'ils représentent, vont agir pour maintenir le rachis en extension et les plus inférieurs pour entraîner le bassin en antéversion. Enfin, pour ajuster la posture, les muscles profonds vont également se contracter.

Enfin, il ne faut pas oublier les grands fessiers qui ont préalablement permis une rotation externe et autorisent l'extension. Un léger écartement des jambes facilite leur montée car il existe une légère prédominance des muscles qui portent la jambe vers l'extérieur (abducteurs) sur ceux qui portent la jambe vers l'intérieur (adducteurs), comme le grand fessier.

Les ischio-jambiers (muscles postérieurs de la cuisse) concourent à l'extension, mais celle-ci est limitée par l'allongement de la jambe.

Les épaules sont très sollicitées de façon inhabituelle. Ce sont les muscles qui permettent normalement d'avancer les bras qui sont concernés. Ils s'associent à une ouverture du thorax et à une contraction du grand pectoral.

La face antérieure de tout le corps est étirée. La cuisse avec le quadriceps, les droits de l'abdomen (abdominaux), et bien sûr les muscles du cou avec, en particulier, les scalènes.

Précautions

C'est une posture parfaitement « antinaturelle » lorsqu'elle est pratiquée dans sa totalité, les jambes à la verticale. Il convient donc de la réaliser avec beaucoup de prudence.

Tout le poids du corps repose sur la face antérieure des épaules et entraîne une compression de la face antérieure du cou. Lorsque le rachis cervical n'est pas assez souple, l'hyperextension entraîne bien évidemment une sollicitation excessive de celui-ci. Il faut donc s'assurer qu'il n'existe pas d'antécédents de névralgies cervico-brachiales (douleurs dans la nuque qui irradient vers les bras). Même s'il n'en existe pas, la posture ne devra pas être pratiquée dans sa totalité en levant les deux jambes à la verticale, si vous ne la pratiquez pas depuis votre adolescence. Habituellement, la posture n'est pas réalisée dans sa totalité. Dans la majorité des cas lorsque la posture est exécutée avec les deux jambes à la fois, seules les jambes décollent légèrement. L'ensemble de la poitrine et même de l'abdomen restent au sol. Cependant, cette posture, lorsqu'elle est totalement réalisée, conduit non seulement à lever les jambes, mais également le bassin, le ventre, la poitrine. Le corps ne repose plus, dans ce cas, que sur le cou, les bras et les épaules. C'est la demi-sauterelle. Quand les jambes ne décollent que légèrement, la sollicitation cervicale est moindre. Il est même possible de poser le front au sol. Il en est de même lorsqu'il n'y a qu'une seule jambe qui est levée à la fois. Bien sûr, les variantes, en ne soulevant qu'une seule jambe à la fois et le soulèvement léger des deux jambes de façon concomitante, ne donnent pas lieu à cette même prudence. Cependant, il faudra rester vigilant.

Cet exercice est également contre-indiqué en cas d'athérome (souvent lié à un excès de cholestérol et au tabac). Dans ce cas, il existe potentiellement un risque de plaque sur les carotides et la pression pourrait théoriquement faciliter un décollement et une embolie cérébrale. Cependant, cela reste théorique car je n'ai jamais eu connaissance d'un tel phénomène. Il faut dire que la posture complète n'est pratiquée que par une minorité souvent particulièrement entraînée, ne présentant aucun des troubles précités.

Par contre, il n'y a pas de précautions particulières à prendre pour la région lombaire car celle-ci est en décharge. Elle ne craint absolument pas ce type d'extension. La seule précaution à prendre est en cas d'atteinte de l'articulation interapophysaire postérieure (articulation à l'arrière des vertèbres). Dans ce cas, la posture peut déclencher une douleur.

Cet exercice est également contre-indiqué en cas de reflux gastro-œsophagien, comme toutes les postures.

Respiration

D'une façon générale, cette posture sera pratiquée en dynamique. Vous ne resterez pas en statique. Ce n'est qu'après une longue période d'entraînement que vous pourrez rester ainsi en statique.

Effets physiologiques

Cet exercice est très éprouvant pour l'ensemble de l'organisme. Il sollicite l'ensemble de l'appareil cardio-vasculaire en entretenant la souplesse vasculaire.

Il faut progressivement passer d'une pratique en aérobiose (c'est-à-dire sur une respiration) à une pratique en anaérobiose (sur plusieurs respirations).

Le mouvement doit pour cela être maintenu. Mais l'effort demandé aux muscles longs et superficiels ne peut être maintenu longtemps. Il faut, pour garder la posture, arriver à un point d'équilibre où seuls les muscles profonds interviennent.

Il existe une augmentation de la pression artérielle importante, surtout dans la région céphalique, qui ne peut pas être équilibrée immédiatement. Cependant il faut être attentif au ralentissement circulatoire qui peut se produire dans cette région par compression carotidienne et des vertébrales postérieures.

L'inversion du corps entraîne une inversion circulatoire qui permet de décongestionner les veines des membres inférieurs.

Il se produit une sollicitation importante de tout le rachis et du fémur en décharge. Les tractions et la musculation du dos participent à la prévention de l'ostéoporose.

Il y a également un massage intense de la région cervicale antérieure avec une pression importante de la glande thyroïde. L'action pourrait se traduire par un passage sanguin momentanément augmenté. Mais la régulation à long terme conduit à une équilibration. Cet exercice permet donc un entretien par une plus grande chasse et vascularisation sanguine sans pour autant provoquer une « hyperthyroïdie ».

Aspect symbolique

C'est une posture tout à fait « renversante ». Tous les points de repère sont bouleversé. Elle fait partie des postures inversées mais également des postures ventrales.

Tout comme le cobra, c'est une posture qui nous fait prendre conscience de notre état originel en contact avec la terre. Curieusement, elle ne redresse pas la partie représentant le ciel (c'est-à-dire la tête) mais au contraire elle élève la partie inférieure au-dessus de la tête et fait prédominer la partie « terrestre ».

Ces exercices ont comme intérêt de nous permettre de juger de la relativité de toute chose sur terre. Les repères doivent complètement s'effacer. Même s'il existe une symbolique qui nous habite, le yoga nous aide, en dernier lieu, à dépasser complètement tous les repères classiques. Il ne peut et ne veut pas se limiter à une vision scolastique du monde. Il nous entraîne dans une expérimentation totale du corps pour dépasser les fonctions « naturelles ».

Progressivement, la connaissance du corps et donc de nous-mêmes nous redonne confiance dans nos possibilités. Le monde nous apparaît plus réel et moins limité.

Concentration

Sur les différentes parties qui sont concernées, en particulier les contractions de la partie postérieure et des épaules associées à un étirement et à un massage de la partie antérieure.

D'autre part, l'attention portera aussi sur l'aspect symbolique de la posture et du « lâcher-prise » qui nécessite une bonne maîtrise.

Enfin, après la posture, vous n'oublierez pas durant la détente de porter l'attention sur cette sensation de récupération et la remise en circulation de l'énergie dans tout votre corps.

L'arc : Dhanurasana

Comment la prendre

1) Vous êtes allongé sur le ventre.

2) Posez le menton au sol.
Repliez les jambes, puis écartez les genoux.
Attrapez les deux chevilles. Chacune avec une main.

3) Inspirez en levant le menton et la poitrine.
Dans le même temps levez les deux genoux.
Portez la tête en arrière dans le même mouvement et la même inspiration.

144

4) A l'expiration suivante, ramenez la tête en portant le regard à l'horizontale.

5) Restez dans la position en respirant calmement et amplement.

6) Pour quitter, inspirez en portant la tête en arrière.

7) Puis expirez en ramenant simultanément les genoux et le menton.

8) Enfin, revenez en position de récupération sur le ventre.

Effets anatomiques

La posture de l'arc provoque dès sa position de départ une antéversion du bassin (il se plaque encore plus sur le sol), celle-ci va s'accroître par l'extension de la hanche qui se produit de façon passive.

Pour permettre cette extension, il y a néanmoins une contraction des muscles postérieurs de la cuisse (ischio-jambiers) facilitée par la flexion du genou.

Les muscles extenseurs du dos sont tous concernés.

Il existe une adduction des omoplates (elles se rapprochent), les épaules s'effacent en arrière, ce qui provoque un étirement du muscle grand pectoral.

Bien sûr, une ouverture du thorax se produit ainsi qu'un étirement des muscles grands droits abdominaux.

Précautions

Comme il existe une certaine charge sur la région lombaire, cela nécessite quelque prudence. Il ne faut pas tirer de façon excessive sur les chevilles avec les bras.

Il existe aussi un risque au niveau du genou qui peut être évité en écartant légèrement les genoux. Cela permet d'éviter une sollicitation trop forte des ligaments internes qui se produirait dans le cas où l'on maintiendrait le rapprochement des genoux.

Respiration

La respiration doit rester synchronisée durant la prise de la posture. Lorsque le maintien est possible, il est recommandé de respirer calmement en statique dans la posture quelques respirations, en veillant toujours à ne jamais suffoquer.

Effets physiologiques

Il se produit une dynamisation, tout comme pour la majorité des postures en ouverture. L'ensemble du système sympathique est stimulé, ce qui se répercute sur les systèmes cardio-vasculaire et respiratoire. Une stimulation des surrénales, par cette voie, a également lieu. Cet exercice a un effet tonifiant.

Aspect symbolique

Cette posture est une posture de force.

Elle provoque une ouverture totale du corps et, par sa forme d'arc, nous donne les moyens de parvenir à nos fins.

Elle nous donne, en quelque sorte, la force de réaliser nos objectifs. C'est une posture qui renforce la confiance en soi et la solidité émotionnelle.

Concentration

Durant la posture, concentrez-vous sur les éléments anatomiques qui sont concernés, sur la respiration et sur son aspect symbolique. Toutefois, veillez à bien conserver un état de détente et de prise de recul. Dans les postures toniques et difficiles, il ne faut sous aucun prétexte perdre le contrôle des postures. Au contraire, c'est un lieu d'expérience pour justement appliquer la notion de Témoin dans les cas difficiles.

En résumé, c'est une posture qui nous permet de nous réaliser en nous donnant, d'une part, les moyens d'y parvenir et, d'autre part, en renforçant la prise de recul.

Voici la fin de la deuxième partie de votre séance matinale dynamisante. Vous avez pratiqué à la fois des postures debout et des postures sur le ventre qui vont dans un sens d'ouverture et de mobilisation.

Mais il vous faut encore faire quelques exercices de compensation et de récupération.

La fin de votre séance va donc se composer d'exercices assis, d'une rotation et d'une flexion.

A la fin de la posture de l'arc, vous êtes en position de détente, allongé sur le ventre. Depuis cette position, prenez appui avec vos mains posées de chaque côté de votre thorax pour vous redresser. Venez vous asseoir sur les talons.

Les Postures de compensation

Assis sur les talons : Vajrasana

Comment la prendre

A genoux, asseyez-vous sur les talons, tout en gardant les genoux joints, les gros orteils également. Par contre, les talons s'écartent légèrement, laissant les fesses se poser dans l'espace ainsi créé. Posez vos mains l'une sur l'autre, avec vos paumes dirigées vers le haut.
Le dos et la tête sont en position normale, sans rectitude exagérée.

Effets anatomiques

Les pieds sont en flexion plantaire, dans le prolongement de la jambe. Les jambes sont rapprochées. Les fesses sont en contact avec le bord interne du pied et non sur les talons.

L'ensemble des petites articulations du pied sont étirées. Cela contribue à lutter contre le fréquent enraidissement dû à leur manque de mobilisation.

Cet exercice sollicite également tous les tendons qui sont à l'avant du pied.

La flexion du genou entraîne un allongement des muscles antérieurs de la cuisse facilité par la flexion de la hanche. Les ligaments antérieurs du genou sont étirés à leur maximum. Les ligaments postérieurs sont complètement relâchés.

Dans cette position, le bassin est libre d'antéverser ou

de rétroverser. Cette possibilité est très importante pour affiner la proprioception de cette région.

De ce fait, les courbures rachidiennes seront respectées. L'ensemble des muscles profonds du rachis est sollicité.

Par contre, les muscles superficiels du dos (grand dorsal, trapèze) sont relâchés de même que les muscles sustentateurs de l'épaule.

Respiration

Le plus calme et lente possible.

Précautions

Dans certains cas, il n'est pas possible de s'asseoir directement sur les talons. Il faut être prudent dans le cas où votre pied ne serait pas suffisamment souple dans sa partie antérieure, ce qui empêcherait l'allongement du pied. Il peut également y avoir une rétraction des tendons rotuliens qui ne permet pas une bonne flexion du genou.

Dans un cas comme dans l'autre ou si les deux sont associés, il faut avoir recours à un surélévateur sous les fesses. Ainsi, la hanche retrouve sa mobilité et vous pouvez alors correctement placer votre dos.

Effets physiologiques

Il n'existe pas d'effets particuliers de la posture qui la distinguent des autres.

Néanmoins, elle favorise également le calme. Comme elle est souvent facile à prendre par rapport aux autres postures assises et qu'elle permet d'avoir un bon placement du bassin en position intermédiaire avec, de ce fait, une bonne rectitude du rachis, elle favorise l'immobilité. Cette immobilité dans une attitude équilibrée favorise le calme et, surtout, une respiration ample et profonde. Ces deux éléments renforcent la fonction du système parasympathique et la digestion.

Aspect symbolique

Certes, c'est tout d'abord une position d'intériorisation. Mais, en fait, elle n'est pas une posture d'assoupissement. C'est une posture de vigilance et d'éveil. En effet, plus que dans toute autre posture, la personne est prête à « bondir ».

Elle symbolise l'équilibre. Avec la domination de l'être sur le corps. C'est une position privilégiée dans les arts martiaux.

Concentration

Portez essentiellement votre attention sur le souffle. Mais également sur la détente qui va gagner le corps de proche en proche. Insistez sur la détente du visage. Prenez conscience, comme dans la relaxation antérieurement, de l'ensemble des muscles de la face que vous veillez à relâcher les uns après les autres.

Rotation de la nuque

Comment la prendre

1) Reprenez la position précédente. Vous êtes assis sur les talons, les mains posées l'une sur l'autre, le souffle calme.

2) Dans cette posture, laissez descendre votre tête en avant.

3) Puis, en inspirant, tournez le menton au-dessus de l'épaule gauche.

4) En expirant, ramenez le menton vers le sternum.

5) Sur l'inspiration suivante, refaites le même exercice à droite.

6) Puis, à l'expiration, revenez en portant à nouveau le menton vers le sternum.

7) Maintenant, vous pouvez amplifier la rotation.
Débutez de la même façon. Sur l'inspiration, portez votre menton au-dessus de l'épaule mais allez un peu plus loin, en levant le menton vers le ciel.

8) *Expirez en revenant en position de départ et refaites la même chose de l'autre côté.*

9) *Enfin, refaites le même exercice que précédemment mais, au lieu de revenir par le même trajet, revenez en dessinant un huit et, pour cela, enchaînez directement de l'autre côté.*

10) *Si vous n'avez aucune difficulté, vous pouvez, la fois suivante, dessiner un grand cercle en portant tout d'abord le menton au-dessus de l'épaule gauche, puis en haut à gauche,*

puis la tête en arrière, puis le menton en haut à droite, puis le menton au-dessus de l'épaule droite puis enfin vers le sternum.

11) *Refaites le même parcours en sens inverse.*

Effets anatomiques

Aux effets précédemment décrits pour la posture assise sur les talons, s'associent des effets spécifiques sur les muscles du cou. Ils sont tous concernés en contraction et en étirement de façon successive.

Respiration

Ayez tout au long de l'exécution de l'enchaînement une respiration parfaitement synchronisée avec le mouvement.

Tout l'exercice se pratique en dynamique.

Précautions

Des précautions doivent être prises, dès qu'il y a la moindre fragilité de la région, souvent liée à de l'arthrose. Il ne faut alors absolument pas forcer.

Mais même sans douleurs, il faut systématiquement respecter la façon de procéder suivante : lorsque vous levez la tête, il ne faut pas vous concentrer sur la nuque qui se fléchit mais sur le menton qui se lève. Il faut que vous ayez bien le sentiment d'étirer le menton vers le ciel.

151

De la même façon, lorsque vous penchez la tête en avant, il faut avoir le sentiment de redresser la nuque en arrière. Il ne faut pas « casser » la nuque. Ces précautions permettent de tracter légèrement le rachis vers le haut et évitent la compression intervertébrale qui aurait lieu dans le cas inverse.

Effets physiologiques

La région de la nuque avec les trapèzes est souvent crispée dès qu'il y a un peu de stress. La mobilisation douce de cette région permet de décontracter complètement l'ensemble des muscles et, par voie réflexe, les émotions qui s'y associent.

Très rapidement, pour ne pas dire instantanément, vous vous sentez détendu. Bien sûr, il faut que cet exercice ait été pratiqué en détente pour obtenir ce résultat.

C'est donc un effet parasympathico-tonique qui se produit, calmant à la fois la respiration et l'état général.

Concentration

Sur l'étirement du cou ou de la nuque et sur la détente.

Cet exercice est le premier des trois compensations faites à la suite des deux premières parties de la séance.

Quittez cette position pour vous asseoir par terre, jambes tendues en avant.

Nous allons pratiquer la position de la pince assise.

Pince assise : Pashimonatasana

Comment la prendre

1) Asseyez-vous, les jambes tendues devant vous.
Dans cette position, veillez à basculer le bassin en avant, c'est-à-dire en antéversion. Pour cela, vous devez redresser le bas de votre dos et ainsi seulement, toute votre colonne vertébrale sera correctement placée.

2) Dans cette posture, jambes tendues et rapprochées l'une de l'autre, joignez vos mains devant votre poitrine. Inspirez profondément et lentement en levant les bras à la verticale.

3) Restez quelques instants sans respirer tout en contractant les abdominaux, ce qui correspond à un exercice appelé uddyana bandha décrit ultérieurement.

4) Puis expirez en redescendant les mains devant la poitrine.

5) A nouveau, inspirez dans la posture sans bouger.

6) Dans un deuxième temps, en expirant, lentement penchez-vous en avant. Les bras s'allongent et saisissent les genoux, les jambes ou les pieds. Ne forcez surtout pas.

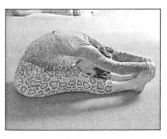

7) Dans cette position, vous restez quelques respirations en détente. Le dos peut s'arrondir, ce qui n'est pas grave dans la mesure où vous n'exercez pas de traction sur les bras. C'est une posture de détente.

8) Puis vous expirez profondément en joignant les mains. Vous tendez les bras durant la suspension du souffle.

9) Alors, vous inspirez en redressant les bras vers le haut.

10) Une fois redressé, restez en étirant bien les bras vers le haut et, comme tout à l'heure, rentrez le ventre en contractant les abdominaux. C'est à nouveau uddyana bandha.

11) Enfin, expirez après quelques instants de suspension en ramenant les mains vers la poitrine.

12) Allongez-vous sur le dos en détente quelques instants pour apprécier les effets de la posture.

Effets anatomiques

Cette posture se traduit littéralement par « le grand étirement de l'Ouest », ce qui signifie l'étirement de l'arrière du corps étant donné que les pratiquants du yoga se tournaient traditionnellement vers le soleil levant pour faire leurs exercices.

« Etirement de l'Ouest » et donc de l'arrière du corps, n'est effectivement pas un nom usurpé.

Il se produit un étirement considérable de l'ensemble des muscles postérieurs : mollets (jumeaux et soléaire), cuisses (ischio-jambiers), fessiers, muscles du dos superficiels (carré des lombes, grand dorsal, trapèze), muscles profonds du dos et du cou (intervertébraux, interépineux), muscles postérieurs et supérieurs de l'épaule.

Dans la première partie de l'exercice, pour prendre la posture, vous avez une contraction importante de l'ensemble des muscles qui basculent le bassin en avant pour éviter l'affaissement du dos. Ils font intervenir les muscles de la hanche et le droit antérieur de la cuisse. Enfin, lors de la flexion en avant, il y a un relâchement progressif des muscles postérieurs qui vont être étirés et une contraction des muscles antérieurs. En fin de flexion, il se produit une relaxation des muscles antérieurs.

Lors du retour, la contraction des muscles postérieurs est très importante. Le dos devient un bloc qui se redresse grâce aux muscles du bassin, en particulier les ischio-jambiers.

Respiration

Elle doit être calme et parfaitement synchronisée avec les nombreux mouvements. En levant les bras, ce sera une inspiration. En baissant les bras ou en se penchant en avant, ce sera une expiration.

Dans la posture maintenue, la respiration sera calme, lente et régulière.

Précautions

Nous allons faire ici une petite parenthèse pour vous expliquer le rôle des muscles postérieurs de la cuisse et des conséquences qui se produisent lorsqu'ils sont raccourcis.

Un muscle trop court empêche l'éloignement de ses deux points d'attache, cela va de soi. Comme les ischio-jambiers s'insèrent d'une part sur le bassin, d'autre part sur les os de la jambe (tibia et péroné), lorsqu'ils sont raccourcis, ils vont aller dans un sens de contraction, c'est-à-dire tirer le bassin en arrière et plier la jambe. De ce fait, ils vont empêcher de faire basculer le bassin en avant, surtout lorsque la jambe est allongée, ce qui tire déjà dessus. Vous serez alors obligé, pour vous pencher en avant, de compenser au niveau de la région lombaire.

Dans cette posture, si vous êtes assez souple, c'est bien au niveau de l'arrière des cuisses qu'il faut que vous tiriez de façon à basculer votre bassin en avant. Si cela n'est pas possible, il faut alors être prudent et ne pas tirer sur l'arrière du corps. Il faut laisser la pesanteur travailler pour vous. Dans ces conditions, soyez attentif à ne pas avoir le bas du dos qui tire et pour cela vous pouvez également fléchir légèrement les genoux. En faisant cela, vous redonnez du jeu aux ischio-jambiers qui, n'étant pas tirés vers le bas, peuvent libérer le bassin. Alors, le bas du dos ne risque plus d'être malmené.

Pour bien comprendre ce que nous venons de dire, je vous conseille de vous mettre debout et de sentir les muscles avec vos mains dans les différentes positions : penché en avant, penché avec jambes tendues, puis avec jambes pliées.

Effets physiologiques

La posture permet un recentrage dans l'axe et une détente de l'ensemble des muscles dans la mesure où vous ne tirez pas sur votre dos.

Il se produit également un massage de l'abdomen, une facilitation de l'expiration, ce qui assure un plus grand calme par les voies réflexes du système neurovégétatif.

C'est une posture excellente pour le système digestif puisqu'elle permet une stimulation du système parasympathique qui le commande, et qu'elle agit de façon mécanique localement sur le ventre.

Elle assure un étirement de tous les muscles postérieurs, ce qui a un effet « déstressant ».

Aspect symbolique

C'est classiquement « le grand étirement de l'ouest ». Nous avons déjà précisé que cela signifiait en fait ce qui est derrière. Sur un plan symbolique, cette posture permet de relâcher l'arrière du corps après l'avoir étiré. C'est nous libérer de notre fardeau composé des actes passés.

Nous évoquons fréquemment ce phénomène lorsque nous utilisons des expressions comme « porter le poids du monde », « en avoir plein le dos »... Avec cette posture, nous nous déchargeons et nous sommes prêts pour affronter notre devenir, libres de toute retenue.

Posture de torsion : Matsyendrasana

Comment la prendre

1) Prenez la posture de départ, assis, jambes allongées.

2) Dans l'attitude de départ, après avoir bien redressé votre dos, pliez votre jambe droite et placez votre pied droit de l'autre côté du genou gauche.

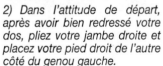

3) Puis portez votre coude gauche de l'autre côté du genou droit. Dans cette position, vous appuyez fermement sur votre genou avec votre coude pour comprimer votre ventre.
Votre main droite, quant à elle, va se placer derrière le dos et vous sert de support. Soyez très attentif à ne pas laisser le bas de votre dos s'arrondir. Basculez bien le bassin en avant pour redresser votre région lombaire. Durant tout ce temps, votre respiration est naturelle, lente et profonde.

4) Si vous le pouvez, votre bras gauche se déplie et vous saisissez votre cheville droite avec votre main gauche. Cela contribue à exercer une compression encore plus forte sur le ventre.

5) Alors, dans cette attitude, inspirez profondément en redressant encore plus le dos. Veillez toujours à ne pas arrondir le dos.

6) Sur l'expiration, vous tournez la tête en arrière, le menton en direction de l'épaule droite.

7) Vous restez ainsi quelques instants en rétention de souffle.
8) Puis vous revenez lentement de face en inspirant à nouveau.

9) Tout en expirant, vous dégagez le bras avant puis le bras arrière et vous décroisez les jambes.

10) Vous recommencez de l'autre côté.

Respiration

La respiration sera normale et naturelle durant la préparation de la posture. Puis la posture sera prise en dynamique durant la torsion. C'est-à-dire qu'il faut la prendre sur l'expiration, rester en apnée à vide et revenir en inspirant.

Si vous n'avez aucune difficulté pour la bascule du bassin, si votre dos est bien dans son axe, si vous n'avez pas de difficulté à la torsion, vous pouvez rester en respirant dans la posture. Elle deviendra à ce moment-là une posture statique. Vous resterez alors quelques respirations tranquillement en prenant conscience des mouvements abdominaux liés aux mouvements du diaphragme.

Aspect anatomique

Dans la première phase de mise en place de cet exercice se produit une extension de la colonne vertébrale comme nous l'avons vu dans la préparation à la pince. C'est l'ensemble des muscles profonds du rachis qui se contractent pour obtenir la rigidité du rachis. Dans le même temps, existe une bascule du bassin qui étire les ischio-jambiers comme d'habitude et qui en sont le facteur limitant. La jambe fléchie appuie sur l'abdomen, ce qui majore la compression locale et provoque un massage de l'intestin et des autres viscères. Enfin, lors de la deuxième partie dynamique, se produit une rotation-torsion très importante qui concerne autant les cervicales, qui sont les vertèbres les plus souples, que le rachis lombaire et le rachis dorsal.

Précautions

Compte tenu de ce qui a été dit précédemment, il faut être prudent lors de la torsion car il existe un risque de survenue de compressions rachidiennes. Cela est vrai s'il existe des faiblesses des disques et de l'arthrose rachidienne. De plus, ce problème est majoré s'il n'y a pas une bonne bascule du bassin. Dans ce cas, il ne faut pas tourner en arrière, mais se contenter d'appuyer avec son coude contre le genou pour maintenir quand même une pression locale. Pour saisir le genou, il faut parfois l'enlacer au lieu de le contourner.

Vous pouvez adjoindre à l'exercice, pour vous aider, les contractions de l'abdomen (uddyana bandha).

Concentration

Sur les différents points anatomiques évoqués et évidemment tout particulièrement sur le bas du dos qui doit être maintenu le plus vertical possible. Pour cela, le bassin doit être maintenu en antéversion. Les ischions s'enfoncent dans le sol. Ainsi, les vertèbres sont dans leur position anatomique de base et peuvent pivoter sur elles-mêmes.

Vous avez maintenant terminé votre séance dynamique matinale.

Les exercices pratiqués en dynamique, debout et sur le ventre, suivis des exercices de compensation vous ont permis d'être stimulé, d'augmenter votre vigilance, d'accélérer votre système cardio-vasculaire, d'augmenter votre température corporelle...

Il faut maintenant récupérer quelque peu et vous allez donc pratiquer une légère relaxation avant de débuter réellement votre journée.

Posture de détente : Savasana

Comment la pratiquer

1) Tout comme dans le chapitre précédent, allongez-vous et prenez conscience des différentes parties de votre corps.

2) Commencez par le visage, et descendez progressivement par l'épaule gauche, puis le bras gauche, puis l'avant-bras, puis la main.

3) Recommencez avec le bras droit à partir du visage.

4) Recommencez avec la jambe gauche en partant toujours du visage.

5) Puis avec la jambe droite.

6) Restez quelques instants en observant votre respiration.

Si vous le souhaitez, vous pouvez vous asseoir en tailleur pour observer votre respiration en vous concentrant sur l'air qui passe par les narines et la sensation qui y est associée.

7) Enfin, sur une expiration, penchez-vous en avant. Redressez-vous sur l'inspiration. Durant cette flexion en avant, il est bon que vous ayez une pensée de remerciement pour tous ceux qui vous ont aidé dans la vie. C'est un petit salut, qui tout en clôturant la séance, nous rappelle que seuls, nous ne sommes rien.

■ 2. La séance relaxante

Vous rentrez de votre travail. Vous avez passé une journée dans les embouteillages, dans le bruit, dans la fumée de cigarette. Le téléphone a sonné, vos collègues vous ont sollicité, vos clients vous ont critiqué...

Ou prenons un autre exemple car sinon vous m'accuseriez de parti pris en me disant que je ne vois la vie que du mauvais côté. Recommençons autrement cette introduction.

Vous rentrez de votre travail. Vous revenez à pied car vous n'êtes qu'à cinq minutes de marche de celui-ci. Vous avez longé un canal et pris le temps d'observer le mouvement de l'eau contre les berges. Quelques oiseaux chantaient et faisaient des vols planés au-dessus de ce cours d'eau. Vous en avez profité pour respirer pleinement et vous avez même senti les mille parfums qui flottaient. Certes, votre journée s'est passée dans les tensions habituelles liées à la nature de votre travail qui vous demande d'être partout à la fois : téléphone, ouverture de la porte, classement, rédaction de courrier, penser à organiser la réunion du 22... Mais cela sans trop de tension car plusieurs fois dans la journée vous avez pu faire de courtes pauses. Surtout, vous avez appliqué le meilleur des conseils qui soit : vous avez fait une chose à la fois. Vous étiez concentré dans chaque geste et cela ne vous a pas donné le sentiment de surcharge... Maintenant, vous arrivez chez vous. Vous poussez votre porte et vous ressentez le besoin de consacrer quelques instants à vous-même. Vous avez le profond sentiment que vous vous sentiriez mieux si vous pouviez vous étirer un peu ! Respirer profondément. Vous délasser des tensions qui vous tenaillent quelque peu dans le dos. Bien sûr, vous n'avez pas de mal de tête, mais une petite sensation de gêne au front vous indique que ce front existe bel et bien. Alors, vous vous rendez dans votre salle de bains. Vous vous passez le visage sous l'eau après vous être lavé les mains. Vous vous essuyez le visage et vous vous sentez déjà « plus neuf ». Vous ôtez vos vêtements pour passer une tenue plus souple. Enfin, vous vous rendez dans votre chambre, à moins que vous ne préfériez le salon pour vous étendre quelques instants.

Vous avez décidé, comme tous les soirs lorsque vous rentrez de votre travail, de pratiquer votre séance de yoga.

Parfois, il est vrai, vous êtes « condamné » à la faire juste avant de vous coucher. En effet, on ne fait pas toujours ce que l'on veut, les enfants, les amis, son conjoint... Mais avant de s'endormir, cela est toujours possible en prenant quelques minutes sur son temps de sommeil. D'autant que cet investissement de temps est rendu au centuple.

Le sommeil s'améliore, pour vous endormir vous avez constaté que vous ne mettiez plus longtemps. Vous ne vous réveillez plus. Le matin vous ne vous levez plus fatigué et surtout, surtout, votre douleur de la nuque a complètement disparu depuis que vous faites ces exercices. Alors, vous n'hésitez plus à consacrer deux petits quarts d'heure à cette pratique.

Vous allez, comme tous les soirs, pratiquer une séance qui est plutôt relaxante. Postures de détente, postures assises, postures sur le dos, postures inversées. Vous terminerez si vous avez le temps par une longue relaxation. Mais pour l'instant, vous vous allongez sur le dos.

Posture de relaxation : Savasana

Comment la prendre

1) Placez-vous en décubitus dorsal (allongé sur le dos), les jambes écartées.
2) Vos bras sont allongés le long du corps, vos mains sont tournées vers le haut.
3) Votre tête est dans l'axe du corps. Elle prend appui sur l'occiput. Le menton n'est pas redressé ni rengorgé.

Effets anatomiques et conséquences sur les adaptations

La position de la main vers le haut provoque une rotation externe de l'épaule. Cette position n'est pas la position dite de zéro fonctionnel ou de repos de cette articulation. Pour cela il faudrait une légère rotation interne avec la paume de la main tournée vers le bas. De ce fait, il se produit un léger étirement du grand pectoral, ce muscle qui va de l'épaule au thorax et qui forme les muscles de la poitrine.

Les autres muscles du bras sont tous au repos.

La ceinture pelvienne (le bassin) est relâchée. Tous les muscles sont détendus. Là encore, tout comme pour l'épaule, la hanche n'est pas dans sa position d'ouverture maximale. Il existe un état d'étirement des muscles avant qui entraîne une antéversion (bascule du bassin en avant). Celle-ci peut également provoquer une exagération de la lordose lombaire par le biais des muscles psoas iliaques qui vont trop tirer sur l'avant des vertèbres lombaires et sur le fémur. Lorsque les muscles sont raccourcis, ils entraînent également une hyperextension de la tête du fémur.

Parfois, un raccourcissement des muscles antérieurs du cou entraîne inversement une gêne à la pose de la tête au sol.

Tout cela nécessite alors des aménagements.

Pour la tête, le placement d'un oreiller.

Pour le dos, le placement d'un coussin sous les jambes. Cela réduit l'étirement en chaîne des muscles antérieurs qui engendre une antéversion du bassin. En fléchissant les jambes, la traction en antéversion est diminuée et le psoas, de ce fait, tracte moins les lombaires en lordose. Le bas du dos peut se poser sur le sol sans cette sensation de gêne profonde qui peut perturber la détente normale de cette position.

Respiration

Dans un premier temps, laissez la respiration s'apaiser toute seule, puis observez le souffle et allongez les temps respiratoires de façon consciente. La respiration sera la plus lente, la plus calme, la plus paisible possible.

Effets physiologiques

La détente musculaire est maximale. C'est dans cette position, même si toutes les articulations ne sont pas en repos physiologique, que le nombre de muscles détendus est le plus important.

La récupération musculaire, cardio-vasculaire, respiratoire est possible.

L'équilibre entre les deux systèmes sympathique et parasympathique est retrouvé.

Il existe une détente également des muscles qui ne le sont pas en position assise et debout, comme les muscles profonds du rachis et les muscles sustentateurs de l'épaule.

Cette position conduit à un état de bien-être et de calme.

Aspect symbolique

C'est la position de la déconnexion.

C'est en effet la position utilisée pour le sommeil qui favorise comme nous l'avons dit la détente musculaire maximale et, partant de là, la détente respiratoire et psychique maximale.

Elle rompt avec la position symbolique de l'homme actif qui est la position debout : ancré dans le sol et la tête tournée vers le ciel.

Là, rien de tout cela, c'est l'abandon total.

Le lâcher-prise qui conduit à l'apprentissage de la confiance.

Progressivement, par ce simple exercice qui s'accompagne d'une prise de conscience du corps, le pratiquant ressent une sensation d'énergie et de confiance.

Il peut s'abandonner totalement puisqu'il « ne tombera pas plus bas ». Il ne risque rien dans cette posture. Sa seule pensée va vers plus de calme et plus de détente.

Le sentiment de s'abandonner à la terre, l'élément terre, symbole maternel nourricier et protecteur, renforce cet aspect et favorise le développement de la confiance.

Concentration

Selon les cas, la concentration pourra se porter sur les zones qui ont travaillé dans les postures qui ont précédé l'exécution de savasana, sur l'ensemble du corps, sur la respiration, sur des visualisations et des images provoquées consciemment.

Après cette détente qui peut ne durer que quelques instants, en début de séance, redressez-vous et asseyez-vous jambes croisées.

Les Postures assises

Jambes croisées en tailleur

Comment la prendre

1) Assis, placez-vous à même le sol sur votre tapis.

2) Pliez les deux jambes en tailleur, c'est-à-dire un pied sous le genou opposé, les jambes se croisant au niveau des mollets.

3) Dans cette position, redressez votre dos.

4) Posez les mains sur les genoux respectifs.

Respiration

Naturelle en observation.

Effets anatomiques

Les pieds sont en flexion passive. Il peut s'y associer également de façon passive une inversion complète, c'est-à-dire que la plante des pieds est tournée vers le haut.

Les jambes sont pliées, la jambe dans l'axe de la cuisse. Il se produit néanmoins une très légère rotation au niveau du genou.

Les ligaments du genou sont tous détendus sauf les ligaments croisés.

Bien sûr, la hanche est en ouverture.

Ce mouvement de la hanche met en tension les ligaments antérieurs qui sont généralement enraidis, ce qui limite le mouvement empêchant la bascule du bassin en rétroversion. Cet enraidissement en position courte plissée est en parti dû à la position assise prolongée sur les chaises. La position assise en tailleur permet donc un étirement de ces ligaments et redonne de la souplesse à la hanche.

Cependant, si l'on désire maintenir le rachis dans ses courbures physiologiques, il convient de faire intervenir

166

les muscles qui tractent le rachis lombaire en avant comme les psoas iliaques.

Le muscle couturier se contracte alors que le Tenseur du Facia Lata est étiré.

Dans tous les cas, dans cette position, l'ouverture de la hanche est limitée et ne peut pas se faire totalement car la jambe est bloquée par la cuisse opposée. Cela empêche une bonne antéversion du bassin et donc un respect des courbures lombaires.

Les muscles profonds du rachis sont tous concernés pour maintenir la position stable.

Les muscles de l'épaule sont relâchés grâce au repos de la main sur le genou, ce qui court-circuite les muscles sustentateurs.

Précautions

Dans le cas où la hanche est insuffisamment souple, la rétraction entraîne un rapprochement des cuisses et du ventre, ce qui fait se redresser les deux cuisses et donc les deux genoux. Comme l'os de la cuisse est redressé vers le haut, dans cette position, l'articulation de la hanche est limitée et entraîne un mouvement de bascule du bassin qui ne facilite pas l'antéversion. Ce phénomène conduit à une cyphose lombaire, c'est-à-dire que le bas du dos s'arrondit. Celle-ci est préjudiciable pour le disque lombaire en particulier à la charnière des quatrième et cinquième vertèbres lombaires et de la première vertèbre sacrée.

Pour pallier les inconvénients de cet effet, il convient de placer un coussin ou un siège sous les fessiers de façon à donner plus de liberté à la rotation du bassin.

Il ne faut surtout pas hésiter à faire cette compensation. Celle-ci est normale et naturelle dans notre civilisation où l'usage des sièges avec pieds provoquent une ankylose des hanches. Il faut vraiment faire avec cette donnée et lorsque l'on veut rester assis quelque temps sans bouger, avoir recours à un élévateur. Le premier conseil du yoga est de ne pas se nuire. Le yoga nous apprend également à tenir compte de nos possibilités et de nos difficultés. Tant qu'un exercice entraîne plus d'inconvénients que d'avantages, il est exclu de le faire.

Un autre effet de l'arrondissement du bas du dos serait la possibilité d'avoir une hyperlordose cervicale compensatrice. La nuque se creuse pour permettre aux yeux de rester sur un plan horizontal alors que les omoplates s'éloignent, entraînant une rotation interne des épaules, qui vont tomber en avant : triste tableau

Attention, soyez très vigilant, car lorsqu'il y a un véritable blocage de la hanche, la traction se reporte souvent au niveau du genou qui augmente sa rotation. Malheureusement, celui-ci n'est pas fait pour subir des rotations importantes et vous pourriez alors vous faire mal.

Encore une fois, nous vous le répétons, rien ne justifie de se passer d'un petit coussin si l'on veut rester assis par terre.

Bien sûr, tant que vous faites des exercices en dynamique comme cela va être le cas, il n'est pas nécessaire d'avoir un coussin, au contraire, cela serait gênant pour l'exécution des postures dynamiques. Mais dans le cas d'assises prolongées et immobiles, cela est indispensable.

Effets physiologiques

Cette position assise permet une mise au calme ne demandant aucun effort particulier.

Seules sont à noter les conséquences sur le retour veineux et lymphatique qui est modifié par la compression locale ponctuelle. Il faut donc être prudent en cas de varices importantes. Néanmoins, la compression qui s'exerce correspond à une chasse et non pas seulement à un blocage. Il n'existe donc pas de contre-indication en cas de troubles veino-lymphatiques mineurs.

Le reste du système cardio-vasculaire tend à la récupération.

Le système nerveux ne subit aucune modification mais cette posture prépare à la concentration de par l'immobilité qu'il est possible de conserver longtemps.

C'est d'ailleurs là son intérêt physiologique principal que de préparer à la concentration et aux modifications de conscience.

Aspect symbolique

La posture assise revêt une importance significative que nous développerons dans la posture du lotus puisqu'elle en est l'expression ultime.

Concentration

Il est possible de porter son attention, tout comme dans la relaxation, sur de très nombreux éléments. Position, corps, espaces du corps, respiration, souffle, sentiments, pensées ou imaginer des visualisations.

Mais, une fois prise cette position assise, vous allez devoir, à partir de cette posture de base, faire un certain nombre d'autres postures qui vont toutes avoir pour dénominateur commun un effet relaxant et apaisant.

Posture penchée en avant : Yoga mudra

Comment la prendre

1) Dans la posture de base, jjambes croisées, installez-vous confortablement. Les mains sont posées sur les genoux, tout en étant tournées vers le haut.
2) Inspirez dans cette position.

3) Puis expirez en vous penchant en avant. Retournez dans le même temps les paumes en direction du sol.

4) Restez penché en avant le plus longtemps possible en retenant votre respiration. Bien entendu, vous ne devez jamais avoir le sentiment de suffoquer.

5) Puis vous vous redressez en inspirant lentement. Vous déroulez le dos lentement, vertèbre, par vertèbre, jusqu'à ce que vous releviez la tête.

6) Une fois redressé complètement, gardez l'air quelques instants dans vos poumons et seulement après, vous pourrez expirer lentement. Enfin, retournez à nouveau les paumes vers le haut.

Respiration

Cet exercice se fait en dynamique. L'inspiration se fait en redressant le dos dans la position de départ puis la respiration va suivre les mouvements du corps : en vous redressant vous inspirez, en vous penchant vous expirez.

Effets anatomiques

La posture étire de façon passive tous les muscles du dos après avoir contracté les muscles antérieurs pour enclencher la posture. Il existe également un étirement des muscles de l'arrière du bassin.

Précautions

Il faut se laisser porter par le mouvement, le rendre le plus fluide possible tout en le ralentissant.

En cas de douleurs du dos ou des genoux, redoubler de prudence. Si les douleurs sont systématiques, ne pas faire cette posture.

Effets physiologiques

Cette posture, comme toutes les postures de flexion avant, facilite l'expiration. Elle permet donc de renforcer la détente. De plus elle participe au massage de la région abdominale. Elle renforce le muscle diaphragme. Elle majore la pression sanguine au niveau de la tête. Elle ralentit la fréquence cardiaque et abaisse la pression artérielle.

Aspect symbolique

C'est une posture appelée « yoga mudra », ce qui signifie « le symbole du yoga ».

Nous comprenons donc instantanément l'importance de cette posture.

Elle symbolise à elle seule le yoga. Pourquoi ?

Tout d'abord parce que son départ s'effectue en position assise, le dos redressé à la verticale. Cela est, comme nous le développerons dans la posture du lotus, signe de verticalité et symbole de la position de l'humain dans l'univers. Une fois cette verticalité assumée, dans cette position, nous sommes invités à nous pencher en avant.

Cette flexion en avant se fait en déroulant progressivement les vertèbres. Il y a un abandon progressif qui nous entraîne en avant. Cet abandon est signe d'humilité et de confiance. Lorsque nous sommes en flexion, nous restons quelques instants dans une attitude de vide respiratoire qui s'accompagne d'un vide intérieur. Nous reconnaissons dans cette attitude que nous ne sommes qu'une petite goutte dans l'immense océan de la création. Nous nous abandonnons complètement à la force de la gravitation universelle. Nous nous « aplatissons » totalement. Puis, sur l'inspiration suivante, nous nous réveillons. Nous sommes capables de renaître et de nous redresser. Vertèbre après vertèbre, nous pouvons replacer notre colonne vertébrale qui symbolise une échelle faite de trente-trois échelons. A ces trente-trois paliers est associée la symbolique de l'apparition de l'éveil et de la conscience, le propre de l'humain. Comme une fleur qui va s'épanouir, notre colonne se redresse, contenant en son cœur le précieux système nerveux. La moelle épinière en est la tige qui va pousser et s'ouvrir sur un cerveau qui en représente la fleur elle-même.

C'est pourquoi cette posture, qui n'est pas appelée « asana » mais « mudra », est le symbole du yoga.

Concentration

Sur les éléments anatomiques, sur la respiration et sur les aspects symboliques.

Yoga mudra : Première variante

Comment la prendre

Cette première variante diffère de la précédente par la position des mains et des bras.

1) Lors de la position de départ, tendez les bras devant vous. L'extrémité des doigts est en contact avec le sol. Les paumes sont tournées vers le sol.

2) Dans cette attitude, inspirez en tendant les bras et en redressant le dos.

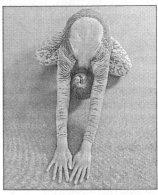

3) Puis, en expirant, laissez glisser les mains vers l'avant tout en vous penchant.

4) Restez dans la position en fin d'expiration. Retenez votre souffle.

5) Puis redressez-vous en inspirant. Les mains glissent lentement.

6) Lorsque vous êtes redressé, retournez les mains sur les genoux, les paumes tournées vers le haut.

Respiration

Cette posture n'est pas maintenue. Elle se fait en dynamique.

Vous l'exécuterez comme la posture de yoga mudra, le plus lentement possible et en conservant le plus longtemps possible à vide l'attitude en fin de flexion.

Concentration

Sur les aspects anatomiques et sur l'abandon comme dans la posture de yoga mudra.

Yoga mudra : Deuxième variante

Comment la prendre

1) De la même façon que la précédente, départ position assise, dos redressé.

2) Mais cette fois-ci vous allez rapprocher les mains l'une contre l'autre et plaquer les paumes. Les bras sont tendus.

3) En expirant, c'est la tranche des mains qui va glisser sur le sol lorsque vous vous pencherez en avant.

4) Par contre, dans cette posture, vous resterez tranquillement en respirant naturellement.

5) Pour quitter la posture, vous expirez profondément. Vous serrez bien les paumes.

6) Et vous redressez les bras directement vers la verticale. Vous imaginez que ce sont les bras qui font monter le dos. Veillez bien à étirer au maximum la taille dès le départ. La montée se fait sur une inspiration.

7) Lorsque vous êtes à la verticale, vous continuez à tirer sur votre taille tout en retenant le souffle et en contractant les muscles abdominaux grands droits (uddyana bandha).

8) Enfin, lorsque le besoin d'expirer se fait sentir, vous redescendez lentement les mains devant votre poitrine. Vous procédez en quelque sorte comme vous l'aviez fait pour la posture de la pince assise.

9) Vous placez alors vos mains, les paumes tournées vers le haut, sur les genoux.
10) Vous restez quelques instants à ressentir les effets de la posture.

Respiration

A la différence de la posture précédente, vous restez en statique dans la posture lorsque vous êtes penché en avant. Tout le reste des mouvements se fait en parfaite synchronisation.

Concentration

Sur les positions des mains et l'étirement des bras et épaules.

Au retour, sur l'étirement de la taille et la contraction des abdominaux.

Yoga mudra : Troisième variante

Comment la prendre

1) Placez-vous assis, jambes croisées de la même façon que dans les postures précédentes.

2) En position de départ, attrapez les coudes opposés derrière le dos ou, si vous le pouvez, placez les mains en shiva mudra. Inspirez en redressant le dos dans cette position, ce qui est facilité par l'ouverture du thorax.

3) Puis, en retenant le souffle, vous vous tournez vers le côté gauche.

4) Sur l'expiration, vous vous penchez à gauche. Veillez bien à pousser la poitrine en avant. Dans le même temps vous essayez de creuser le haut du dos. Ce n'est qu'en fin d'expiration que vous relâchez le haut du corps, en portant le front en direction du sol.

5) Restez ainsi quelques instants.

6) A l'inspiration suivante, vous vous redressez toujours du côté gauche.

7) Puis vous retenez le souffle et vous vous tournez à droite.

8) Vous refaites le même exercice qu'à gauche.

9) Lorsque vous vous êtes redressé, vous vous tournez de face et, cette fois, vous vous penchez de face tout en expirant.

10) Vous laissez tomber votre tête et vous restez dans la position tout en respirant normalement. Les mains relâchent les coudes opposés, mais la main gauche saisit le poignet droit.

11) Vous restez alors dans la position à observer le souffle et à détendre l'ensemble de la position.

Respiration

Durant toute la première phase, se pencher à gauche, à droite et de face, la respiration est synchronisée avec le mouvement. La posture est donc dynamique. Dans la deuxième phase, par contre, lorsque vous restez penché en avant, la posture de yoga mudra devient statique. Vous restez avec une respiration lente et calme.

Concentration

Sur la détente progressive de toutes les parties du corps qui sont étirées en arrière. Sur la détente également du visage. Sur la respiration, enfin, qui va se ralentir. Chaque expiration vous facilite la flexion en avant. La flexion en avant vous facilite la respiration. Vous vous concentrez bien sur le ventre qui rentre à chaque mouvement d'expiration. Vous veillez à bien relâcher les hanches. La nuque...

Vous pouvez rester dans la posture de quelques respirations à plusieurs minutes.

Effets physiologiques

Ils sont liés à la durée pendant laquelle vous garderez la posture. Plus vous garderez la posture, plus vous vous sentirez calme et serein en la quittant. C'est une posture qui va dans le même sens que toutes les postures penchées de yoga mudra. Elle renforce le versant apaisant du système neurovégétatif.

Aspect symbolique

Il est le même pour toutes les variantes de yoga mudra.

Posture de la demi-pince : Janurasana

Comment la prendre

1) Prenez la même position de départ que pour la posture de la pince.

2) Ecartez vos jambes de façon qu'il y ait entre vos deux genoux la valeur d'un avant-bras.

3) Attrapez votre cheville du pied droit et posez votre plante de pied contre la cuisse gauche, laissez retomber votre cuisse sur le côté. Dans le même temps, veillez bien à redresser votre dos. Vous pouvez vous aider de la traction de vos bras.

Une fois dans cette position, posez vos mains sur les genoux tournés vers le haut.

4) Comme dans les postures de la pince et des mudras, inspirez dans la posture en redressant le dos avec une bascule du bassin en avant (antéversion).

5) Retenez votre inspiration et, pendant la rétention, tournez-vous vers le côté gauche.

6) Ce n'est que lorsque vous êtes face à la jambe gauche que vous expirez en vous penchant sur la jambe tendue.

7) Les mains saisissent le genou, la jambe ou le pied. Dans la posture, les deux mains sont à la même hauteur. Vous restez à vide.

8) Puis vous vous redressez en inspirant.

9) Une fois complètement redressé, vous retenez la respiration et vous revenez de face.

10) Vous expirez en tournant les mains vers le haut sur les genoux.

11) Puis vous allongez la jambe droite qui est pliée et vous changez de côté.

12) Vous refaites exactement la même chose en pliant la jambe gauche, le pied contre la cuisse droite et en vous penchant sur la jambe droite.

Respiration

Dans cet exercice, vous respirez sur le mouvement. Vous ne respirez pas en flexion. C'est une posture en dynamique. Veillez à rester le plus longtemps possible en fin de flexion, penché en avant en retenant le souffle.

Effets anatomiques

Les effets anatomiques sont les mêmes que pour la posture de la pince mais en facilitant la flexion puisqu'il y a une asymétrie de l'étirement des ischio-jambiers (en arrière des cuisses).

Il y a parallèlement un étirement et donc un assouplissement de la partie avant de la hanche qui est pliée.

Il se produit une torsion du rachis lombaire.

Précautions

Veillez à bien vous placer face à la jambe. Vous devez être bien assis sur vos deux fesses (ou, autrement dit, sur les deux ischions). Les épaules doivent être également à la même hauteur. Il ne doit pas y avoir de flexion latérale due à une mauvaise rotation du rachis lombaire.

Attention à ne pas tirer trop fort dans le cas d'antécédents de douleurs du bas du dos (lombalgies aiguës ou chroniques).

Effets physiologiques

Cette posture a les mêmes effets que la pince tout en la préparant.

Elle permet un étirement de toute la partie postérieure.

Elle masse l'ensemble de la cavité abdominale avec les viscères qui y sont contenus. Elle stimule le système parasympathique. De ce fait, elle possède un effet apaisant et stimulant sur l'appareil digestif. (Bien évidemment cette posture n'est pas à faire, comme toutes les postures, lorsque l'estomac est plein.)

Aspect symbolique

Cette posture est faite en détente.
Elle correspond à une détente et à un abandon.

Concentration

Essentiellement sur les zones à étirer. Portez votre attention sur le dos et sur la jambe tendue. Puis portez votre attention sur le massage du ventre.

Janurasana : variante

Comment la prendre ?

1) Comme précédemment, placez-vous en position de départ en écartant les jambes et en pliant la jambe droite, le pied contre la cuisse gauche.

2) Cette fois-ci, tendez vos bras devant vous, les doigts touchant le sol, les paumes étant dirigées vers le sol. Comme d'habitude, redressez le bas du dos en basculant le bassin en avant (antéversion).

3) Inspirez profondément en levant les deux bras à la verticale.

4) Puis, en retenant le souffle, pliez le bras gauche (c'est-à-dire celui de la jambe tendue) derrière la taille. Retenez toujours votre souffle et tournez-vous face à la jambe tendue.

5) En expirant descendez sur la jambe tendue. La main droite attrape alors la jambe opposée.

6) Vous restez dans cette position en respirant normalement. Restez aussi longtemps que vous vous sentez bien.

7) Pour quitter la posture, vous expirez profondément. Vous rentrez les abdominaux.

8) Puis vous vous redressez face à la jambe en tirant le bras vers la verticale, le biceps étant contre votre oreille.

9) Une fois redressé, vous vous tournez de face et vous expirez en relâchant les deux bras dont les mains viennent se poser paume vers le haut sur chacun des genoux.

10) Observez quelques instants.

11) Refaites l'exercice de l'autre côté.

Respiration

C'est une posture statique. Vous restez en respirant normalement dans la posture en fin de flexion. Soyez attentif, lorsque vous vous déplacez soit de face vers la jambe tendue, soit de la jambe tendue pour revenir de face, à bien suspendre votre respiration. Enfin, veillez à parfaitement synchroniser vos inspirations et vos expirations lorsque vous levez les bras ou vous penchez en avant.

Effets anatomiques

Les mêmes que dans la posture précédente.

Précautions

Les mêmes que dans la posture précédente.

Posture de la pince assise

Après ces postures de flexion, jambes croisées ou jambes tendues asymétriques, il convient de faire une posture que vous avez déjà rencontrée dans la séance matinale : la posture de la pince, qui va vous rééquilibrer.

Nous vous renvoyons donc à cette séance pour en trouver les modalités de prise et les effets.

Etant donné la place qu'elle occupe dans cette séance, vous ajouterez à la concentration qui vous a déjà été recommandée page 149, une attention plus grande sur la sensation de détente et l'état d'apaisement qu'elle procure.

Puis vous vous allongerez sur le dos pour pratiquer les postures sur le dos.

Les Postures sur le dos

Vous allez pratiquer, dans cette séance du soir, quelques exercices qui ne sont pas directement relaxants mais qui vont avoir des effets tonifiants. Ils vont essentiellement renforcer la sangle abdominale.

Commençons par la posture du bateau.

Bateau : Navasana

Comment la prendre

1) Position de départ de savasana.
2) Rapprochez les pieds, autant les talons que les tranches internes des deux pieds.

3) Tournez la paume des mains sur le sol.

4) Pliez les jambes de façon que les pieds soient approximativement à l'emplacement des genoux.

5) Levez la tête, puis posez les mains sur les genoux.

6) La respiration durant toute la posture est calme et régulière. Restez dans la position quelques instants.

7) Puis reposez les mains au sol, en tournant directement les paumes vers le ciel.

8) Déposez la tête au sol.

9) Seulement après allongez les jambes.

10) Reprenez la position de savasana.

Première variante

Refaites l'exercice mais en portant les mains au niveau des genoux.

Deuxième variante

Refaites l'exercice précédent mais en levant une jambe tendue dans le prolongement de la cuisse. Alternez les deux côtés.

Troisième variante

Refaites l'exercice, mais cette fois-ci en levant les deux jambes en même temps et à la même hauteur.

Quatrième variante

Refaites l'exercice de départ, en plaçant les mains jointes au niveau de la poitrine et en soulevant légèrement les pieds de façon que les jambes soient horizontales et que les orteils, les genoux et les yeux soient sur une même ligne horizontale.

Dernière variante

Tendez les jambes dans le prolongement des cuisses et portez les bras en arrière tendus avec les biceps à la hauteur des oreilles.

Effets anatomiques

Dans un premier temps, la flexion des jambes recrute les muscles postérieurs et internes.

Le psoas iliaque bascule le bassin ainsi que les abdominaux.

Les muscles des épaules et du bras sont mobilisés.

Lorsque la tête se lève, les muscles antérieurs du cou se contractent et se raccourcissent, les muscles abdominaux ne se raccourcissent pas mais se contractent en course interne.

Dans les variantes, plus la tête se soulève, plus les abdominaux se raccourcissent.

L'expiration profonde en fin de flexion engendre une contraction des transverses qui sont ces abdominaux qui ceinturent la taille.

En cas de rotation, en plaçant une main sur le genou opposé, les obliques sont concernés.

Respiration

La respiration durant tout l'exercice : placement des mains, de la tête, mais également durant la phase d'immobilité sera le plus naturelle possible.

Précautions

En cas de lombalgie, il faut veiller à avoir une immobilité totale de la région lombaire, ce qui est respecté dans toutes ces postures sauf lorsque l'on se redresse totalement. En cas de lombalgies, ce sera la seule précaution à prendre.

Effets physiologiques

Renforcement des muscles abdominaux.

Permet l'équilibre vertébral dans la posture debout et assise.

Action cardio-vasculaire importante par le travail complet qui est à la fois en isotonique et en isométrique.

Aspect symbolique

La grande contraction musculaire qui requiert une force musculaire importante s'accompagne d'une totale détente des autres muscles. C'est l'apprentissage de l'effort dirigé. Toute la concentration dans une direction donnée ne doit pas s'accompagner d'une mobilisation des autres parties. Le visage, en particulier, doit être le reflet de la détente.

Il est donc possible dans l'effort, la tension, la difficulté d'être disponible pour autre chose et en particulier la détente. Celui qui maîtrise cet état d'esprit peut alors parfaitement flotter sur les tourbillons tumultueux de la vie sans être renversé et se noyer. C'est le sens symbolique de la posture de ce qui flotte.

Concentration

Vous porterez votre attention sur les muscles qui se contractent en avant dans la région abdominale.

Veillez bien à vous concentrer également sur la respiration de façon qu'elle ne soit pas perturbée. Il faut qu'elle soit parfaitement calme et apaisée.

Enfin concentrez-vous sur l'aspect symbolique.

Posture du regroupement : Pawanmuktasana

La posture suivante va vous permettre de faire un massage de tout le ventre mais également de l'ensemble du bas du dos.

Comment la prendre

1) Prenez la position de savasana en position de départ.

2) Puis en inspirant, portez les bras en arrière.

3) Dans un second temps, expirez en ramenant les bras en avant tout en fléchissant une cuisse sur le ventre. Saisissez à ce moment le genou avec les deux mains.

4) Sur l'inspiration suivante, portez à nouveau les bras en arrière tout en allongeant la jambe au sol.

5) Refaites l'exercice en changeant de jambe.

6) Puis refaites-le une troisième fois en pliant les deux jambes et en attrapant les deux genoux avec les deux mains.

7) Vous restez alors dans la posture, les deux jambes regroupées. Tout en ayant une respiration normale, gardez une légère pression des cuisses contre l'abdomen.

8) Imprimez aux genoux, par l'intermédiaire des mains, une petite rotation. Chaque genou allant dans un sens horaire différent.

Tout d'abord, en inspirant, commencez par écarter les genoux et par les repousser. Dans ce mouvement, les bras sont entraînés et se tendent.

9) Puis vous les rapprochez l'un de l'autre en expirant, tout en les ramenant vers le ventre.

10) *Recommencez plusieurs fois la rotation des genoux.*

11) *Recommencez en inversant le sens.*

Effets anatomiques

Lorsque les bras partent en arrière, il se produit un étirement de très nombreux muscles antérieurs de l'épaule.

La flexion des hanches se fait avec les muscles fléchisseurs de la hanche, puis ceux-ci se relâchent et sont relayés par l'action des bras.

Il se produit un assouplissement passif de la capsule et des muscles de la hanche ainsi qu'un massage de l'articulation sacro-iliaque et lombo-sacrée.

Précautions

Aucune précaution particulière n'est requise.

Effets physiologiques

Cet exercice, assez facile à réaliser, est très relaxant et bénéfique pour de nombreuses articulations.

Il se produit un massage de la hanche et un massage de la région lombaire qui ont pour effet de lutter et de prévenir l'arthrose de la hanche, les tendinites des fessiers et les lombalgies.

L'exercice, associé à une expiration maximale, favorise le mouvement du diaphragme et permet d'obtenir les conséquences générales de la respiration abdominale profonde.

Il provoque un massage de l'ensemble de la cavité abdominale, ce qui contribue à un transit régulier ainsi qu'à une irrigation profonde des organes intra-abdomi-

187

naux : foie, rate, par la compression qui se produit entre le muscle diaphragme et les cuisses.

Aspect symbolique

Cet exercice est une posture de repli, de regroupement.

Elle s'apparente à une posture comme celle du fœtus mais en plus facile à réaliser. Tout comme dans cette posture, la personne, en se repliant sur elle-même, récupère et se protège. De ce fait elle exerce un effet protecteur psychique et un sentiment de récupération.

Elle provoque par ailleurs un étirement de tout le dos, ce qui contribue à un approfondissement de la détente.

Son nom sanskrit évoque la libération des blocages d'énergie. C'est essentiellement dans la région abdominale que cela est vrai, mais il est possible d'y associer également tout le ventre et le bassin.

En conclusion, c'est une posture qui contribue à une « régénération » de l'organisme par la levée de blocages de la région basse.

Les Postures inversées

Posture du demi-pont ou table à deux pieds

Comment la prendre

1) Placez-vous en position de détente.

2) Puis ramenez les pieds à plat le plus près possible des fessiers. Vos pieds restent légèrement écartés, du même écartement que le bassin.

3) Vos mains se tournent à plat sur le sol.

4) Dans cette position, vous inspirez. Sur l'inspiration, le bassin se soulève puis progressivement les lombaires puis les dorsales puis l'ensemble du dos. Seuls les cervicales, le crâne, les épaules, les bras et les pieds sont en contact avec le sol.

5) Restez dans la posture en respirant normalement.

6) Pour la quitter, expirez en déroulant une à une les vertèbres jusqu'au sacrum.

7) Puis allongez les jambes et revenez à la position de détente.

Variantes

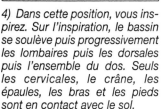

Variante pour prendre la posture

Dans cette variante, vous n'allez pas prendre la posture en une seule fois. Vous allez monter progressivement sur plusieurs respirations successives et redescendre chaque fois complètement. Lors de la première inspiration, vous ne montez que les vertèbres lombaires.

Lors de la deuxième fois, vous ne montez que les vertèbres lombaires et les dernières vertèbres dorsales.

La troisième fois vous monterez l'ensemble du dos.

Nous avons donné un exemple de pratique décomposée. Mais il est possible de découper la montée en de plus petites séquences. Vous pouvez essayer de décomposer la montée en quatre, cinq fois.

Effets anatomiques

Dans la posture du demi-pont, il se produit une contraction des muscles postérieurs des cuisses, des fessiers, du dos.

Un étirement des quadriceps, des abdominaux et des muscles thoraciques ainsi qu'un allongement du rachis cervical.

La région du cou est comprimée de façon passive.

Respiration

Elle sera particulièrement synchronisée avec les mouvements de la colonne vertébrale. Dès que le mouvement est amorcé, il convient de débuter l'inspiration. Lorsque vous montez, vous inspirez, lorsque vous descendez, vous expirez. Vous répétez le mouvement plusieurs fois dans la variante. Lorsque vous restez dans la posture, votre respiration est calme et lente. Vous pouvez vérifier les mouvements du diaphragme.

Précautions

La région lombaire est en décharge et en extension. Il n'y a aucun risque sauf en cas de pathologie des apophyses postérieures, ce qui est le cas dans une lombalgie sur trois ou quatre. Alors, la lombalgie se caractérise par une douleur déclenchée lorsque l'on se penche en arrière.

La région cervicale est étirée de façon passive. Il faut se méfier en cas d'antécédents de cervicalgies ou d'arthrose.

Les genoux peuvent également être douloureux si ceux-ci sont rapprochés. C'est pourquoi il est préférable d'écarter légèrement les pieds pour ne pas engendrer une tension importante au niveau de la face interne des genoux, en particulier au niveau de la patte-d'oie, zone d'insertion de certains muscles.

En cas d'épaule douloureuse, il sera prudent d'exécuter la posture lentement et consciemment.

Effets physiologiques

Cette posture inversée permet d'amplifier le débit circulatoire cérébral sans augmenter la pression artérielle. En effet, dans la posture, il se produit une pression au niveau du cou. Or, dans cette région, sur l'artère carotide existe un récepteur à la pression que l'on appelle le sinus carotidien. De cette manière, il est sollicité et régule donc la pression artérielle.

La posture du demi-pont renforce le muscle diaphragme qui, lors de chaque inspiration, c'est-à-dire de sa contraction, doit repousser les organes, ce qui lui oppose une force et nécessite de lutter contre ce poids des viscères.

Cette posture provoque un massage thyroïdien.

Elle élève, comme toutes les postures inversées, la température intracérébrale par augmentation et ralentissement de la circulation cérébrale. Le centre de régulation de la température perçoit la légère augmentation et réagit en abaissant la température générale. Cela est un schéma explicatif du rôle accordé aux postures inversées dans la prévention du vieillissement. En effet, il est admis que l'abaissement de la température corporelle est un indice de prolongement de l'espérance de vie.

Aspect symbolique

C'est une posture inversée. A ce titre, elle modifie complètement tous les repères et toutes les références du pratiquant.

Néanmoins, elle est moins parlante que la suivante car il existe des points d'ancrage qui sont les points habituels, à savoir les pieds.

La face tournée vers le ciel indique la direction choisie. Le contact avec le sol évoque l'appui solide.

L'extension complète du rachis dorsal s'accompagne d'une ouverture importante de la poitrine qui se présente comme une offrande. En fait, ce sont les prémices de la posture de la roue ou du pont. C'est la posture qui nous permet de prendre pied dans la terre pour nous ouvrir au ciel. C'est en même temps le contact avec le sol par l'intermédiaire à la fois des pieds et de la tête. Entre les deux, un pont se crée qui ne touche plus le sol. C'est la partie qui s'offre au ciel. C'est une posture qui nous aide à nous faire passer d'un état à un autre en nous permettant de prendre un appui ferme pour mieux nous offrir.

Posture sur les épaules : Sarvangasana

Comment la prendre

1) Placez-vous en position de départ allongé sur le dos.

2) Repliez alors les jambes en plaçant les pieds sur le sol.

3) Posez les mains au sol en tournant les paumes à plat.

4) Levez la tête. Durant tout ce temps, la respiration est normale.

5) En inspirant, dépliez les jambes en les levant à la verticale.

6) En expirant, poussez avec les bras sur le sol, levez les fessiers et montez l'ensemble du corps à la verticale.

7) Vos mains viennent se placer sur le dos pour le maintenir en place. Les jambes restent à la verticale sans tension inutile. Les chevilles sont relâchées. La respiration reste calme. Vous restez ainsi dans la posture, tant que vous vous sentez bien. Vous pouvez rester entre trois respirations et dix minutes.

8) Pour la quitter, expirez en descendant les genoux sur le front, en repliant les cuisses sur le ventre.

9) Puis posez les bras au sol et redescendez progressivement en appuyant fortement avec les bras pour éviter de rouler. Revenez groupé le plus longtemps possible tout en levant la tête.

10) Lorsque les pieds sont en contact avec le sol, allongez les jambes au sol et reprenez la position de savasana.

Variantes

Effets anatomiques

Les abdominaux se contractent pour prendre la posture et restent contractés, y compris en statique.

Les muscles des hanches interviennent d'abord en flexion puis en extension lorsque les jambes sont à la verticale.

Les muscles internes sont également sollicités.

L'ensemble des muscles profonds du rachis sont impliqués et renforcés.

Dans la région cervicale, il existe le même phénomène que pour la posture du demi-pont. Un très important étirement des muscles postérieurs extenseurs et une compression passive des muscles antérieurs.

Dans la posture, il existe une pression sur les épaules et en particulier le deltoïde. L'épaule subit une rotation et un étirement de sa partie avant.

Respiration

Il s'agit d'une posture statique. Vous resterez donc dans la posture le plus longtemps possible tout en maintenant une respiration calme. Vous vous concentrez sur les mouvements du diaphragme qui doit s'opposer au poids des viscères.

Précautions

Les précautions, comme pour la posture du demi-pont, concernent la région cervicale. Il se produit une zone de très forte pression qui doit tenir compte des éventuelles pathologies locales.

Effets physiologiques

Les effets sont dus à l'inversion.

Sur le plan circulatoire, il se produit un reflux de la circulation veineuse qui provoque une augmentation du retour veineux.

Parallèlement se produit une augmentation du débit artériel intracervical. Mais la pression du cou entraîne un massage du sinus carotidien participant à la régulation de la pression artérielle.

L'augmentation de la circulation intracérébrale avec vraisemblable augmentation de la chaleur intracérébrale engendre une diminution de la température corporelle.

L'inversion des rapports de force sur le diaphragme entraîne un renforcement du muscle lors des inspirations.

Il se produit une inversion des flux aériens et sanguins au niveau des poumons. Normalement, c'est la partie haute qui est la plus ventilée et la partie basse qui est la plus irriguée à cause de l'action de la pesanteur. Dans ce cas, l'inverse se produit. La perfusion sanguine est plus importante dans la partie haute du poumon (qui se trouve momentanément en bas) et la ventilation est plus importante dans la partie basse (qui se trouve momentanément en haut).

Ce phénomène est similaire pour l'ensemble des autres organes en ce qui concerne la perfusion sanguine. Il y a une redistribution de la masse sanguine.

Dans la posture, se produit une stimulation du système parasympathique qui induit des effets calmants. Ceux-ci se traduisent par un ralentissement de la fréquence cardiaque, voire un abaissement de la pression artérielle, un abaissement de la fréquence respiratoire, une augmentation de l'amplitude respiratoire.

Au retour de la posture, se manifestent apaisement et calme.

Aspect symbolique

Cette posture est qualifiée de posture reine parmi l'ensemble des postures. C'est une posture qui, sans symboliser le yoga, n'en représente pas moins un grand nombre de ses aspects philosophiques.

C'est tout d'abord la possibilité qui nous est proposée de relativiser nos repères. Dans cette posture, nous expérimentons l'abandon dans une situation inhabituelle, pour ne pas dire totalement inverse à l'habitude. Mais dans le même temps, il y a encore un regard qui est porté vers le ciel en s'accompagnant d'une flexion de la tête. Cette flexion et cette direction du regard adoucissent la posture. Si c'est fondamentalement une posture inversée, elle est également une posture en flexion et, dans cette optique, une posture de récupération. La base est solide mais l'élévation du tronc ne se fait réellement qu'à partir des dorsales, ce qui fait que l'inversion n'est pas totale. Cela lui retire de la force, que l'on retrouvera dans la posture suivante.

C'est, en conclusion, une posture qui permet l'expérience de l'abandon tout en régénérant l'organisme.

Posture de la charrue : Halasasana

Comment la prendre

1) Placez-vous tout d'abord dans la posture de savasana.

2) Dans cette posture, comme pour la posture sur les épaules, levez la tête, repliez les jambes vers vous.

3) Sur une inspiration, redressez les deux jambes à la verticale.

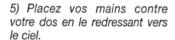

4) Sur l'expiration suivante, poussez sur les bras et soulevez les fessiers. Portez directement les jambes en arrière derrière la tête. Si vous le pouvez, posez vos orteils sur le sol.

5) Placez vos mains contre votre dos en le redressant vers le ciel.

6) Restez dans la posture, équilibrez bien les forces. Redressez votre dos, veillez bien à ce que vos jambes soient le plus tendues possible.

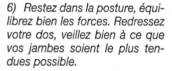

7) Pour la quitter, dans un premier temps, ramenez les genoux sur votre front, pliez vos jambes.

8) Appuyez fortement avec les bras pour ne pas rouler et revenez lentement.

9) *Posez vos pieds sur le sol.*
10) *Posez dans un second temps votre tête.*
11) *Allongez vos jambes et placez-vous en savasana.*

Variantes

Effets anatomiques

Les effets sont à nouveau ceux de l'inversion. Il se produit une inversion de la distribution de la masse sanguine.

Mais il y a en même temps une très forte compression de l'avant de la région du cou et un étirement très important de l'arrière. Cette compression extrême est également présente pour toute la partie avant du tronc. L'étirement est également présent pour tout l'arrière du tronc.

Les muscles des épaules sont sollicités de la même façon que dans la posture du demi-pont.

Respiration

Respirez calmement durant la posture qui est une posture statique. Insistez bien sur l'expiration et le fait de vider vos poumons. La posture s'y prête tout particulièrement.

Précautions

Les précautions à prendre sont essentiellement dues à l'important étirement qui se produit. Nous retrouvons donc les mêmes précautions que pour la pince debout et assise.

Les principaux risques siègent dans le bas du dos, aux charnières lombaires et sacrées, dans la mesure où les muscles arrière des cuisses (ischio-jambiers) sont trop contractés. Dans la majorité des cas, les jambes sont semi-fléchies et les orteils ne touchent pas le sol. Il ne faut pas forcer et aménager la posture en posant en arrière une chaise ou un coussin.

Il convient également d'être prudent, voire d'éviter carrément la posture comme toutes les postures inversées en cas de reflux gastro-œsophagien.

Effets physiologiques

Les effets sont ceux de l'inversion et de la flexion.

Elle permet, tout comme la posture sur les épaules, une très importante récupération.

Le massage de l'abdomen est intense, l'expiration est facilitée, l'état de détente est induit de façon considérable. L'étirement de l'arrière du dos et du trapèze majore l'effet décontractant.

C'est une posture qui stimule le système parasympathique.

En conclusion, elle est « déstressante », favorise la récupération, lutte contre toutes les manifestations dues au stress comme les troubles digestifs, la constipation, les palpitations...

Aspect symbolique

C'est une posture qui s'appelle charrue non seulement pour sa forme mais également pour son aspect symbolique. Tout comme la charrue qui permet de tracer un sillon dans la terre, cette posture nous permet de tracer un sillon pour semer les graines de notre mieux-être. Elle possède un tel pouvoir de régénération, d'apaisement et possède un tel pouvoir pour nous mettre dans un « état » de profonde sérénité qu'elle symbolise en cela l'outil qui prépare la terre dans laquelle nous pourrons semer et voir se lever les meilleures plantes.

Vous avez maintenant terminé votre séance du soir relaxante.

Vous pouvez tout à fait continuer par une relaxation telle que nous l'avons vue au troisième chapitre.

Cela ne fera que renforcer les effets des postures.

Vous êtes déjà bien armé pour pratiquer le yoga.

Vous connaissez les sept clefs de base qui vous ont ouvert les portes du yoga.

Vous savez comment pratiquer une séance matinale pour stimuler votre énergie. Vous connaissez les principales postures à pratiquer le soir pour une séance apaisante.

Cependant, il existe encore bien d'autres domaines à explorer dans le yoga.

Nous allons donc continuer à approfondir notre connaissance dans le chapitre suivant en voyant deux grandes postures qui symbolisent le yoga. Nous ne pourrions pas les occulter. Puis nous aborderons les exercices sur le souffle et les exercices psychosensoriels.

Vous êtes maintenant prêt pour approfondir le yoga.

CHAPITRE CINQUIÈME

Approfondir le yoga

■ 1. Deux autres postures clefs

Ce n'est pas du cirque !

Nous étions tous assis autour des tables disposées en U pour l'occasion. Je dirigeais une formation sur les applications du yoga dans le domaine de la santé. Les participants étaient tous là, pour la majorité des enseignants de yoga. Stéphane avait pris la parole pour nous expliquer posément l'aventure qu'il avait vécue avec la posture sur la tête. Tout avait commencé à une période de sa vie où il avait connu quelques difficultés.

Il n'avait pas trente ans quand tous ses repères avaient été effacés. L'entreprise qu'il avait montée allait devoir déposer son bilan. Les deux employés seraient licenciés. Il n'aurait pas droit au chômage en tant que chef d'entreprise et tout ce qu'il avait mis dans son entreprise depuis des mois, tant sur le plan personnel que financier, serait perdu. Après quelques mois, alors que tout allait bien auparavant avec son épouse, une crise au sein du couple avait surgi. Il fallait qu'il fasse front à de nouveaux problèmes tous les jours. Il n'arrivait plus à récupérer. La fatigue s'accumulait, le sommeil s'en était également ressenti et ce processus faisait boule de neige. La fatigue l'empêchait de dormir, le manque de sommeil l'épuisait, le manque d'énergie ne lui permettait pas de trouver de nouvelles idées, il était de plus en plus irascible, s'emportant pour un rien. C'est alors qu'il lut un article sur le yoga. Dans cet article étaient vantés les mérites d'une posture. Selon l'auteur, les artistes, les chefs d'Etat la prenaient pour se recharger, récupérer leur énergie. Stéphane arracha la feuille de la revue pour s'exercer chez lui. Il était conseillé de se mettre sur la tête trois minutes deux à trois fois par jour. Cela devait effacer les fatigues, régénérer le cerveau et donner un coup de fouet.

Stéphane n'avait jamais été un as en gymnastique. Il se souvenait même que, dans cette discipline, à l'école, il avait quelques difficultés à réaliser le poirier. Cependant, il n'avait rien à perdre et il se mit à exécuter la posture. Il fut surpris de constater qu'il y arrivait avec beaucoup de facilité. En fait, il n'était pas nécessaire de recourir à la force. Tout était question d'équilibre. Chaque jour, il se mit donc à pratiquer cette posture. Il la faisait précéder de quelques mouvements de gymnastique classique pour s'échauffer, et suivre d'une petite relaxation. Dès la première semaine, il constata une amélioration sur le plan de la concentration. La mémoire n'était plus défaillante. Il s'endormait à nouveau vite, mais il se rendit compte qu'il n'avait plus besoin d'autant de sommeil. Quelques heures lui suffisaient. Progressivement il se sentait rechargé d'énergie. Son peu de sommeil était récupérateur. Dormant mieux, dans la journée il se sentait plus calme et serein. La confiance l'habitait à nouveau. Sa femme en fut la première bénéficiaire. Les relations au sein du couple s'améliorèrent rapidement et sa propre épouse lui rappelait de faire la posture sur la tête si jamais il lui arrivait d'oublier. Enfin, c'est dans le cadre de sa société que les résultats furent le plus spectaculaires. Il réussit à trouver d'autres marchés et débouchés, ce qui amena de nouveau une bouffée d'oxygène qui assura la survie de l'entreprise. Sur de nouvelles bases, il lui fut ainsi possible de repartir. Tout en continuant la direction de son entreprise, Stéphane n'arrêta pas pour autant la pratique du yoga, bien au contraire. Cela lui donna l'envie d'aller plus loin et il s'inscrivit pour suivre une formation de professeur de yoga. Aujourd'hui, il enseigne donc quelques heures par semaine les exercices qui lui avaient fait tant de bien à une heure où rien n'allait plus pour lui.

Cette histoire confirme deux autres faits qu'il m'a été donné de constater quant aux effets de la posture sur la tête.

La deuxième histoire met en scène justement un « metteur en scène », Veronica, qui vint me consulter pour des insomnies. Après quelques questions, j'arrivai très vite à la conclusion qu'il s'agissait bien d'insomnies mais sans aucune conséquence. Elle était mariée, avait deux enfants. D'origine yougoslave (c'était du temps de la Yougoslavie unifiée), elle vivait en France depuis plus de dix ans sans problèmes d'acclimatation. Sa vie professionnelle n'était pas toujours aussi remplie qu'elle l'aurait souhaité mais elle n'avait pas précisément de « stress ». D'ailleurs, elle n'était absolument pas fatiguée. Elle était très active. La seule gêne était plutôt d'ordre social car elle ne dormait que quatre heures par nuit. Il lui était pénible de ne pas se coucher avant 1 heure du matin et de se réveiller en pleine forme à 5 heures. Si elle se couchait à 11 heures, c'était alors à 3 heures du matin qu'elle devait se lever.

Je considérai donc qu'il n'y avait pas vraiment une carence de sommeil. Certaines personnes ont besoin de peu de temps de récupération. Elle devait en faire partie. Mais je m'enquis de savoir depuis combien de temps cela se produisait. Tout juste trois années, me dit-elle. Depuis qu'elle était partie en vacances faire un stage. Poliment, je lui demandai ce qu'elle avait fait lors de ce stage, pensant que c'était d'ordre professionnel. Elle m'expliqua alors que c'était un stage de yoga. Très vite, nous pûmes mettre en lumière qu'elle pratiquait depuis tous les soirs la posture sur la tête !

Enfin, un troisième fait me confirma l'effet de la posture. Ce fut un article paru dans la revue médicale Le Concours médical à la rubrique des lecteurs. Un médecin expliquait qu'il pratiquait le yoga, en particulier la posture sur la tête, et que depuis il ne dormait que quelques heures alors qu'auparavant il lui fallait presque faire le tour du cadran. Il demandait si cela avait un rapport. Vous l'avez vous-même compris, il y avait évidemment une relation de cause à effet entre la posture sur la tête et les insomnies.

Ces trois exemples illustrent parfaitement le rôle de la posture de shirsasana.

Parfois considérée comme une posture spectaculaire,

elle n'est cependant pas très difficile à réaliser. Elle ne demande pas de force. Elle requiert surtout confiance en soi et équilibre. Nous allons donc maintenant voir comment la prendre, mais nous insisterons sur les précautions que nous vous demandons de bien respecter si vous souhaitez en bénéficier au maximum sans en avoir les inconvénients comme Stéphane, Veronica et le Dr X.

Posture sur la tête : Shirsasana

Comment la prendre

1) Installez-vous tout d'abord assis sur les talons.

2) Placez les deux avant-bras l'un devant l'autre juste devant les genoux. Cela vous permet d'évaluer la position des coudes. Ceux-ci ne doivent plus bouger. Vous ouvrez les avant-bras de façon à former un triangle équilatéral entre les deux points des

coudes et les mains dont vous entrelacez les doigts.

3) Dans le creux formé par les paumes, posez la tête, les mains « coiffant » le sommet du crâne. La tête repose en partie sur le sol à l'emplacement normal de la limite front-cuir chevelu et en partie dans les mains. Dans cette position, la tête est bloquée.

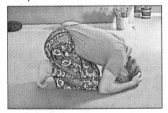

4) Rentrez les orteils puis, sans les bouger de place, tendez les jambes. De cette façon, le tronc est ramené à la verticale.

5) Avancez très lentement les orteils sur le sol jusqu'à ce que vous sentiez que vos pieds se soulèvent par le déséquilibre ainsi occasionné. Alors, vous pouvez progressivement lever les deux jambes à la verticale.

6) Dans la posture, gardez une respiration lente et régulière.

7) Pour quitter la posture, descendez lentement les jambes. En gardant l'équilibre. Pour cela, vous compensez le poids des jambes en déplaçant légèrement le tronc vers l'autre côté.

8) *Lorsque les orteils ont touché le sol, pliez les jambes, asseyez-vous sur les talons. Enfin, posez votre front sur les poings fermés posés l'un sur l'autre. Restez quelques instants, le temps que le sang accumulé dans la tête soit progressivement redescendu. Alors, vous pourrez vous redresser.*

9) *Prenez la position de détente.*

Respiration

La posture est une posture que l'on maintient. Elle se pratique donc en statique. Néanmoins, durant toute la montée, la respiration est arrêtée. Vous monterez après avoir inspiré profondément et durant la retenue du souffle. Lorsque les jambes sont à la verticale, vous expirez et retrouvez alors une respiration normale. Il en est de même pour la descente. Vous inspirez et retenez le souffle durant le temps où vous ramenez les jambes au sol. Tout le reste du temps, la respiration est normale.

Effets anatomiques

Le trépied formé au sol fait intervenir l'ensemble des muscles de la ceinture scapulaire.

Ce socle est suffisamment solide pour décharger en partie la région du rachis cervical.

Néanmoins, il s'y exerce quand même une charge importante. L'ensemble des muscles courts du cou sont sollicités, réveillés et tonifiés. Ils se contractent pour maintenir les vertèbres en place les unes par rapport aux autres.

Il en est de même pour tous les muscles courts de l'ensemble du rachis.

Le bassin est maintenu en position intermédiaire en équilibre. Pour éviter de trop recourir aux grands droits, il faut légèrement déplacer le centre de gravité vers l'avant pour diminuer le bras de levier que forment les jambes. Ainsi, l'ancrage du bassin est moins nécessaire.

Lorsque la position est prise, la détente est totale pour les muscles de la jambe, en particulier de la cheville et du pied.

Lors de la descente, il en est de même que pour la montée, les muscles extenseurs du dos et de la hanche sont sollicités pour ralentir le mouvement. Il existe une coordination permanente des muscles antagonistes.

Précautions

En cas de troubles du rachis cervical, cet exercice est contre-indiqué.

En cas d'hypertension artérielle importante, même traitée, il convient de ne pas la prendre sans être sous la surveillance d'une personne compétente qui pourra vous conseiller.

En cas de maladie athéromateuse et d'hypercholestérolémie ancienne, il en est de même par prudence. En théorie, il est toujours possible qu'une plaque d'athérome sur la bifurcation carotidienne se détache et provoque un embole cérébral.

Pour des personnes désirant avoir quelques effets de la posture mais n'arrivant pas à la prendre à cause d'un équilibre encore insuffisant, il faut procéder par étapes. La première étape consiste à rester dans la position où seul le dos se rapproche de la verticale mais où les jambes sont tendues. A la deuxième étape, il convient de ne lever qu'une jambe et d'alterner ce mouvement. Pour cela, veillez à inspirer en levant la jambe et à expirer en l'abaissant. Vous pouvez, après avoir pratiqué l'exercice en dynamique, rester avec une seule jambe levée en statique. Ces deux étapes préparatoires sont particulièrement progressives et douces. Cependant elles reconnaissent les mêmes contre-indications que la posture réalisée dans sa totalité.

Effets physiologiques

Outre la tonification de toute la ceinture scapulaire, cette posture tonifie également les muscles profonds du rachis cervical, du rachis dorsal et du rachis lombaire. Pratiquée suffisamment progressivement et tôt, elle prévient les troubles rachidiens grâce à ce renforcement. Mais attention, il convient de faire ces exercices sur un rachis sain, faute de quoi cela pourrait avoir l'effet inverse.

Par ailleurs, ses autres effets physiologiques sont essentiellement dus à l'inversion complète qu'elle engendre.

Il y a une totale inversion de la perfusion sanguine des organes.

Une amplification de l'expiration due au poids des viscères qui appuient sur le diaphragme.

C'est une posture qui stimule la vigilance et l'activation de l'ensemble du système nerveux. Vraisemblablement la formation réticulée activatrice située dans le tronc cérébral.

Aspect symbolique

C'est une posture inversée, mais elle n'est pas, comme la posture sur les épaules, accompagnée d'une flexion d'une partie du rachis. Dans son cas, il y a une rectitude sur toute la longueur de la colonne. C'est pourquoi cette posture est considérée comme la posture royale mais dans son aspect masculin. Alors que la posture sur les épaules est considérée comme la reine, ici, cette asana sera considérée comme le roi. C'est une posture qui renforce la confiance par la difficulté qu'elle représente apparemment dans sa réalisation. Pour la réaliser correctement, il faut vaincre une certaine appréhension. Sa réalisation est donc une victoire et renforce la maîtrise sur soi et sur sa vie. Elle est stimulante et tonique, pouvant même provoquer des insomnies. Ce n'est pas une posture de lâcher-prise. C'est un exercice de grande vigilance et de présence mais cela n'empêche bien sûr nullement de détendre les parties inutiles au maintien de la posture.

Il convient également de préserver la région céphalique en répartissant bien les pressions et les forces au sein des autres parties du corps. Contact de la tête au sol n'est pas synonyme d'écrasement de la tête au sol. Il se produit le même mouvement de rentrée de la tête dans les épaules que lors d'un mouvement spontané de protection.

Sur le plan strictement symbolique, la position de la tête au sol et des pieds vers le ciel signifie que nous dressons dans cet effort nos pieds, qui habituellement nous enracinent dans la terre nourricière, vers le ciel qui devient un instant le ciel nourricier. L'homme peut se détacher de son origine matérielle pour s'élever vers le fluide, le conceptuel, le spirituel et s'en nourrir. Ce besoin de se nourrir du spirituel fait partie de sa vraie nature et de ses besoins fondamentaux.

Par cette posture, l'homme est capable d'expérimenter cet accomplissement.

Concentration

L'attention au début est strictement requise pour le placement et l'équilibre ainsi que les effets anatomiques. Puis la respiration et le lâcher-prise prendront le dessus. Enfin l'aspect symbolique occupera toute l'attention du pratiquant.

Place dans une séance

Cette posture, considérée comme la posture tonifiante et stimulante de tout l'organisme mais également comme une posture « rajeunissante », doit, pour ne pas devenir excitante, ne pas être pratiquée seule. Il faut absolument qu'elle soit accompagnée de tout un environnement d'autres postures. En particulier des préparations qui échauffent la région cervicale et la posture sur les épaules qui tout en étant considérée comme une posture équivalente en est le versant féminin indispensable. Autant la posture sur les épaules peut être pratiquée quotidiennement sans lui associer la posture sur la tête, autant l'inverse ne l'est pas. Sans cela, les inconvénients à type d'insomnie surgissent.

Etant bien compris que cette posture doit systématiquement prendre place dans une séance comportant au moins la posture sur les épaules, comment maintenant doit-on agencer les postures les unes par rapport aux autres ?

Dans le cadre de la première séance tonifiante du matin, il est possible d'ajouter la posture sur la tête en fin de séance après la posture de la pince et de la faire suivre par la posture inversée sur les épaules.

Dans la séance du soir, calmante, il sera préférable de pratiquer la posture sur la tête après avoir fait la posture sur les épaules, c'est-à-dire en fin de séance également.

Dans le cas où vous ne disposeriez pas d'assez de temps pour faire toute une séance mais souhaiteriez quand même faire ces deux exercices, il convient de faire quelques exercices de rotation de nuque, de pratiquer le demi-pont suivi de la posture sur les épaules et seulement en dernier la posture sur la tête. Si cela s'avère nécessaire, vous ferez à nouveau la posture sur les épaules après la posture sur la tête.

En procédant de la sorte, vous ne vous exposerez pas aux inconvénients.

Il existe une autre posture qui semble être tout à fait symbolique du yoga tout comme la posture sur la tête, il s'agit de la posture du lotus.

Qu'est-ce que la posture du lotus ? C'est la posture dans laquelle sont représentés les yogis en méditation. C'est une posture assise dans laquelle les jambes sont croisées l'une sur l'autre. Cela confère une attitude très stable et solide, facilitant la bascule du bassin.

Si la posture renversée sur la tête peut être aisément praticable par la majorité des élèves, si elle ne requiert essentiellement que de l'équilibre, il n'en est pas de même pour la posture du lotus.

Il nous faut en parler car c'est une posture cliché du yoga, mais ce n'est pas une posture à pratiquer, sauf exception. En effet, elle nécessite une grande souplesse articulaire du membre inférieur, faute de quoi les ligaments des genoux subiront des dommages irréparables. Il faut énormément de prudence et, dans cette posture plus que dans toute autre, il faut savoir appliquer le premier conseil du yoga : « Ne pas nuire. »

Jambes croisées en lotus : Padmasana

Comment la prendre

1) Asseyez-vous en tailleur.

2) Dépliez incomplètement une jambe en repoussant un peu le talon. Saisissez-vous du talon avec la main du même côté puis, dans le même temps, attrapez le dessus du pied avec la main opposée en supination, c'est-à-dire paume tournée vers le haut, passez votre main par-dessous la tranche externe du pied.

Les deux mains sont donc tournées paumes vers le ciel.

3) Ramenez le pied délicatement et déposez-le sur la cuisse de la jambe opposée.

4) Recommencez la même opération avec l'autre côté.

Effets anatomiques

La particularité de cette posture réside dans la rotation de l'articulation du genou, lorsque celle-ci est en flexion, il est alors possible de lui imprimer une légère rotation.

Dans cette posture, il n'y a pas, comme dans la posture du tailleur, de limitation de l'extension de la hanche, ce qui permet au bassin de basculer en avant.

De ce fait l'ensemble du rachis est en meilleur équilibre.

Tous les muscles profonds du rachis sont sollicités, tonifiés, mais par contre tous les muscles superficiels sont relâchés. Les pieds sont en inversion passive. Il se produit un étirement des ligaments externes qui sont les plus fragiles lors des entorses. Ils doivent normalement être très solides. Dans le même temps, les ligaments internes (plus épais que les externes) sont en détente.

Respiration

La posture est statique. C'est justement sa fonction que de permettre le maintien de l'immobilité. De ce fait, la respiration est toujours normale, régulière et continue.

Précautions

La posture requiert quelque prudence concernant essentiellement les genoux.

Pour permettre la réalisation de la posture, il faut associer une souplesse à la fois de la hanche et de la cheville. Dans le cas d'une rigidité ou d'une ankylose de ces deux points, les tractions se reporteront sur la zone de plus faible résistance, à savoir le genou. Les ligaments et les tendons subiront des élongations qui normalement ont pour fonction d'assurer la stabilité de celui-ci. Les risques sont de provoquer de petites lésions qui entraîneront des douleurs articulaires.

Il ne faut donc surtout pas tirer avec force, ni rester de longues périodes d'immobilité dans la position, sous peine de voir surgir ces phénomènes désagréables.

D'autre part, il faut veiller à ne pas crisper les muscles dorsaux superficiels, comme dans toutes les postures assises.

Effets physiologiques

Comme toutes les postures assises, elle n'a pas d'action spécifique en dehors d'une suspension des fonctions motrices.

Cependant, elle ralentit le retour veineux par compression locale, ce qui permet aussi le développement d'une circulation collatérale.

Plaçant le pratiquant dans un état d'immobilité, elle permet surtout d'être dans un état de stabilité qui favorise l'équilibre neurovégétatif, d'où résulte la possibilité de modification des états de conscience.

C'est la meilleure posture (lorsqu'elle est prise avec facilité) pour permettre de conserver longtemps l'immobilité sans effort.

Aspect symbolique

Cette posture tient son aspect symbolique de la stabilité qu'elle procure.

Loin d'être une posture difficile à réaliser, pour celui qui en a l'habitude et l'entraînement depuis l'enfance, cette posture procure au contraire une sensation de confort et de stabilité exceptionnels.

Dans cette position, le pratiquant est parfaitement « calé ».

Il est dans une position qu'il peut tenir longtemps sans aucun effort car l'ensemble des muscles est au repos, exception faite des muscles profonds qui ont cette fonction de maintien.

Dans ces conditions, elle représente la posture stable par excellence qui permet à l'homme d'être lui-même dans un état de conscience accrue.

Le trépied qui est formé avec les membres inférieurs et le bassin donne cette sensation de stabilité.

L'érection de la colonne caractérise l'état de l'être humain qui se redresse du sol vers le ciel. Il prend ses racines dans le sol pour mieux pouvoir s'élever vers le ciel.

Le triangle qui se forme entre les deux genoux et le sommet du crâne donne également la direction de bas en haut.

Les mains ouvertes sur les genoux induisent une légère rotation externe des épaules en signe d'ouverture et d'échange avec le monde.

Dans le cas où l'on retourne les mains, c'est alors l'intériorisation qui sera symbolisée.

L'immobilité enfin, dans cette posture assise, symbolise la maîtrise du mouvement et du mental sur le corps.

Concentration

Dans la posture du lotus, la concentration peut se faire sur la stabilité liée à l'anatomie de la posture mais, très vite, il est possible de se dégager de cet aspect purement physique pour le transcender sur le plan respiratoire et symbolique. Cette posture permet alors au pratiquant de se concentrer sur les différents thèmes qu'il aura choisi d'expérimenter. Dans cette attitude, il conviendra d'induire par le Témoin la stabilité, pour s'engager ensuite dans l'ensemble des méditations souhaitées.

Au terme de l'abord de ces deux postures, symboles de la pratique du yoga, que sont la posture sur la tête et la posture du lotus, il convient maintenant de passer à une autre partie du yoga.

Vous remarquerez que nous n'avons pas parlé d'« étape » du yoga. Nous avons bien utilisé le mot de partie. En effet, comme nous l'avions précisé au chapitre premier, les différentes parties du yoga sont indissociables. Nous avons déjà, tout au long de la description des postures, abordé l'importance de la respiration. Il n'est donc pas question de faire dans un premier temps des exercices posturaux et dans un second des exercices respiratoires. Cependant, il existe des exercices spécifiques sur la respiration pendant lesquels l'aspect postural sera relégué à un plan sous-jacent. C'est donc ce que nous allons aborder dès maintenant.

■ 2. Les respirations

Dans le cadre des *Yogasūtra*, Patanjali, tout comme pour les postures « asana », ne s'étend pas longuement sur cet aspect de la pratique. Que dit-il précisément ? « *Lorsque nous sommes dans une posture* (comprendre une assise stable et solide), *nous sommes moins soumis aux influences extérieures. Alors, il est possible d'agir consciemment sur le souffle pour éliminer toutes les perturbations dont il est l'objet* » (versets 49-50 des *Yogasūtra*, chapitre II). Patanjali continue en disant : « *Les mouvements respiratoires comprennent l'inspiration, l'expiration et les suspensions. Il est également possible de porter son attention sur les régions concernées par la respiration, de prendre conscience de son amplitude, de sa régularité, de son rythme. Tout cela conduit à l'allongement du souffle et le rend plus subtil.* »

Patanjali nous donne dans ce dernier verset les détails techniques de la méthode du pranayama qui signifie l'allongement du souffle vital, cela étant le but de la pratique respiratoire. Il part d'une constatation en décrivant la respiration normale et nous donne les éléments sur lesquels nous pouvons porter notre attention. C'est ce que nous allons détailler maintenant.

Rééduquer pour commencer

Avant de vouloir modifier son souffle, il faut d'emblée commencer par le commencement.

Il faut retrouver une respiration normale. Ce ne sera qu'après que nous pourrons, jambes croisées, porter notre attention et compter les temps respiratoires pour imprimer des variations dans les proportions des temps respiratoires.

Bien souvent, nous avons le souffle court, le souffle bloqué, nous nous sentons oppressés, nous respirons superficiellement... Autant d'expressions qui révèlent bien que notre respiration nécessite d'être rééduquée.

Et en effet, si nous regardons autour de nous, nous constatons que nous respirons relativement mal.

A cela deux causes majeures.

Tout d'abord notre posture. La position de notre corps dans l'espace définit la mobilité de la cage thoracique et du diaphragme.

Si vous êtes penché en avant, le dos arrondi, comment pouvez-vous imaginer un seul instant que votre respiration pourra se faire de façon optimale ? Bien sûr, même dans ces conditions, elle suffit à apporter votre quota d'oxygène et à éliminer les gaz tels que le dioxyde de carbone, mais la respiration n'est pas qu'un simple lieu d'échanges gazeux.

La respiration est liée à d'autres éléments dans l'organisme et en particulier les émotions et les états psychiques. Si votre amplitude respiratoire se réduit à cause d'une mauvaise position, pour maintenir un débit aérien suffisant, il faudra compenser ce manque d'amplitude par une augmentation de la fréquence. Or c'est justement cette fréquence qui est liée aux états psychiques et émotionnels.

Nous comprenons donc tout l'intérêt de pratiquer des postures de yoga et de retrouver au préalable une bonne assise qui permet une respiration optimale.

Nombreuses sont les postures qui vont favoriser une élongation des aponévroses (tissus qui entourent les muscles) situées à la face avant du thorax pour permettre une meilleure amplitude de la respiration.

Toutes les postures d'extension debout et sur le ventre que nous avons évoquées dans la séance matinale vont y contribuer. Les postures inversées permettront parallèlement d'améliorer la tonicité du diaphragme.

Inversement, porter son attention sur une bonne amplitude respiratoire conduit à améliorer la posture et permet d'assouplir la face avant de la cage thoracique en redressant et en tonifiant les muscles paravertébraux. Encore une fois, il nous faut souligner l'interdépendance des postures, de la respiration et des états psychiques.

Lorsque nous sommes dans une attitude qui permet une bonne mobilité respiratoire, tout n'est pas terminé pour autant. Il faut souvent réapprendre à respirer plus profondément et surtout plus calmement.

C'est ce qui se passe lorsque nous portons notre attention sur notre respiration avec l'intention de l'approfondir.

Concentration sur le souffle

Comme vous le savez déjà, vous pouvez, si vous le souhaitez, enregistrer ce texte sur un magnétophone et vous le repasser pour être guidé durant l'exécution de l'exercice. Ce texte est rédigé dans ce sens, c'est ce qui explique les nombreuses répétitions et inductions.

Comment pratiquer

1) Installez-vous confortablement, soit en position de relaxation sur le dos, soit en position assise comme nous l'avons vu dans les chapitres précédents.
Prenez conscience de votre attitude, soit de votre corps, lourd, pesant, chaud, relâché. Soit de votre assise, stabilité et solidité si vous êtes assis.

2) Puis vous portez votre attention à l'entrée des narines, vous observez le souffle qui entre et qui sort à l'entrée des narines. Vous prenez conscience du contact de l'air à l'entrée des narines sur la muqueuse à l'inspiration. A l'expiration, vous portez votre attention sur le son qui est produit par l'air lorsqu'il sort. A l'inspiration, vous prenez conscience de ce contact, à l'expiration vous écoutez le son que

produit l'air en sortant. Vous prenez conscience de la fraîcheur sur les muqueuses du nez à l'inspiration, à l'expiration, vous prenez conscience du son de l'air en sortant.
Laissez-vous bercer par ce mouvement.

3) Puis vous suivez consciemment le trajet de l'air à l'intérieur de votre corps, à l'inspiration, votre pensée va des narines à l'arrière-gorge puis, à l'expiration, votre pensée remonte de l'arrière-gorge aux narines. A l'inspiration, narines arrière-gorge, expire...

4) La fois suivante, votre pensée va descendre plus loin et vous allez imaginer suivre le trajet du souffle à l'intérieur des poumons. Vous inspirez, la pensée descend des narines, passe par l'arrière-gorge, puis elle pénètre jusque dans les poumons. Vous imaginez le souffle qui pénètre jusque dans les poumons. A l'expiration, votre pensée fait le chemin inverse, elle part des poumons, repasse par l'arrière-gorge et aboutit aux narines.

5) Vous continuez. Inspire... narines... arrière-gorge... poumons... mais cette fois-ci, vous imaginez que l'air pénètre jusque dans le ventre. En expirant, vous imaginez le mouvement inverse. Vous continuez à suivre ce chemin...

6) La fois suivante, à l'inspiration, votre pensée accompagne le souffle jusque dans le ventre mais, à l'expiration, vous restez consciemment dans votre ventre. La pensée reste dans le ventre. Bien évidemment, ce sont les mouvements du diaphragme qui repousse l'abdomen qui gonflent le ventre à l'inspiration. Mais vous imaginez que c'est le souffle qui pénètre dans le ventre et qui gonfle le ventre à chaque inspiration, et à chaque expiration le ventre se rabaisse. Vous prenez conscience de cette respiration abdominale, diaphragmatique basse. Cette respiration qui ramène le calme, la détente, la présence. Cette respiration qui équilibre, qui apaise.

Vous savez qu'à tout instant il vous est possible de porter votre attention sur la respiration, soit à l'entrée des narines, soit dans le ventre pour établir une sensation de détente, de calme. Alors vous observez votre respiration et instantanément votre respiration s'apaise, se calme et en même temps vous vous détendez, vous vous apaisez, vous vous calmez.

7) Puis vous prenez conscience maintenant du mouvement qui mobilise l'ombilic. Vous allez amplifier ce mouvement. A l'inspiration, l'ombilic se soulève un peu plus, à l'expiration l'ombilic se rabaisse et se rentre un peu plus. Inspiration, l'ombilic se soulève, expiration, l'ombilic se rabaisse.

8) Comme s'il s'agissait d'une vague, vous imaginez que le souffle prend appui sur votre périnée, sur le plancher du bassin et entraîne à l'inspiration le soulèvement du ventre et à l'expiration s'accompagne d'un abaissement du ventre.

9) Inspiration suivante, le ventre se soulève comme une vague, le souffle s'amplifie et ouvre la cage thoracique... Expiration, lentement la vague revient. A nouveau inspiration, le souffle prend appui sur le plancher, gonfle l'abdomen, ouvre la cage thoracique et expiration lentement. Inspiration profonde complète.

10) Vous prenez conscience maintenant de ce souffle qui rentre dans votre corps, de ce mouvement d'ouverture, de cette expansion, de cette circulation, de cette fluidité dans tout votre corps et expiration, vous relâchez, vous détendez.

11) Puis, vous imaginez que votre souffle se prolonge dans tout votre corps, dans vos jambes, inspiration, le souffle se prolonge jusque dans vos jambes, dans vos pieds, à l'expiration, le souffle revient. Inspiration et expiration, dans vos bras, tout votre corps est balayé par ce souffle qui circule, qui n'est en fait que le prolongement de chaque molécule d'oxygène qui est portée par la circulation du sang et qui vient nourrir chacune de vos cellules et à chaque respiration vous avez la sensation de purifier, de ramener de l'énergie dans tout votre corps. Chacune de vos cellules est régénérée. Tout votre corps reprend vie. Le souffle circule librement dans chacun des espaces de votre corps. Vous restez quelques instants à apprécier la détente.

12) Maintenant, vous allez quitter la relaxation. Lentement vous inspirez profondément trois fois de suite, vous étirez tout votre corps et vous ouvrez les yeux.

Effets physiologiques

Comme nous l'avons laissé entendre, l'effet de cet exercice se situe à deux niveaux.

Premièrement, il permet de « rééduquer » la respiration, c'est-à-dire de redonner une respiration libre et naturelle. Il développe la respiration diaphragmatique qui est la respiration normale.

Une respiration se fait normalement à l'inspiration par le biais du diaphragme qui s'abaisse et qui peut être aidé par les muscles intercostaux dont le rôle est d'écarter les côtes.

L'expiration normale se fait par un relâchement concomitant de l'ensemble des muscles.

Ces mécanismes doivent être parfaitement compris car ils sont au cœur de la pratique respiratoire. L'inspiration est active, l'expiration est passive.

Le deuxième effet de cet exercice, qui est une prise de conscience de la respiration, est de ralentir la fréquence respiratoire. Cette fréquence respiratoire est commandée par les centres situés dans le bulbe et corrélée par de nombreux neurones à la fréquence cardiaque, à la pression artérielle et aux états émotionnels.

Le ralentissement conscient de la fréquence respiratoire agit *a contrario* sur l'ensemble des éléments précités. Ralentissement de la fréquence cardiaque, abaissement de la pression artérielle et enfin état (ou émotion, mais là il est difficile de parler d'émotion au sens habituel du terme) de paix et de calme.

Il existe une stimulation du système parasympathique qui vient contrebalancer le système sympathique.

L'ensemble des organes stimulés par le parasympathique est donc tonifié, en particulier le système digestif. Amélioration du péristaltisme, des sécrétions digestives...

Les conséquences sur la ventilation sont, contrairement à ce que l'on aurait pu attendre, très minimes, voire insignifiantes. Cela est tout à fait normal puisque nous sommes dans le cadre d'une régulation naturelle. Il est donc logique de retrouver dans ces cas une oxygénation normale. Précisons par ailleurs que le sang étant déjà saturé à presque 98 % en oxygène, la pratique du yoga ne permettra jamais une meilleure oxygénation du sang comme cela est souvent décrit. La seule chose que puisse permettre le yoga, tout comme l'exercice physique, est d'améliorer l'extraction d'oxygène par les tissus périphériques.

Au terme de cette rééducation, il nous est possible de commencer à modifier les différents éléments qui interviennent dans une respiration.

Quels sont-ils ?

Nous respirons par deux narines. Il nous est donc possible de moduler la respiration par l'une ou par l'autre.

Notre respiration se fait avec une certaine durée et proportion entre l'inspiration et l'expiration. Nous pouvons moduler l'une et l'autre.

Il existe de façon virtuelle des phases de suspension du souffle à plein ou à vide. Nous pouvons les allonger et les rendre effectives.

En modulant ainsi fréquence, régularité, narines, durées et proportions dans les quatre phases respiratoires, nous arrivons à des dizaines de variantes possibles qui se décomposent en quelques grandes catégories.

Mais avant, il nous est indispensable d'apprendre la technique des bandhas, c'est-à-dire des contractions.

Les contractions ou bandhas

Contraction de la base : Mula bandha

Comment la pratiquer

1) En position assise.
2) Inspirez lentement. Puis retenez le souffle.
3) Contractez les muscles du périnée, comme si vous étiez en train de vous retenir pour vous empêcher d'aller aux toilettes, et cela durant toute la rétention du souffle.
4) Relâchez la contraction de l'ensemble des muscles de la région.
5) Expirez lentement.

Les effets

Cet exercice renforce le plancher pelvien, c'est-à-dire l'ensemble des muscles concernant les sphincters vési-caux qui commandent l'émission d'urine, les sphincters anaux qui commandent l'exonération des selles, le rele-veur de l'anus qui s'insère sur la branche de la symphyse pubienne, chez les femmes les muscles vaginaux. Cela provoque de fait une contraction de tout le périnée, accompagnée souvent d'une contraction qui se prolonge sur la partie inférieure des abdominaux qui s'insèrent également sur la symphyse pubienne.

Cependant, si nous avons étudié les bandhas juste avant les exercices sur le souffle, c'est surtout pour leurs effets sur le système nerveux végétatif.

Il existe une innervation autonome qui commande au déclenchement des phénomènes naturels d'élimination.

Une fois encore, avec mula bandha, nous avons un moyen d'intervenir indirectement sur des récepteurs qui vont, de façon réflexe, modifier la balance entre les sys-tèmes sympathique et parasympathique au profit du deuxième. Cela engendre un effet calmant en ralentissant la fréquence cardiaque et pulmonaire.

Nous en comprenons donc bien l'intérêt dans les exer-cices de rétention du souffle. Ces exercices compenseront les besoins immédiats de reprendre une respiration, c'est pourquoi, en règle générale, cette contraction se fait uni-quement durant les rétentions (apnées) à plein ou à vide.

Il est possible cependant d'avoir recours à ces exer-cices dans certaines postures pour faciliter la rétrover-sion du bassin. Dans ces cas, mula bandha s'accompagne d'une contraction des fessiers.

Aspect symbolique

Mula signifie la racine ou la base. C'est un exercice qui, nous l'avons vu, d'un point de vue physiologique ren-force le plancher pelvien mais, d'un point de vue symbo-lique, permet à l'individu de bien s'implanter et de se sentir solide. Il renforce l'ancrage, tant du point de vue physique que psychique.

Contraction des abdominaux : Uddyana bandha

Comment la pratiquer

1) Pour commencer, allongez-vous sur le dos, ou asseyez-vous à genoux sur les talons.

2) Repliez les jambes.

3) Expirez lentement et, à la fin de l'expiration, suspendez votre respiration tout en ouvrant la cage thoracique. Comme si vous pouviez « avaler » votre ventre sous les côtes.

4) Avant d'inspirer, relâchez bien votre ventre.

5) Puis seulement après, inspirez.

6) Dans cette position, après l'inspiration profonde, retenez votre respiration et contractez l'ensemble des abdominaux.

7) Relâchez la contraction.

8) Expirez lentement.

Effets de l'exercice

Dans la première partie de l'exercice, il ne s'agit pas vraiment de l'exercice appelé uddyana bandha. J'appelle personnellement cet exercice uddyana. En effet, dans ce cas il n'y a pas vraiment de contraction. La dépression créée par l'ouverture des côtes entraîne une aspiration du diaphragme qui, secondairement, entraîne un abaissement de l'abdomen. Les abdominaux sont parfaitement relâchés.

Par contre, dans la deuxième partie de l'exercice, vous faites une contraction des abdominaux. C'est à proprement parler uddyana bandha. Cet exercice peut se pratiquer autant en apnée pleine que vide ou dans un grand nombre d'exercices.

Ces contractions entraînent une stimulation du système parasympathique et seront donc utilisées pour limiter tant la fréquence cardiaque que la fréquence respiratoire.

Bien évidemment, l'action mécanique de massage est également très importante. Elle contribue à la stimulation du péristaltisme intestinal, d'où son indication dans les troubles intestinaux, à type de colopathie fonctionnelle.

Précautions

Aucune. Sauf en cas d'épisodes inflammatoires du côlon.

Aspect symbolique

La région abdominale représente symboliquement, et à juste titre, la région où la digestion s'opère et, par extension, la région qui est en rapport avec tout le métabolisme : le « feu » de la vie. C'est la région qui transforme les aliments pour leur permettre d'être assimilés.

C'est pourquoi cet exercice prépare à un grand nombre d'autres exercices comme agnisara krya ou naulikrya réputés pour avoir un effet stimulant de tout l'appareil digestif et de l'énergie vitale.

Barattage du ventre : Agnisara krya

Comment pratiquer

1) Placez-vous en position debout.

2) Fléchissez légèrement le tronc en avant et posez les mains sur les cuisses.

3) Dans cette position, après avoir expiré et rentré le ventre sous les côtes comme pour uddyana, restez bien en suspension de souffle.

4) Puis relâchez le ventre et avalez-le à nouveau sous les côtes.

5) Recommencez la succession des mouvements plusieurs fois de suite. Quatre à cinq au début, douze par la suite.

6) Pour terminer, relâchez le ventre et, seulement après, inspirez lentement. Cet ensemble forme un cycle.

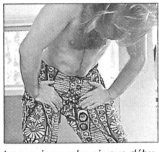

7) Recommencez une série de quatre ou cinq cycles si vous débutez. Vous pourrez augmenter progressivement jusqu'à douze cycles quotidiennement.

Effets

Les mêmes que pour uddyana mais plus importants étant donné l'intensité du massage rythmique.

Précautions

Veillez bien à la position de départ pour vous aider avec les bras qui vont soutenir le reste du corps et permettre le relâchement des abdominaux.

Aspect symbolique

Le même que pour uddyana.

Cependant, cet exercice ne fait pas partie des « bandhas ». C'est, tout comme kapalabati, un exercice qui fait partie des kryas, c'est-à-dire des techniques de nettoyage ou de purification. Ce sont des outils qui nous permettent de « tourner la page » en nous aidant à nous débarrasser du poids de notre passé ou, plus exactement, des habitudes, des réflexes conditionnés et des automatismes.

D'autre part, agnisara krya tire sa racine du mot agni qui signifie feu. C'est encore toute la symbolique du feu qui transforme en purifiant mais également qui transforme les aliments pour leur permettre d'être assimilables. Enfin, c'est le feu qui réchauffe et augmente le métabolisme.

Le moulinet : Nauli krya

Comment le pratiquer

1) Prenez la position de départ d'agnisara krya. Debout, les mains sur les cuisses, les bras tendus, le dos légèrement penché en avant.
2) Avalez le ventre sous les côtes.

 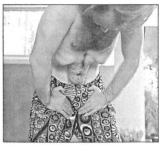

3) « Poussez » avec un bras et déplacez toutes les forces sur les muscles grands droits du même côté. Dans ce cas, vous voyez apparaître les muscles grands droits uniquement d'un côté.

4) Toujours en retenant le souffle, recommencez de l'autre côté.

5) Lorsque vous êtes parfaitement familiarisé avec cet exercice, vous pouvez faire basculer les forces d'un côté à l'autre et même par la suite provoquer un mouvement de rotation. Les grands droits se déplacent alors en un mouvement giratoire en arrière, sur le côté droit, devant sur le côté gauche et inversement.

Les effets

Cet exercice demande un entraînement long et régulier. En effet, personne n'a spontanément une coordination de ses muscles abdominaux grands droits. Il faut peu à peu développer les connexions neuronales qui vont nous donner la sensibilité et la motricité de cette région. Ces muscles, au même titre que tous les muscles striés, peuvent être sous la dépendance de la motricité volontaire dont la zone de commande est dans l'aire motrice du cortex. Cela demande simplement un apprentissage.

Les effets de cet exercice sont encore plus importants que ceux d'agnisara krya, compte tenu de l'importance de la rythmicité et du massage provoqué.

Enfin, comme pour les autres, une réaction « vagale » c'est-à-dire du système parasympathique, engendre un abaissement de la fréquence cardiaque. Certaines études ont permis d'objectiver des fréquences cardiaques s'abaissant au-dessous de trente-cinq battements de cœur par minute !

Précautions

Seule la réalisation de l'exercice entraînant un abaissement de la fréquence cardiaque pourrait être préjudiciable chez un petit nombre de personnes. Mais avant de pouvoir l'exécuter correctement, il faut une longue pratique qui aurait permis durant ce temps d'effacer les contre-indications.

Aspect symbolique

Nauli krya, comme agnisara krya, est un exercice de purification qui permet de nous alléger de notre passé. Il possède le même aspect symbolique.

Le rengorgement : Jalandhara bandha

Comment le pratiquer

1) Placez-vous dans une position assise.

2) Inspirez profondément. Puis retenez votre souffle.

3) Portez le menton en direction de la fourchette sternale. Votre nuque est bien étirée.

4) Relevez le menton.

5) Expirez lentement.

Les effets

La contraction de la région du cou permet de stimuler les capteurs de pression sanguine qui sont situés sur les carotides. Cela déclenche un réflexe vagal qui engendre secondairement un ralentissement de la fréquence cardiaque et respiratoire.

Cela facilite la rétention du souffle.

Cet exercice se retrouve spontanément dans un certain nombre de postures, en particulier la charrue (halasasana), la chandelle (sarvangasana), le demi-pont (ardhachakrasana).

Aspect symbolique

C'est un exercice qui « ferme » l'entrée de l'air. Il permet ainsi une plus grande coupure avec l'extérieur. Il facilite l'isolement et la concentration.

La triple contraction : Triya bandha

Comment pratiquer

Il suffit d'associer les trois contractions décrites précédemment.

1) Tout d'abord, inspirez dans la position assise.

2) A la fin de l'inspiration, retenez votre souffle. Puis rengorgez le menton, contractez le plancher pelvien et contractez les grands droits des abdominaux.

3) Restez ainsi durant quelques secondes au début puis augmentez progressivement...

4) Relâchez les contractions les unes après les autres.

5) Expirez lentement.

Les effets

Ils cumulent les effets des trois autres exercices.

Ils permettent d'augmenter les pressions internes dans l'ensemble du corps, provoquant une réaction d'apaisement vagal qui s'associe à la stimulation sympathique.

Aspect symbolique

Avec ces trois bandhas associés, le corps est comme fermé. Il est rigidifié et permet la « montée » de « l'énergie ». C'est pourquoi ces exercices sont des préalables à la pratique du travail sur le souffle. Ils permettent de guider et de conduire l'énergie à travers tout le corps sans que celle-ci « fuse » et se « disperse ».

Au terme de ces préambules aux respirations, nous allons maintenant pouvoir véritablement aborder les exercices respiratoires intitulés le pranayama.

Nous allons commencer par les respirations dites de haute fréquence respiratoire (HFR) conduisant à une hyperventilation.

Dans cette catégorie, nous retrouvons deux respirations majeures.

La première s'intitule kapalabati, la deuxième bastrika.

Elles diffèrent non seulement pour des raisons physiologiques mais également par leurs modalités.

En fait, classiquement, elles n'appartiennent pas toutes deux à la même classe d'exercices. Kapalabati n'appartient pas au groupe des exercices respiratoires, mais est classée habituellement dans les exercices dits de

« purification » comme agnisara krya et nauli krya que nous avons vues juste avant. Tel est justement son effet le plus marquant.

Hyperventilation : Kapalabati

Comment pratiquer

1) Installez-vous confortablement dans une position assise de façon que la cage thoracique et l'abdomen soient en état de bien fonctionner. Cela nécessite donc une bonne position du bassin et du rachis.

2) Vous allez expirer de façon active, comme lorsque vous vous mouchez fortement et rapidement, ou lorsque vous toussez. L'air sort par les narines.

3) L'inspiration suivante est par contre passive, vous laissez l'air entrer spontanément par les narines.

4) Cette première association d'une inspiration active et d'une expiration passive constitue un premier cycle.

Vous répétez une dizaine de cycles respiratoires.

5) Puis vous inspirez profondément, de façon active cette fois, et très lentement.

6) Alors, vous retenez le souffle. Restez ainsi le plus longtemps possible.

Durant ce temps, vous allez associer les trois contractions simultanément. Vous pratiquez uddyana bandha qui consiste à contracter les muscles abdominaux, jalandhara bandha qui consiste à rengorger le menton, enfin mula bandha qui consiste à contracter les muscles du périnée, des sphincters vésicaux et anaux ainsi que le muscle releveur de l'anus. Ces trois contractions associées forment triya bandha.

7) Au terme de la rétention (apnée à plein), vous allez expirer très lentement en contrôlant parfaitement l'expiration.

8) Vous recommencez trois fois l'exercice complètement avec une dizaine de salves suivies d'une longue rétention.

Effets physiologiques

Tout d'abord, kapalabati appartient aux « nettoyages ». A ce titre, c'est tout d'abord un exercice permettant de dégager les voies aériennes supérieures. On le retrouve donc systématiquement avant toute séance de respiration pour éliminer les sécrétions nasales.

Il est également systématiquement pratiqué après jala neti dont la fonction est aussi de laver les voies aériennes supérieures mais cette fois-ci avec de l'eau. (Jala signifie eau, neti nettoyage.) Kapalabati permet alors d'éliminer l'humidité qui aurait pu stagner dans les conduits supérieurs comme dans les sinus.

En dehors de ce rôle strictement mécanique, l'accélération de la fréquence respiratoire engendre une hyperventilation pulmonaire.

Celle-ci augmente les échanges au sein de l'alvéole pulmonaire en éliminant une plus grande quantité de gaz carbonique. Comme nous l'avons précédemment exprimé, le taux d'oxygène dans le sang n'est pas affecté par cette hyperventilation. Seul le taux de CO_2 s'abaisse. Cet abaissement du CO_2 dans le sang engendre une modification de l'acidité du sang et favorise une hyperexcitabilité des cellules, en particulier des zones de contact entre les nerfs et les muscles. Ceux-ci sont plus instables et, en cas de processus important, engendrent des manifestations de type spasmophilie ou tétanie.

Suite à cette hyperventilation, les centres respiratoires sont mis en léthargie et le besoin d'inspirer est temporairement suspendu. C'est pourquoi la rétention du souffle est facilitée. De plus, cette apnée pleine engendre un abaissement des échanges gazeux entre le poumon et l'extérieur, ce qui augmente le taux de CO_2 dans le sang tout en appauvrissant cette fois le taux d'O_2. Cela permet de rééquilibrer l'acidité sanguine (ph sanguin) et de rétablir une excitabilité neuromusculaire normale.

L'hyperventilation modifie également les états de conscience en engendrant une obnubilation temporaire. Cet état d'obnubilation est recherché car, dans le même temps, il diminue la survenue des processus cognitifs automatiques. Les pensées parasites disparaissent ou tout au moins s'amenuisent.

Lorsque l'on enregistre l'activité électrique du cerveau à l'aide d'un électroencéphalogramme durant ces exercices, surviennent des ondes spécifiques très régulières. Elles indiquent une synchronisation liée à l'émission des régions les plus profondes, signe d'une mise au repos des régions les plus superficielles du cortex.

Précautions

Pour la pratique, vous veillerez à ne pas faire bouger votre cage thoracique. Celle-ci doit rester parfaitement désolidarisée du diaphragme et donc de la partie visible, c'est-à-dire des abdominaux.

D'autre part, veillez à ne pas « pincer » les narines pour souffler plus fort, cela ne sert à rien mais souvent se produit de manière réflexe. Ne bougez pas non plus les épaules ni les clavicules.

Dans la réalisation de l'exercice, veillez à ne pas débuter trop rapidement. Soyez attentif à ne pas faire d'emblée cinquante ou soixante salves. Vous risqueriez d'avoir la tête qui tourne et soit de tomber dans les pommes, soit de faire une crise de spasmophilie. Soyez donc progressif comme toujours. Débutez par dix ou quinze salves et augmentez progressivement jour après jour si tout se passe bien.

Naturellement, veillez systématiquement à pratiquer une longue rétention après les salves expiratoires.

Associez également les triya bandhas.

Certains préconisent de pratiquer cet exercice en position debout, mais nous vous le déconseillons. Il existe toujours, au moins chez les débutants qui n'ont pas l'habitude de cet exercice, le risque de perdre connaissance. Cet état d'hyperventilation peut déclencher des crises comitiales. C'est d'ailleurs un test sous électroencéphalogramme. (Nous considérons comme débutant non pas un débutant en yoga mais quelqu'un qui n'a pas l'habitude de l'exercice. Même si vous faites du yoga depuis des années mais que vous n'ayez jamais fait kapalabati, considérez-vous comme débutant.)

Aspect symbolique

Cet exercice, appelé kapalabati, signifie « ce qui fait briller le crâne ». Nous voyons donc non seulement les effets physiologiques se dessiner à travers cette dénomination mais également l'aspect symbolique.

Cet exercice permet de purifier le cerveau des pensées négatives et perturbatrices.

Cet exercice fait partie des kryas. Un krya est un exercice qui a pour fonction de purifier et d'éliminer. Dans ce cas, kapalabati permet d'éliminer les pensées non désirées et ainsi de tourner la page.

Concentration

Au début, l'attention est portée essentiellement sur la modalité de pratique. Mais dès que la technique est maîtrisée, vous devez laisser de côté la pratique pour vous concentrer sur l'état de vacuité entraîné par l'exercice.

Concentrez-vous surtout sur la sensation pleine et entière d'être, tout simplement. Les pensées s'étant amenuisées, il ne résulte plus qu'une sensation unique. Un état de présence.

Puisque nous avons vu un nouveau krya avec bastrika, il nous faut, avant de reprendre l'étude des pranayamas, voir un dernier exercice de « purification » qui s'appelle jala neti ou nettoyage du nez par l'eau. Il est classiquement pratiqué avant les respirations et avant même kapalabati.

Nettoyage du nez par l'eau : Jala neti

Comment pratiquer

1) Préliminaires :

Remplir un lota, sorte de petite théière avec un bec verseur arrondi, avec du sérum physiologique.

La composition du sérum physiologique est de neuf grammes

de sel pour un litre d'eau. Cela représente approximativement une cuillère à soupe de sel pour un litre.

Diluez bien l'ensemble, l'eau doit être de préférence à température ambiante, voire tiède.

2) Placez-vous au-dessus de votre lavabo.

3) Introduisez l'embout dans une narine.

4) Inclinez votre buste et tournez légèrement votre tête de façon à abaisser la narine libre par où s'écoulera l'eau en sortant.

5) Vous empaumez votre lota et, lentement, vous relevez votre coude de façon à permettre l'écoulement de l'eau par votre narine. Durant tout ce temps, la respiration se fait par la bouche ouverte, calmement. L'eau s'engage alors dans votre nez et ressort tout simplement et naturellement par l'autre narine.

6) Vous recommencez de l'autre côté.

7) Pratiquez à la fin de jala neti la respiration de kapalabati telle que nous venons de la décrire.

Les effets

En premier lieu, ce « lavage » permet d'éliminer les impuretés et les sécrétions qui auraient tendance à stagner dans la partie supérieure du rhino-pharynx. Cet effet contribue à entretenir la liberté des voies aériennes supérieures et à éviter les phénomènes d'infection.

Ce krya, placé avant les exercices respiratoires, permet une bonne réalisation de ces respirations.

Notons que jala neti est couramment pratiqué dans les stations thermales et qu'il contribue à lutter non seulement contre les infections ORL chroniques mais également contre les affections allergiques.

Précautions

Il convient en cas d'infections, en particulier sinusienne, de prendre l'avis de son médecin traitant pour confirmer ou infirmer l'indication.

En dehors de cela, il faut être prudent dans l'élaboration de la préparation car le taux de neuf grammes de sel par litre est le seul garant pour ne pas avoir de réactions désagréables. En effet, dans ces conditions, la préparation est isotonique au plasma et ne produit pas de réactions douloureuses. Dans le cas inverse, d'une préparation hypo ou hypertonique, des sensations douloureuses pourraient se produire, sans gravité, certes, mais désagréables néanmoins.

Veillez bien, à la fin de l'exercice, à pratiquer kapalabati pour bien assécher les conduits.

Parfois, en se penchant en avant (padastasana), de l'eau risque de s'écouler librement. Ne vous inquiétez pas, ce n'est que l'eau qui a pu momentanément stagner dans les sinus. Cela n'a aucune signification gênante.

Aspect symbolique

Tout comme kapalabati qui fait « briller le cerveau », jala neti a un effet positif sur la vigilance. Il prépare aux exercices de yoga et, le matin, contribue également à « réveiller » l'organisme. L'eau, symbole de purification, ni solide ni gazeux, contribue à entretenir les conduits qui sont considérés par le yogi comme essentiels puisqu'ils amènent le précieux souffle qui nourrira tout le corps du pratiquant. Il est donc salutaire de faire ce nettoyage en début de séance.

Il existe un grand nombre d'autres techniques de krya. Pour nettoyer le nez, par exemple, il est possible d'utiliser des bandelettes de mousseline de coton, de l'huile... Il est possible également de pratiquer des kryas concernant l'appareil digestif en commençant par les dents, les gencives, la langue. En continuant par l'estomac. Oui, vous avez bien lu ! L'estomac ou les intestins, et en terminant par des nettoyages du rectum.

Il faut en effet comprendre que, de façon très simple, il est possible, en associant des préparations d'eau salée et des exercices de yoga, de pouvoir pratiquer des kryas qui sont un excellent moyen de mieux nous connaître.

Cependant, nous ne développerons pas dans cet ouvrage l'ensemble de ces exercices qui correspondent à un approfondissement et doivent être pratiqués sous la surveillance d'une personne expérimentée.

C'est pourquoi nous allons continuer maintenant à étudier des exercices respiratoires qui correspondent à la quatrième partie du yoga pour Patanjali et qu'il nomme le pranayama, ce qui signifie la méthode permettant d'allonger le souffle.

Hyperventilation : Bastrika

Bastrika est un exercice qui appartient réellement aux pranayamas. Cet exercice ressemble à kapalabati, en a les mêmes effets mais plus puissants et intenses. En général, il le suit dans le cadre d'une séance.

Comment pratiquer

1) Installez-vous comme pour kapalabati, assis confortablement.
2) Inspirez profondément en gonflant la poitrine, puis
3) Expirez de façon active en vidant et en refermant la poitrine.
4) L'association d'une inspiration et d'une expiration forme un cycle. Enchaînez les cycles les uns après les autres assez rapidement. Les deux phases de la respiration doivent être parfaitement actives et orientées dans la  *région du thorax, contrairement à kapalabati dont l'inspiration est passive et essentiellement ventrale.*
Recommencez dix cycles si vous êtes débutant. Jusqu'à soixante si vous êtes entraîné.

*5) Au terme de ces enchaînements, inspirez profondément et rete-
nez votre souffle.*

*6) Associez triya bandha (contraction des grands droits, rengorge-
ment, contraction des muscles du périnée). Restez le plus longtemps possible.*

*7) Relâchez la triple contraction et expirez longuement et lente-
ment.*

*8) Vous pouvez reprendre deux ou trois fois cette association
hyperventilation et rétention.*

Effets physiologiques

Sur un plan anatomique, nous avons, à la différence de
kapalabati, une participation plus importante de la cage
thoracique et moindre de l'abdomen.

Quant aux effets physiologiques, ils sont similaires à
ceux de kapalabati.

Précautions

Les mêmes précautions que pour kapalabati se retrouvent.

Tout d'abord la position, qui doit être parfaitement
stable. Ensuite la progression doit être très lente. Il faut
absolument respecter les premières consignes du yoga
qui consistent à ne pas se nuire.

En cas de spasmophilie ou de survenue de crises comitiales, on s'abstiendra de pratiquer ces exercices, à moins
que ce ne soit sous la direction d'un enseignant connaissant parfaitement la marche à suivre.

Aspect symbolique

Bastrika signifie « soufflet de forge ». Ce nom doit être
compris à double sens.

Tout d'abord, il faut l'entendre au premier degré. La
respiration se fait de façon active comme pour un soufflet. Inspirations et expirations se suivent et la cage thoracique se gonfle et se dégonfle tout comme un soufflet
qui aspire et refoule l'air.

Ensuite, il faut entendre le nom de bastrika au second
degré. C'est le soufflet de forge qui permet, dans ce

deuxième sens, d'activer le feu. Or le feu, dans la symbolique relative au yoga, se rapporte au feu digestif. C'est ce qui nous amène à développer l'énergie pour nous permettre de nous développer et de grandir. En fait, c'est l'accélération du métabolisme qui donne la vie. Bastrika est donc cet exercice qui renforce le dynamisme de la vie.

Respiration du dormeur : Ujjayi

Comment pratiquer

1) Tout d'abord, installez-vous confortablement dans une position assise. Cependant, ujjayi est une respiration que vous pourrez pratiquer dans la majorité des positions, y compris les postures de yoga.

2) L'inspiration doit être très lente et produit un léger chuintement. Cela est obtenu en réduisant le passage de l'air dans la région du pharynx grâce à la position de la langue. Vous induisez le même phénomène qui se produit spontanément chez le dormeur. Dans ce cas, la langue, en se relaxant, recule légèrement et freine de ce fait le passage de l'air.

3) L'expiration se fait de la même façon en produisant le même son doux et apaisant.

Effets physiologiques

La position de la langue ralentit le passage de l'air en produisant un son.

Ce son produit un effet de massage sonore qui va provoquer un abaissement de la vigilance tout comme cela peut se produire lorsque nous sommes soumis à un phénomène répétitif. Il induit très rapidement un effet relaxant au même titre qu'un massage physique. N'oublions pas que le son est une vibration qui va de proche en proche influencer l'ensemble du corps.

D'autre part, le son provoqué lors du passage de l'air donne une plus grande « consistance » au souffle. Cela concrétise la respiration et donne un élément supplémentaire pour en contrôler le rythme, la fréquence... En produisant ce son, il nous est plus facile de ralentir notre respiration.

Un deuxième élément intervient dans ce sens. C'est la réduction de l'espace du pharynx. Cela permet de réduire encore plus le débit aérien.

L'intérêt majeur de cette technique respiratoire réside donc surtout dans le fait de ralentir encore plus la fréquence respiratoire avec un allongement des temps inspiratoires et expiratoires.

Quelle que soit la posture, il est facile d'obtenir cette respiration ; cependant, elle s'obtient encore plus facilement lorsque la posture engendre un rengorgement.

Cela se produit dans la contraction de jalandara bandha puisque le principe, dans cet exercice, est justement de rengorger le menton. Cela se produit également dans toutes les postures où se produit une flexion de la tête sur le cou. Nous avons déjà décrit la charrue (halasasana), la posture sur les épaules (sarvangasana), le demi-pont (ardha-chakrasana), mais aussi yoga mudra et toutes les flexions avant.

Cet exercice peut être associé non seulement à toutes les postures mais également à presque toutes les autres respirations silencieuses qui suivront.

Précautions

Il n'y a aucune précaution particulière à prendre en dehors d'un conseil auquel vous êtes maintenant habitué. Il vous faut être attentif à ne pas crisper la région concernée, à savoir la région de la gorge.

Aspect symbolique

De par sa ressemblance avec la respiration du dormeur, cette respiration représente symboliquement une respiration qui permet de ralentir l'ensemble du métabolisme. Cela induit le calme et la paix profonde.

Respiration active : Sitali

Comment pratiquer

1) Installez-vous dans une position assise. La tête est dans une position de repos intermédiaire.

2) Tirez votre langue et enroulez- la en relevant les bords de chaque côté en formant une gouttière.

3) Inspirez en conduisant l'air à l'intérieur de cette gouttière. Cet air coule directement dans l'arrière-gorge en donnant une sensation de fraîcheur. Tout en inspirant, levez la tête.

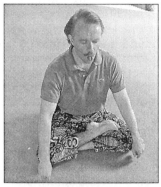

4) A la fin de l'inspiration, la tête est totalement relevée. Retenez votre souffle. Rentrez la langue. Enroulez-la vers l'arrière, en en dirigeant la pointe vers la luette.

5) Toujours en retenant le souffle, ramenez la tête vers le bas, le menton contre le sternum. Vous pratiquez ainsi jalandara bandha. Restez toujours en suspension du souffle.

6) Dans cette position, expirez lentement.

7) Recommencez à nouveau un ou plusieurs autres cycles complets:

Effets physiologiques

L'expiration, bien que lente, sera proportionnellement nettement plus courte que l'inspiration. Cet exercice privilégie l'inspiration et la rétention du souffle à plein.

Durant la distension de la cage thoracique, c'est-à-dire durant l'inspiration, se produit de façon réflexe un ralentissement de la fréquence cardiaque. Cela produit paradoxalement un effet apaisant. Par contre, la rétention du souffle à plein entraîne une accélération de la fréquence cardiaque par une stimulation réflexe sympathique. C'est pourquoi cette respiration est considérée comme une respiration tonifiante.

D'autre part, l'air, en passant au contact de la langue, est humidifié et entraîne de ce fait un rafraîchissement qui apaise les sensations de soif et qui peut s'avérer utile dans un grand nombre d'infections rhino-pharyngées à leur début.

Par ailleurs, il se produit, comme dans ujjayi, un léger bruit de chuintement, ce qui engendre un « massage » auditif et une légère « obnubilation » augmentant la concentration et l'impact des concentrations et des inductions.

Précautions

Il n'existe pas de précautions particulières.

Cependant, un certain nombre de personnes qui présentent des troubles du rythme cardiaque peuvent souffrir de majoration de ces troubles. Si le muscle cardiaque présente des insuffisances, la majorité des respirations seront contre-indiquées.

Il est important de noter qu'une personne sur sept ne possède pas les muscles nécessaires pour relever les bords de la langue. Dans ce cas, il convient de pratiquer l'exercice que l'on appelle sitkari.

Aspect symbolique

Cet exercice, privilégiant les phases « actives » de la respiration, c'est-à-dire inspiration et rétention à plein, représente par excellence la respiration qui renforce le pôle actif de l'individu. Il est donc utilisé pour combattre les sensations de vide d'énergie et d'apathie.

Respiration active : Sitkari

Comment pratiquer

Cette respiration se pratique exactement de la même façon que sitali. La seule différence réside dans le placement de la langue. Dans ce cas, au lieu de relever les bords de la langue, il faut replier l'extrémité de la langue vers l'intérieur. Celle-ci est placée derrière les incisives supérieures. Lors de l'inspiration, l'air passe dans ces conditions de chaque côté.

Effets

Ce sont exactement les mêmes effets, précautions et aspect symbolique que pour sitali.

Cet exercice est simplement utilisé à défaut du précédent.

Bourdonnement de l'abeille : Bramahari

Comment pratiquer

1) Installez-vous confortablement en position assise.

2) Inspirez lentement et profondément.

3) Retenez votre souffle quelques instants.

4) Expirez très lentement la bouche fermée en produisant une vibration qui imite le bourdonnement de l'abeille.

5) Vers la fin de l'expiration, compte tenu de l'insuffisance de souffle, il se produit une modulation du son qui imite véritablement les modulations entendues lorsqu'une abeille tourne autour de vous.

6) Recommencez cette respiration plusieurs fois.

Les effets

Comme chaque fois que la respiration s'accompagne d'un bruit ou d'un mouvement, cela facilite le contrôle de la respiration. Dans cette respiration, l'expiration va donc être plus facilement contrôlée.

D'autre part, le son produit développe une vibration qui est « perçue » non seulement par l'oreille mais également par l'ensemble du corps. Toute vibration en effet « résonne ». Lorsqu'un camion passe dans la rue, non seulement vous entendez le bruit, mais il peut arriver que les fenêtres et le sol vibrent. Il est important de bien comprendre ce phénomène pour savoir que l'effet apaisant et calmant se produit aussi par le biais de la vibration générale qui va faire résonner l'ensemble des cellules du corps. C'est le cas de bramahari.

Les précautions

Aucune précaution n'est nécessaire.

Aspect symbolique

L'abeille symbolise la parfaite organisation. Par ailleurs, l'abeille est l'animal qui prépare le miel, symbole de douceur et couleur d'or. Cette respiration conduit à un calme de l'esprit qui débouche sur une prise de recul préalable indispensable pour bien organiser. D'autre part, elle « nourrit » le pratiquant de ses bénéfices doux comme du miel.

Respiration alternée : Ekanadi-sodana-pranayama

Comment pratiquer

1) Installez-vous confortablement en position assise.

2) Posez votre main gauche sur votre genou gauche.

3) Pliez le premier, le quatrième et le cinquième doigts de votre main droite. Il ne reste que l'index et le majeur qui sont tendus.

4) Posez l'extrémité de vos deux doigts tendus, c'est-à-dire le deuxième et le troisième, sur le point qui se trouve entre les deux sourcils.

5) *Dans cette position, il existe une mobilité de la main qui permet de fermer en alternance les deux narines.*

6) *Appliquez votre pouce sur la narine droite.*

7) *Inspirez lentement avec la narine gauche.*

8) *Fermez votre narine gauche par l'annulaire qui est replié.*

9) *Retenez votre souffle.*

10) *Dégagez la narine droite et expirez lentement par cette narine.*

11) *Refermez à nouveau cette narine et retenez votre souffle.*

12) *Puis libérez cette narine et inspirez lentement par celle-ci.*

13) Obturez à nouveau la narine et retenez votre souffle quelques instants.

14) Dégagez la narine gauche et expirez par la narine lentement.

15) Retenez votre souffle quelques instants.

Cet ensemble forme un cycle.

16) Recommencez plusieurs cycles de suite.

Les effets

C'est un exercice qui permet de maîtriser parfaitement la respiration. Vous intervenez sur tous les éléments qui composent une respiration : inspiration, expiration, narine droite, narine gauche, rétentions...

Etant donné que l'on respire par une seule narine à la fois, le premier effet visible est de réduire le débit, donc d'allonger la durée des inspirations et des expirations.

Précautions

Il n'existe aucune contre-indication, à notre connaissance, pour la pratique de cet exercice, bien au contraire.

L'entraînement sera progressif.

Il conviendra d'augmenter les temps de suspension et d'expiration progressivement.

Aspect symbolique

Sur le plan symbolique, cet exercice est d'une extrême importance.

Mais pour bien comprendre de quoi il s'agit, il est nécessaire de faire une petite mise au point sur la symbolique des yogis qui rejoint une symbolique universelle.

Si, de la place que nous occupons, nous observons le monde, nous nous apercevons que celui-ci apparaît comme un monde à tendance bipolaire. Jour et nuit, mâle et femelle, extérieur et intérieur, haut et bas... Il existe une force dynamisante qui a tendance à l'expansion et une force apaisante qui a tendance à la contraction. C'est ce qui est connu dans la tradition chinoise sous les noms d'énergie yang et d'énergie yin. En yoga, cela prend les noms d'énergie ha et tha. L'une représente le versant solaire, l'autre le versant lunaire.

Ces deux racines étymologiques se retrouvent en se conjuguant dans le terme de hatha yoga. Le hatha yoga est la pratique du yoga qui fait intervenir de façon spécifique le « contrôle » des énergies pour les maîtriser et les harmoniser. C'est un yoga basé sur les postures de yoga et la respiration.

Nous avons déjà fait allusion à cette notion de bipolarisation dans un certain nombre d'exercices physiques en stipulant qu'ils représentaient symboliquement la faculté de réunir les différentes parties qui nous composaient.

Nous retrouvons cette même signification dans l'exercice de eka nadi sodana pranayama.

Eka signifie un. Nadi signifie trajet du souffle dans le corps. C'est donc la méthode qui permet de contrôler le souffle en le conduisant de façon alternative par un conduit puis l'autre.

Or, les yogis considèrent que chaque narine correspond non seulement à un départ du rhino-pharynx qui permet d'alimenter en air les poumons mais également à une polarisation de l'énergie. La narine droite correspond à une polarisation solaire (ha), la narine gauche à une polarisation lunaire (tha). Classiquement, les yogis décrivent un trajet (nadi) qui part de chaque narine et alimente l'ensemble du corps en ces deux types d'énergie qui doivent être équilibrées.

En respirant par une narine de façon alternée, mécaniquement, le yogi permet une alimentation équilibrée avec ces deux qualités d'énergie.

Ce contrôle conduit progressivement à une purification de l'ensemble des conduits du souffle dans le corps, c'est-à-dire de l'ensemble des manifestations de la vie.

Comme pour le yogi, qui depuis des millénaires ne possède que son observation interne pour définir les troubles qu'il ressent, tous les troubles qu'il peut percevoir, et tout particulièrement les troubles neurovégétatifs déclenchés par les réactions émotionnelles et les perturbations des systèmes sympathique et parasympathique, l'apaisement des systèmes sympathiques par l'apaisement de la respiration conduit logiquement à une disparition de ces manifestations. Le yogi a ainsi « purifié » les nœuds et les blocages d'énergie dont il était à la fois le témoin et le champ d'action.

Quand, où, comment, pratiquer les respirations ?

Emmanuel est assis à une table toute simple. Tout autour de lui, des dizaines d'autres personnes sont dans les mêmes conditions que lui. Il passe son dernier examen pour avoir enfin son diplôme. Mais là, brutalement, tout s'effondre. Un immense brouillard l'engourdit. Rien à faire. Il arrive certes à lire ce qui est écrit mais rien ne rentre. Tous les mots dansent devant ses yeux, sans avoir aucune signification. Sa respiration s'est accélérée, ses battements cardiaques résonnent en lui comme des coups de canon. C'est alors qu'Emmanuel se rappelle ce qu'il a pu apprendre durant l'année aux cours de yoga. Premièrement, porter sa pensée à l'entrée des narines. Prendre conscience du souffle qui passe. Emmanuel, instinctivement, laisse ses pensées s'absorber dans ce processus. Puis la pensée descend dans son ventre. Là, il observe le mouvement. Puis, spontanément, il se sent pratiquer une respiration glottique. Un léger chuintement se produit. Oui, c'est ujjayi, se dit-il. Et, progressivement, sa respiration s'apaise, progressivement, ses battements cardiaques ne sont plus perceptibles. Emmanuel se calme. Enfin, il retrouve ses esprits. Il se risque à reprendre la lecture des énoncés. Comme par enchantement, les mots prennent enfin un sens. Non seulement les mots deviennent compréhensibles, mais dans le même temps, les réponses apparaissent. Il ne reste plus à Emmanuel qu'à reprendre son stylo et à rédiger son travail.

Ce qui est arrivé à Emmanuel n'est qu'une des multiples applications concrètes d'un apprentissage régulier d'allongement du souffle. Pour y parvenir, il suffit de consacrer quelque temps quotidiennement à cette pratique.

Comment se construire une séance de pratique respiratoire ?

Tout d'abord, l'apprentissage des « purifications » et « contractions » est indispensable pour pouvoir pratiquer les exercices respiratoires.

Deuxièmement, il est indispensable également de s'entraîner à la pratique de la « rééducation » respiratoire. Le premier exercice que nous avons appris ensemble nous permet de prendre conscience de notre souffle et de retrouver le processus naturel de la respiration. Une fois que cet exercice est réalisé, il est possible alors de pratiquer ce que l'on appelle le pranayama.

S'il est intéressant de pratiquer et connaître les différents exercices appris (ujjayi, bastrika, ekanadi sodana pranayama, sitali, bramahari), il n'est pas indispensable de les maîtriser tous.

Il convient tout simplement de sélectionner ceux que vous préférez pour y avoir recours.

Faites, lors de chaque séance de yoga, un ou deux exercices différents pour pouvoir les sélectionner. Certains préféreront les respirations produisant un son (ujjayi, bramahari), qui captivent l'esprit. D'autres préféreront des exercices tonifiants comme sitali, d'autres enfin préféreront sélectionner des exercices comme ekanadi sodana pranayama que l'on peut moduler à souhait.

Les rythmes

Dans tous les cas, commencez simplement à observer votre respiration et respectez des durées que vous ne prolongerez pas trop.

Ce ne sera qu'après vous être bien familiarisé avec cette première étape et en étant parfaitement à l'aise qu'il vous sera possible d'augmenter les durées.

1) Commencez par allonger seulement l'expiration durant trois respirations. Lorsque vous vous sentez à l'aise, vous pouvez alors passer au point numéro 2.
2) Vous allez alors associer à l'expiration qui est allongée l'augmentation de la durée de la rétention à plein. Celle-ci doit encore une fois – j'insiste bien sur ce point – respecter le premier conseil du yoga, à savoir ne pas se nuire.

3) Puis comptez la durée de l'expiration et de l'apnée à plein, de façon à les faire durer le même temps.
4) Ce n'est qu'après que vous pourrez allonger le temps d'inspiration et de suspension à vide de la même façon.

Physiologiquement, l'expiration est plus longue que l'inspiration. Respectez ces proportions dès le début. Veillez donc toujours à commencer par vous entraîner à allonger la longueur de votre expiration. (Sauf indication contraire, comme dans sitali.)

Au début, d'une façon générale, ne choisissez pas des durées trop longues. Augmentez-les progressivement et utilisez systématiquement les bandhas durant les suspensions du souffle.

Il vous est possible également d'équilibrer les temps des quatre phases respiratoires.

La respiration carrée

1) Reprenez les exercices précédents de façon à augmenter les différentes phases de la respiration et comptez les durées de chacune d'elles. Vous pouvez les appliquer dans la respiration alternée.
2) Egalisez les durées de chacune des étapes.
3) Continuez plusieurs respirations, quelques-unes au début et jusqu'à une trentaine par la suite.
4) N'oubliez pas de placer les contractions (bandhas) à chaque phase de rétention.
5) Terminez par une expiration par la narine gauche en reprenant des respirations normales.

La respiration carrée permet symboliquement de renforcer l'effet de la respiration alternée.

Elle égalise les différentes phases.

Les temps d'inspiration et d'expiration étant égalisés, cela revient en fait à majorer l'inspiration par rapport à l'expiration puisque, physiologiquement, l'inspiration est plus courte. Ainsi, symboliquement, cette respiration est stimulante et dynamisante.

Les suspensions contribuent à la parfaite maîtrise des rythmes respiratoires.

Vous progresserez ainsi très rapidement. Cela vous permettra de contrôler parfaitement vos réactions émotionnelles et les systèmes réflexes neurovégétatifs.

Et maintenant

Vous avez parcouru depuis le début de la lecture de ce livre un très long parcours.

Vous avez été initié à l'état d'esprit du yoga. Puis vous avez pris possession des clefs fondamentales qui vous ont permis d'ouvrir les portes du yoga. Dans un troisième temps, vous avez commencé à préparer votre corps pour qu'il ne soit plus une gêne mais un allié précieux. Après avoir dressé un cadre et renforcé votre corps, vous avez développé le contrôle de votre souffle, c'est-à-dire que vous avez découvert l'emprise que vous pouviez avoir sur vos fonctions neurovégétatives.

Tout cela vous a apporté progressivement une meilleure maîtrise, plus de confiance en vous et en vos possibilités, une plus grande sérénité face aux épreuves comme face aux émotions de joies trop fortes.

Maintenant il vous reste une étape à aborder qui bien évidemment était contenue virtuellement dans les précédentes. Il s'agit de l'étape des exercices psychosensoriels avec les outils de la concentration, de la méditation et du cadre cognitif, c'est-à-dire des conseils qui nécessitent d'être un peu plus développés que dans les premiers chapitres.

■ 3. Les exercices psychosensoriels

Un feu d'artifice

Vous êtes assis, bien stable...
Vous êtes allongé confortablement...
Vous marchez...
Vous êtes sur une plage...
Vous ne pensez plus à rien...
Vous décollez lentement...
Toute votre attention se porte sur la flamme de la bougie...
Vous n'avez plus une seule pensée, vous êtes léger, léger...
Vous êtes lourd, lourd...
Expirez lentement tout en prononçant un son et en vous concentrant uniquement sur lui...
Vous vivez consciemment la situation... Imaginez-vous face à votre interlocuteur...
Les sensations de temps disparaissent...
Voici quelques-unes des phrases que vous pourriez bien avoir entendues lors de vos recherches. Entre les techniques qui vous invitent à faire le vide, celles qui vous proposent d'imaginer une scène tranquille et agréable, celles qui ne jurent que par le son ou le chant, celles qui vous amènent dans des sphères célestes, il pourrait y avoir de quoi se perdre!
Tout et le contraire est proposé.
Mais à juste titre.
Ne pensez pas que nous sommes là avec la critique facile. Loin de nous cette idée. Seulement il faut bien constater que, dans le domaine des exercices faisant intervenir directement les pensées (ou l'absence de pensées), les méthodes ne manquent pas. Entre les méthodes plus zen, plus sophrologiques, plus « méditatives », plus... plus... il est indispensable de reprendre nos petits *Yogasūtra* et de voir s'il est possible d'édifier une classification dans l'ensemble des exercices faisant intervenir les sens et le psychisme.
Sachez tout d'abord que Patanjali, dans son résumé sur le yoga, distingue quatre parties différentes pour les

exercices psychosensoriels. Personnellement, je préfère les réunir en un seul groupe, je vous expliquerai pourquoi après avoir vu quelles sont ces quatre dernières parties (ou angas) dans la classification de Patanjali.

Les quatre premières sont, je vous le rappelle, 1) ce qu'il ne faut pas faire, 2) ce qu'il faut faire, 3) les exercices physiques et 4) les exercices respiratoires.

La cinquième partie du yoga concerne l'activité sensorielle, c'est le pratyara. Dans les *Yogasūtra*, cette étape est définie ainsi : « La maîtrise des sens a lieu quand le mental n'est plus identifié au champ d'expérience et que l'on est capable de se dissocier du champ d'expérience des sens, ceux-ci pouvant être dirigés dans une attention précise. »

La sixième partie concerne la « concentration » (dharana). Dans les *Yogasūtra*, cette étape est définie ainsi : « La concentration de l'esprit sur un objet est obtenue lorsque tous les sens peuvent rester en attention soutenue sur l'objet de la concentration. »

La septième partie concerne la « méditation » (dhyana). Dans les *Yogasūtra*, cette étape est définie ainsi : « La méditation survient lorsque toutes les activités mentales sont en relation exclusive avec l'objet de la méditation. »

La huitième partie concerne la « réalisation » (samadhi). Dans les *Yogasūtra*, cette étape est définie ainsi : « L'état d'unité totale avec l'objet de la méditation survient lorsque la personne est totalement absorbée dans sa méditation et qu'elle s'identifie à l'objet de la méditation. Tout se passe comme si l'identité propre de la personne disparaissait au profit de la connaissance de l'objet. »

J'ai utilisé à bon escient le terme « étape » et non pas partie comme je l'avais fait pour les quatre premiers « angas ». Car il ne s'agit pas à proprement parler de quatre groupes d'exercices ou de conseils ou de moyens. Il s'agit de quatre étapes distinguées artificiellement par souci pédagogique et décrivant le processus général de la modification de nos états. Ceux-ci associent progressivement une maîtrise de nos sens, un état de concentration, puis un état de méditation et enfin un état de réalisation. Soulignons bien que ces quatre étapes sont en fait intimement liées. Elles le sont tellement que bien souvent, au sein même des *Yogasūtra*, les auteurs utilisent un terme qui réunit les trois dernières étapes. Ils les appellent samyama.

Pour parvenir à ce travail spécifique de l'état psychique, une multitude d'outils sont mis à notre disposition. Il existe une myriade de « yogas » différents qui peuvent tous donner naissance à des « écoles » spécialisées. Il va sans dire que chacune de ces écoles sera certaine d'avoir « la » technique idéale et ne vous étonnez donc pas de voir, au gré des modes, de nouvelles techniques fleurir, s'affichant comme la nouvelle méthode révolutionnaire.

Passons donc en revue ces différentes méthodes qui font partie de ce groupe d'exercices psychosensoriels.

Nous pourrions regrouper dans la première toutes les méthodes faisant intervenir le son. Nous nous étions déjà familiarisés avec cette possibilité lorsque nous avions étudié la respiration.

Ces sons peuvent être de simples syllabes ou des phrases chargées ou non de sens. Nous allons commencer par un premier exercice qui est basé sur ce principe, à savoir prononcer un son.

Le aum

Comment le pratiquer

1) Asseyez-vous confortablement.

2) Inspirez lentement et profondément.

3) Retenez quelques instants votre souffle.

4) Expirez lentement en prononçant la voyelle « A ». Ouvrez bien grande la bouche. Prononcez un son relativement grave et profond. Il doit venir du plus profond de vous. Essayez d'expirer le plus longtemps possible.

5) En fin d'expiration, inspirez lentement.

6) Recommencez cinq fois.

7) Puis restez après ce cycle de cinq fois quelques instants dans le silence à « écouter le silence ».

8) Refaites exactement la même chose avec la voyelle « O ». Lorsque vous expirez en « chantant » le son « O », veillez bien à dessiner avec vos lèvres un « O ». Vous sentirez que le son ne vient plus du ventre comme pour le « A » mais provient de la poitrine. Faites bien « vibrer » le son « O » dans votre poitrine.

9) Puis couplez le « A » et le « O » à la suite l'un de l'autre.

10) Pour cela, inspirez lentement et profondément.

11) Expirez lentement en prononçant tout d'abord le « A » puis immédiatement après (une ou deux secondes), enchaînez sur le « O ». Votre bouche se transforme pour dessiner un « O ». Enfin, après être resté le plus longtemps possible, terminez en refermant votre bouche, dirigez le son vers la tête et prononcez le son « hummmm » comme lorsque vous vous délectez d'un plat agréable. Le son s'apaisera.

12) Recommencez quatre autres fois.

13) Restez après dans l'écoute du silence.

Les effets

Cet exercice a tout d'abord l'avantage de faire expirer très longuement. Il sera donc normal de retrouver tous les bénéfices déjà vus avec les pranayamas.

Cependant, il produit un deuxième effet qui est propre au son émis. Les sons « A », « O » et « M » ont une action d'ouverture, de mise au diapason de toutes les cellules du corps. La vibration engendrée est particulièrement apaisante et équilibrante.

Durant ce temps, comme la pensée est tout occupée à émettre un son, elle est totalement absorbée par ce son et les pensées automatiques s'arrêtent. Il se produit une excellente concentration, le pratiquant bascule immédiatement dans un état de disponibilité. Cet effet pourrait se produire avec n'importe quel son prononcé. Mais, à cet effet strictement « physique » s'associe un effet lié à l'aspect cognitif et inductif dépendant de la valeur symbolique et représentative accordée à cette sonorité.

Aspect symbolique

Le son OM ou AUM revêt une symbolique tout à fait particulière. En effet, le son Om est considéré comme le premier son émis lors de la création du monde. Il représente les trois attributs de la manifestation : la création avec le A, la continuité avec le O, la disparition avec le M. Création, continuité, disparition forment la marche de toutes nos activités. C'est pourquoi le son Aum est considéré comme la représentation sonore du principe de la vie. Dans les *Yogasūtra*, le son Aum est l'émanescence de Dieu. Il va de soi que toute l'efficacité des représentations symboliques dépend de la croyance que l'on peut en avoir.

A côté de l'émission de son de syllabes, il est des exercices qui associent des mots.

C'est ce que l'on appelle couramment des mantras. Le mot mantra vient des racines sanskrites manas et tram. Manas veut dire le mental ou l'esprit et tram signifie libérer. Mantra peut donc se traduire par « la méthode qui libère le mental par la pratique du son ». Ces sons peuvent être modulés et déboucher sur un véritable chant. S'ils ne sont que de simples sons, cela prend le nom de nada yoga qui est le yoga du son. Dans cette première méthode, nous avons regroupé les méthodes qui sont prononcées à voix haute. Mais les mantras peuvent aussi être utilisés avec une récitation mentale. Nous sommes donc obligés de créer une deuxième classe d'outils psychosensoriels qui, même si elle utilise *a priori* des mots, n'est plus du tout en rapport avec le son mais avec le sens qui lui est associé. Dans le premier cas, nous avons recours aux effets physiques, dans le deuxième cas les effets sont dus au sens que l'on donne au texte récité. Cela se produit d'ailleurs déjà lorsque l'on prête le sens de son originel à aum.

Cette méthode consiste donc à se répéter mentalement des phrases qui sont en général courtes et positives. Dans ce premier groupe, nous retrouvons autant la méthode Coué, qui est appelée en yoga la méthode du sankalpa, que la « pensée positive ».

Le sankalpa ou les phrases positives

Comment les mettre au point

Il faut alors respecter quelques points essentiels.
1) Définir précisément ce qui est souhaité.
2) Formuler de façon positive ce que l'on souhaite. (Ne pas utiliser de formulations négatives.)
3) Utiliser le plus possible un langage concret et pratique.
4) Faire des phrases courtes.
5) Définir un objectif RÉALISABLE.

Les effets

La répétition des phrases positives va s'opposer aux pensées automatiques qui nous viennent à l'esprit. Ces dernières, souvent pessimistes et négatives, entraînent la perte de confiance en soi. Ces pensées automatiques sont souvent formulées sous la forme de « je n'y arriverai pas », « je ne serai pas assez fort », « vite, vite dépêche-toi », « tu n'as pas le droit »... Certaines écoles appellent ces petites phrases des « drivers ».

La répétition consciente puis automatique de petites injonctions positives et encourageantes agit à la fois par induction et en contrecarrant les pensées automatiques.

La troisième classe d'exercices psychosensoriels concerne les méthodes dites de relaxation. Elles vont des méthodes de Jacobson au training autogène de Schultz en passant par la sophrologie. En général elles sont basées, comme nous l'avons vu dans le deuxième chapitre, sur la prise de conscience de son corps et la volonté de le relaxer.

Il existe également des méthodes telles que le yoga nidra qui ont été importées en France, par exemple par notre amie Micheline Flack, responsable de l'association Recherche sur le yoga dans l'éducation. Le yoga nidra consiste, après s'être concentré sur la rotation de la conscience dans le corps, à visualiser des scènes tranquilles ou d'autres situations expérimentales. Dans cette méthode sont introduits systématiquement des sankalpas. Pour moi, cette méthode est très proche de la méditation proprement dite. Seule la position diffère puisque, dans le yoga nidra, il est recommandé de pratiquer en position allongée alors que dans la méditation, il est recommandé de pratiquer en position assise.

Un quatrième type de technique psychosensorielle regroupe toutes les méthodes de visualisation. Ce sont certainement les plus nombreuses car les supports de visualisation sont innombrables. En général, ces méthodes portent le nom de méditation. Le principe en est de concentrer son attention sur une image bien précise. Comme elles portent le nom de méditation et que méditation désigne également un état, il y a parfois des confusions. Nous parlons bien ici d'outils et non pas d'états comme cela apparaît dans les *Yogasūtra*.

Cependant, nous ne pouvons pas considérer uniquement comme méthode de la méditation la simple concentration sur des images. Il faut élargir la visualisation proprement dite, qui consiste à voir des images, à toutes les méthodes qui font intervenir l'ensemble des sens : créer des sons, des sensations. Dans ces cas-là, la personne qui médite vit réellement ce qu'elle crée de toutes pièces dans son cerveau. Elle ressent le contact, le toucher, elle entend les bruits, les sons, elle perçoit les parfums, les odeurs en plus des images. Alors, de méthode, la méditation devient un état qui est caractérisé par un sentiment d'unité avec l'objet sur lequel nous sommes concentrés. Mais ces méditations s'appuient en général toutes sur des images, ce qui est tout à fait compréhensible lorsque l'on sait que le sens de la vision est le plus utilisé de tous les sens. La dimension du diamètre du nerf optique en témoigne : comparativement aux autres nerfs sensoriels, c'est le plus grand.

Une cinquième classe regroupe les méthodes qui consistent à diminuer les pensées, voire à les faire disparaître. Oui, même si cela semble difficile, cela est possible. Cependant, cela n'est pas en soi une méthode, c'est plus précisément la conséquence d'une méthodologie. C'est pourquoi, à mon sens, les écoles proposant de s'asseoir et de faire le vide ne sont pas particulièrement pédagogiques. Souvent la seule chose qu'en retirent les adeptes, c'est de faire l'expérience que le mental est très agité ! Il est cependant assez facile d'en faire l'expérience et nous vous proposerons une pratique très simple à réaliser.

Relâcher les muscles oculomoteurs et le larynx

Comment pratiquer

1) Asseyez-vous confortablement.

2) Respirez normalement, calmement.

3) Portez votre attention sur les globes oculaires et pensez à détendre tous les petits muscles qui commandent les mouvements des yeux.

4) Portez votre attention sur la région de la gorge et détendez tous les petits muscles qui interviennent dans la phonation.

5) Restez dans cette attitude en « appréciant » l'état dans lequel vous vous trouvez.

6) Vous ressentez un état de paix sans mots ni pensées.

Les effets

Les pensées sont souvent reliées à des contractions musculaires. Lorsque vous imaginez un mouvement, même si le déplacement des yeux n'est pas visible, il se produit des minicontractions observables par enregistrement électromyographique. Il en est de même pour la prononciation de phrases à voix basse. Ces récitations mentales s'associent à des contractions imperceptibles mais enregistrables des muscles de l'appareil phonatoire.

Ce qui se produit dans ce sens se produit dans l'autre. Si vous relâchez parfaitement les muscles qui commandent les yeux et l'appareil phonatoire, vous diminuez la genèse de pensées. L'appareil cognitif est mis au repos et les mots et les images sont diminués.

Cela débouche sur un apaisement des mécanismes de pensées automatiques et donc sur une plus grande relaxation s'associant à un état de paix.

Une sixième classe d'exercices regroupe les méthodes qui consistent à porter toute son attention en un seul point. Tous les organes sensoriels sont alors concentrés et tous les sens ne perçoivent plus rien d'autre. Dans le yoga, nous retrouvons par exemple les techniques de trataka sur la flamme de bougie.

La flamme de bougie

Comment pratiquer

Préliminaires : Préparez une bougie que vous allumez et placez-la devant vous à moins d'un mètre. Celle-ci doit se trouver en dessous de l'horizontale de votre regard.

1) Asseyez-vous confortablement.

2) Fermez les yeux. Prenez conscience de votre posture.

3) Induisez une détente dans tout votre corps.

4) *Prenez conscience de votre souffle.*

5) *Puis ouvrez les yeux. Fixez fermement votre regard sur la flamme.*

6) *Observez la couleur.*

7) *Observez la densité.*

8) *Imaginez la chaleur.*

9) *Observez les mouvements et la forme de la flamme.*

10) *Induisez une parfaite stabilité de votre regard.*

11) *Laissez-vous envahir par la flamme. Votre regard est fixe, immobile. Toutes vos pensées sont fixées sur la flamme. Tout ce qui est autour disparaît. Seule la flamme persiste dans votre champ de vision.*

12) *Votre corps est immobile et stable. Vous êtes comme un bloc de pierre.*

13) *Votre regard est fixe sur la flamme. Vous ne pensez plus à rien d'autre qu'à la flamme qui brille. Elle grandit, se développe. Envahit toute votre conscience.*

14) *Vous restez en vous répétant mentalement ces pensées.*

15) *Pour quitter, vous fermez les yeux.*

16) *Vous continuez à voir la flamme pendant quelques instants.*

17) *Votre pensée se porte à nouveau à l'entrée des narines.*

18) *Vous inspirez profondément plusieurs fois de suite.*

19) *Sur une dernière expiration, vous vous penchez en avant.*

20) *Vous vous redressez lentement en inspirant et en ouvrant les yeux.*

Les effets

Cette concentration visuelle est une concentration qui va mobiliser l'organe sensoriel le plus important pour l'homme. Le début permet de se placer dans un état de mise en condition. Puis le regard fixé sur la flamme qui est lumineuse permet de capter l'attention. L'attention est facilitée. Les inductions progressivement vont permettre d'induire une attention de plus en plus soutenue. Une adhésion totale à ce qui est induit. Cette induction existe toujours, qu'elle soit une auto-induction ou une induction énoncée par l'enseignant. L'efficacité ne se produira que dans la mesure où elle devient une auto-induction.

Enfin, dans ce groupe d'exercices psychosensoriels, nous retrouvons certaines méthodes qui s'appuient sur des techniques d'immersion comme dans le psycho-drame où les intervenants « imaginent » être dans une situation réelle en la jouant comme au théâtre.

C'est la même méthode que celle de la visualisation, mais dans ce cas, il existe une facilitation pour la personne qui a besoin de se « reconditionner » puisqu'elle n'a pas à tout imaginer. La situation, comme au théâtre, va être jouée devant elle, ce qui lui permet de l'expérimenter avec moins d'appréhension.

En yoga, cette méthode n'est pas utilisée. L'usage est d'utiliser classiquement des moyens nous rendant le plus autonomes possible.

Sans me tromper, je peux prophétiser l'essor considérable, en psychothérapie comportementale (pour quelques années avant de retomber), des méthodes utilisant les images de synthèse et virtuelles. Dans ce cas, l'enseignant ou le « thérapeute » pourront parfaitement recréer des situations anxiogènes pour désensibiliser leur élève ou leur patient. Celui-ci sera plongé comme dans la réalité dans des situations de plus en plus difficiles tout en sachant qu'il peut à tout moment en sortir. Nous retrouvons dans ces circonstances exactement les mêmes méthodes qui existent depuis toujours faisant intervenir l'imagination pour se « reconditionner » en expérimentant d'autres états.

La septième classe d'outils concerne l'ensemble des moyens qui reposent sur une absorption complète de l'ensemble des sens dans notre environnement. Cela regroupe les méthodes dites de contemplation ou les méthodes semblables à celle du Dr Vittoz.

Pour cela, il suffit de s'ancrer profondément dans notre présent et de développer la conscience de tous nos sens à un instant donné.

La contemplation

Comment pratiquer

1) En marchant ou en étant assis.

2) Portez votre attention sur toutes les sensations visuelles.

3) Appréciez les formes, les couleurs, les volumes, les densités, les distances, les axes de symétrie, les proportions, les lumières, les ombres... Développez la sensation du beau si cela le mérite.

4) Prenez conscience des sons. Bruits, chants, musiques, rythmes,

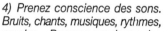

paroles... Prenez conscience des silences ou du silence qui existent derrière ces sons.

5) Prenez conscience des odeurs. Parfums, fragrances, agréables ou moins agréables. Analysez les différentes composantes – végétales, organiques, animales...

6) Prenez conscience des sensations proprioceptives. Tactiles, chaleur, froid, rugosité, position de votre corps dans l'espace: Sentez l'appui de vos pieds sur le sol, l'appui de votre corps sur le sol... Prenez conscience du contact des étoffes sur votre peau. De l'air sur votre visage...

7) Plongez-vous dans l'ensemble de ces sensations. Laissez-vous baigner par toutes ces informations.

8) Restez dans cette situation en l'appréciant pleinement.

Les effets

Tous vos sens sont absorbés dans cette contemplation. Vous utilisez les sensations existantes que vous développez au maximum jusqu'à ce qu'elles prennent toute la place. Votre cerveau n'a plus la possibilité de penser à autre chose. Il est ainsi au repos et se reconditionne en induisant un état de présence et de calme.

Un soir à Caulet

Cela avait été une belle journée du mois de juillet. La chaleur avait été supportable. Je dirigeais un stage de yoga dans un cadre enchanteur. Tous les participants semblaient heureux. Entre les cours pratiques, les entretiens théoriques, les pauses piscine et les marches, il n'y avait de place que pour ces petits instants de bonheur. Nous pouvions nous asseoir sur un banc, un fauteuil, sur une souche et regarder le paysage. Notre hôtesse, Mme Pastore, Paule pour les intimes, organisait la maison avec une grande maîtrise et un goût certain de l'esthétique. Pour l'heure, ce qui nous importait était le cadre et je voyais les fleurs, l'agencement des essences d'arbres et d'arbustes. Parfois j'allais me promener dans le jardin de fleurs, parfois je préférais le bois pour me ressourcer. De l'autre côté du bois qui recouvrait une petite colline, s'offraient à nous quelques pics pyrénéens.

Le dîner avait été servi sous le grand cèdre du Liban. Il était déjà 21 h 30 et la nuit n'allait pas tarder à tomber. Je marchai dans ce petit bois puis m'assis un peu plus loin. Des champs de tournesols s'étendaient à perte de vue. Un clocher illuminé se détachait à l'horizon.

L'air était doux et encore chaud et nous apportait les parfums où se mêlaient l'odeur des champs et les effluves floraux. Mille essences se mélangeaient et il était amusant de s'exercer à les reconnaître comme lorsque l'on goûte un vin ou un chocolat. Une note de rose, douce, ou plus chaude. L'air était presque palpable. Au lointain, le clocher se mit à résonner. Des bruissements de feuilles, des craquements de brindilles indiquaient la présence d'animaux dans les herbes et les fourrés, le battement des ailes d'un animal déplaçait dans l'air quelques senteurs supplémentaires. Celui-ci vint nous frôler et nous évita de justesse. Tout cela contribuait à créer une atmosphère étonnante.

Qu'il était agréable de pouvoir profiter de ce que notre cerveau nous donnait la possibilité de percevoir ! Sentir, voir, toucher, goûter... Nous profitions pleinement de cet instant d'équilibre. J'étais dans un état de réceptivité totale. Tous mes sens étaient aiguisés pour recevoir un maximum d'informations. Je suis certain que cela vous est arrivé également de vivre ces instants où l'on a le sentiment de faire partie intégrante de notre environnement. Mais quelle que fût ma bonne volonté, je ne pouvais rien percevoir de plus que ce qu'il m'avait été donné de percevoir. Mes sens étaient de toutes les façons limités aux seules informations pour lesquelles, comme tout *Homo sapiens*, j'étais génétiquement programmé. L'animal qui m'avait frôlé tout à l'heure, certainement une chauve-souris, n'avait pas les mêmes perceptions du monde que moi. Elle percevait bien autre chose et pouvait se diriger grâce à son sonar dans la nuit noire. Maintenant que la pénombre régnait, je ne pouvais, quant à moi, que distinguer les ombres qui se dessinaient. Les mille bruits que j'entendais dans les herbes et les fourrés étaient le signe de l'activité intense de la faune des insectes, des petits mammifères ou encore d'autres animaux qui se déplaçaient. La taupe qui devait avoir élaboré ses galeries juste au-dessous de moi, comme en témoignaient les monticules de-ci de-là dispersés, avait elle aussi une perception du monde totalement différente de la mienne. Et l'aigle royal qui planait certainement tout à l'heure sur ces pics, également. Chacun de ces quatre animaux, moi, la chauve-souris, la taupe, l'aigle royal, avait des sens qui lui permettaient d'être parfaitement adapté à sa « niche écologique ». La nature ou le processus évolutif avait sélectionné pour chacun de nous des organes sensoriels en rapport avec nos besoins. Mes ancêtres, qui sont communs aux vôtres, avaient besoin de développer l'ouïe et la vue pour se repérer dans les arbres et à la surface du sol. Ces sens nous mettent tous en relation avec notre environnement en privilégiant ce qui nous est utile.

Notre cerveau doué de conscience est en relation avec son environnement uniquement par l'intermédiaire de ses organes sensoriels. Ceux-ci apportent aux centres l'ensemble des données dont il a besoin. Il les intègre et réagit par rapport à elles.

En dernier recours, vous, moi, tous les humains, tous les animaux ne réagissent pas par rapport à ce qui se passe réellement dans leur entourage mais uniquement par rapport à ce qui arrive au centre de leur cerveau. Si les informations sensorielles sont fausses, cela ne fait pas de différence pour le cerveau. Si des informations nous parviennent mais que nous ne pouvons les décoder, cela ne nous est d'aucune utilité. Nous vivons dans une petite frange du monde. Il existe des milliards et des milliards d'autres informations qui pourraient nous parvenir. Heureusement, nous avons une bande visuelle et sonore limitée à ce qui nous intéresse le plus et à ce qui nous est nécessaire.

Tout ce que je viens de dire n'est absolument pas une théorisation sans intérêt. Elle est essentielle pour comprendre prathyara, cette cinquième partie du yoga. En effet, les pratiquants ont compris depuis longtemps que nos réactions étaient issues des informations qui étaient perçues. C'est pourquoi il existe des exercices spécialisés pour maîtriser cette activité sensorielle.

L'activité sensorielle utilise des récepteurs spécialisés, des voies de conduction et des zones d'intégration.

Le prathyara consiste donc dans une première étape à limiter les informations qui proviennent de l'extérieur.

La deuxième étape du « contrôle des sens » consiste à créer de toutes pièces des perceptions. Cela est du domaine de l'imagination. Percevoir et croire réellement à des situations qui n'existent pas dans la réalité.

La troisième étape du prathyara consiste en une rééducation des perceptions pour ne plus les déformer et voir le plus possible la réalité telle qu'elle est.

Enfin, nous avons vu des exercices permettant de développer les sensations telles que la contemplation.

Nous retrouvons toujours l'importance et l'existence d'un Témoin qui va pouvoir soit se couper du monde, soit y adhérer. Lorsqu'il s'en coupe, il lui est alors possible de recréer un monde intérieur pour permettre à ce Témoin d'expérimenter des situations qui lui seront bénéfiques.

Dans la contemplation, nous développons la sensation.

Dans les exercices de trataka sur la bougie, nous limitons les sensations.

Dans les exercices de concentration sur les sons, nous avons les mêmes effets en nous « obnubilant » sur une seule sensation.

Dans les exercices de relaxations totales ou spécifiques sur les yeux et la gorge, nous limitons le discours verbal interne.

Ainsi, vous avez pu complètement vous couper du monde et produire en imagination des pensées ou des sensations qui vous ont permis de changer votre façon de voir le monde.

Dharana : La concentration

La concentration est la sixième étape. Elle s'associe intimement à l'étape précédente puisque, lors d'une concentration sur un objet, il se produit automatiquement une réduction des autres sensations. La concentration mentale correspond bien, comme son nom l'indique, à la convergence des sens en un seul point.

Dans le prathyara, nous avons vu que le travail sur les organes sensoriels pouvait s'associer à une diminution des activités sensorielles. Celle-ci permet alors de renforcer l'attention sur l'objet choisi.

Physiologiquement, lorsque l'on porte son attention sur un élément, il existe une limitation des autres sensations. C'est ce qui est renforcé par cette méthode. Comme une lumière qui serait dispersée avec une loupe, nous concentrons tous les rayons en un seul point.

Dans l'ensemble des techniques que nous avons évoquées, il se produit une concentration.

Dans la contemplation, néanmoins, il se produit une concentration qui « explose » sur tous les sens à la fois.

Dans le trataka sur la bougie et dans la concentration sur les sons, il n'y a concentration que sur un seul point.

Dans les techniques de visualisation, il se produit une concentration sur les images créées.

Enfin, dans les répétitions de phrases positives (sankalpa), il se produit une concentration sur le sens des phrases.

Dhyana : La méditation

La méditation peut être à la fois une méthode, comme nous l'avons précédemment expliqué, ou un état.

Lorsque nos auteurs du siècle des Lumières nous parlent de méditation, ce n'est pas à proprement parler la méthode du yoga. Il s'agit dans ce cas d'une proposition de technique qui consiste à laisser ses pensées évoluer sur un thème de façon à en voir tous les aspects. Mais, toutefois, ce qui est privilégié est l'aspect verbal et cognitif. Ce qui est conseillé est alors certainement de se laisser porter complètement par sa méditation, mais elle n'est utilisée que pour une approche intellectuelle et non pas expérimentale. Par expérimentale, on comprend une expérience vécue.

Dans le yoga, lorsque l'on parle de méditation, nous comprenons la méthode qui nous permet d'obtenir un état d'unité avec l'objet de la méditation.

Le prathyara, ou contrôle des sens, signifie que notre état n'est plus perturbé par les sensations extérieures. Dharana, ou la concentration, signifie que notre état a évolué et que la pensée est limitée à un seul objet. La méditation en est l'étape suivante. Dans ce cas, la pensée est totalement absorbée par l'objet sur lequel nous nous concentrons. Souvent nous avons recours à l'image de l'huile qui coule pour l'expliquer. N'avez-vous jamais observé un filet d'huile qui s'écoule de son récipient ? Après un instant, lorsque l'équilibre est atteint, vous avez l'impression que plus rien ne coule. La fluidité est telle que, bien que l'activité soit intense, tout semble immobile.

Il en est de même dans l'état de méditation. Il n'existe plus aucune attention. Il y a une relation fortement établie avec l'objet de la concentration. Vous ne pouvez plus vous en détacher. Vous êtes accaparé par ce thème. Mais, à la différence de la méditation du XVIIIe siècle, cette relation se fait par le biais de tous nos sens. Nous avons l'impression d'une réalité. Ce n'est pas qu'une méditation intellectuelle. Nous sommes plongés dans une autre réalité.

La méditation peut se faire avec un support ou uniquement sur les objets créés par nous-mêmes.

Vous pouvez méditer sur un tableau, un bouquet de fleurs, votre souffle, votre posture, une bougie, sur le son, ou sur un sentiment, une sensation créée, une situation imaginée...

Lorsque nous avons, dans le deuxième chapitre, pratiqué la relaxation en imaginant que nous étions sur une plage, cela correspond tout à fait à la méditation. Nous essayons de générer une situation avec moult sensations qui vont renforcer notre sentiment de la vivre et déclencher un état en rapport avec elle. Nous insistons bien sur le fait que la relaxation est une véritable méditation. Il n'y a aucune différence sur un plan neurophysiologique.

Cependant, classiquement, la technique méditative, comme nous l'avons développé dans les différentes techniques juste auparavant, se pratique en position assise. Toutefois, si nous ne considérons pas la méditation-méthode mais la méditation-état, il va de soi que cet état ne se limite pas à la seule position assise. Nous recommandons cette attitude pour s'entraîner (ou allongé dans certains cas) mais par la suite, il est vivement recommandé de la développer dans la vie quotidienne, même dans nos activités qui pourraient paraître les plus banales.

Méditation sur les espaces du corps

Comment pratiquer

1) Placez-vous dans une position assise stable sur un petit coussin, un banc ou même une chaise.

2) Veillez à ce que votre attitude vous permette d'avoir le bassin légèrement basculé en avant (antéversion) pour que l'ensemble du rachis soit bien placé.

3) Veillez à ce que la respiration puisse se faire librement.

4) Portez votre attention sur la région du périnée, cette zone que vous aviez déjà ressentie en pratiquant mula bandha. Cette

zone est en contact avec votre support. Vous êtes stable, ancré dans le sol. Prenez conscience de tous les points de contact avec votre support. Vous pouvez vous abandonner. Vous êtes en sécurité. Vous ressentez cette sensation de sécurité et de détente. Vous assurez votre sécurité de base. Vous êtes bien.

5) Portez votre attention dans la région du bassin. Vous prenez conscience de cette zone. Elle est en relation avec le sentiment de plénitude. Vous sentez que vous êtes capable d'être autonome. Vous êtes capable de vous sentir vous-même. Vous êtes bien, serein, comblé. Vous êtes capable d'apprécier la vie qui vous porte et vous comble. Vous êtes capable d'apprécier la beauté d'un paysage, le parfum d'une fleur.

6) Vous portez maintenant votre attention dans la région du ventre. Vous sentez cet espace délimité en avant par les abdominaux, en bas par le bassin, en arrière par la région lombaire et en haut par le diaphragme. Vous sentez la force qui émane de cette région. Cet espace est en rapport avec l'énergie qui vous permet de vous redresser et de vous affirmer. Vous vous sentez capable d'être vous-même. Vous vous sentez confiant et fort. Vous sentez cette vie qui s'écoule en vous et vous tonifie. Elle vous permet de vous individualiser, de vous grandir. Ressentez bien cette sensation de force vitale.

7) Votre attention se porte ensuite dans tout l'espace du thorax. Les côtes, les vertèbres dorsales. Vous ressentez cette zone qui est mobile. Régulièrement, vous sentez la vie qui rythme votre corps. La respiration, le cœur. Vous sentez cette région qui est celle des échanges. Vous sentez cette ouverture qui lui est associée. Cette possibilité de donner et de recevoir. Vous savez donner, vous savez recevoir. Vous prenez conscience de cette loi de la nature qui concerne les échanges et l'amour. Vous vous sentez capable de vibrer, de ressentir.

8) Vous glissez votre attention dans la région du cou. Vous ressentez cet espace, zone carrefour par excellence. Vous sentez le cou comme le lieu intermédiaire entre la tête et le tronc. C'est la région de l'expression, de la verbalisation. C'est la région qui est en rapport avec la possibilité de transformer et de purifier. Vous êtes capable de grandir et de métamorphoser les événements, même les plus difficiles. Vous arrivez enfin à équilibrer les besoins du ventre avec les sentiments du cœur et les pensées de la tête.

9) Votre attention se porte enfin dans la région du crâne. Là, vous prenez conscience de cette région. Elle représente l'ensemble de vos capacités de décision. Vous pouvez prendre du recul. Vous êtes capable d'anticiper. C'est la région qui permet de relier tout l'ensemble de votre corps. Vous êtes bien. Vous vous sentez particulièrement bien. Vous êtes vous-même.

10) Puis, portez votre attention sur la partie supérieure de votre crâne. Réalisez qu'il existe un point virtuel au-dessus du crâne. Il est présent, là, pour vous rappeler que vous n'êtes pas isolé du reste de la création. Vous êtes, dans l'espace et le temps, matérialisé pour un bref instant. Vous avez la conscience de pouvoir le réa-

liser. Vous êtes une poussière d'étoile qui a la possibilité d'en prendre conscience.

11) Ramenez à nouveau votre conscience dans l'ensemble de votre corps : tête, poitrine, ventre. Votre conscience se dilue dans tout votre corps.

12) Restez ainsi dans cet état quelque temps. Votre souffle est calme. Vos pensées sont calmes.

13) Tout votre corps est comme régénéré. La vie s'écoule à l'intérieur de lui. Chaque cellule est baignée d'énergie. Chaque cellule brille d'un éclat nouveau.

14) Chaque respiration vous apporte l'énergie dont vous avez besoin. Chaque expiration élimine ce dont vous n'avez pas besoin.

15) Restez ainsi à apprécier votre état.

16) Après quelques instants, vous portez à nouveau votre attention sur votre souffle. Vous inspirez profondément. Lors d'une inspiration profonde, vous redressez la tête. Vous retenez votre souffle et lentement, sur l'expiration suivante, vous vous penchez en avant.

17) A l'inspiration suivante, vous vous redressez lentement en ouvrant les yeux.

18) Vous quittez la posture avec beaucoup de douceur. Vous veillez à rester dans cette ambiance de détente.

Les effets et l'aspect symbolique

Durant cette méditation, vous avez porté votre attention sur les sept espaces de votre corps qui sont observables et perceptibles par une observation consciente. Ils correspondent à six espaces anatomiquement définis : petit bassin, bassin, abdomen, thorax, cou, tête, plus une septième région qui n'appartient pas au corps, mais rattachée symboliquement au sommet du crâne. Chacun de ces espaces est associé à un potentiel psychique : la sécurité de base, la capacité d'être satisfait, la possibilité de s'affirmer, le potentiel d'amour, la faculté d'écoute et de transcendance, la faculté d'anticiper et enfin, pour le septième, la prise de conscience de ne pas être isolé et seul dans cette manifestation.

En portant votre attention sur les différentes zones, vous allez progressivement les associer aux qualités psychologiques qui peuvent leur être symboliquement attribuées. C'est ce que l'on appelle classiquement les chakras.

Votre attention est accaparée et vous limitez ainsi vos pensées automatiques.

De plus, par l'induction que vous faites, vous développez chaque fois la qualité psychique attribuée à l'espace. Vous vous identifiez avec la suggestion et en prenez les qualités. Vous ne formez plus qu'une seule et même personne avec la personne dont vous prenez conscience, c'est-à-dire vous-même.

En imaginant posséder ces qualités, vous les faites entrer en vous car, rappelez-vous, votre mémoire à l'intérieur de votre cerveau ne fait pas de différence entre ce qui est réellement vécu et ce qui est imaginé. Voltaire, qui avait parfaitement compris ce mécanisme, nous disait : « *Pour vivre en héros, pensez et vivez en héros.* »

Reformulons cette phrase en disant : « *Pour vivre en vous sentant confiant, heureux, fort, aimant et aimé, organisé et serein, installez-vous tranquillement et imaginez-vous confiant, heureux et serein. Alors, en vous sentant tel que vous vous êtes imaginé, vous serez celui-ci.* »

Le samadhi : L'état d'unité totale
Le samyama : L'état fusion

Lorsque nous sommes habitués à nous concentrer, lorsque nous sommes habitués à porter toute notre attention sur un objet, il arrive que parfois nous soyons dans un état de parfaite unité avec cet objet.

C'est un peu ce que nous évoquions déjà lors de la méditation. Il arrive spontanément un état après la mise en place d'une technique qui nous associe pleinement à ce qui est observé. Cet état est particulièrement recherché puisque, grâce à lui, nous avons la faculté d'expérimenter des situations ou des sentiments que nous aurions peut-être du mal à expérimenter dans la réalité concrète. Dans cette situation de samadhi, nous croyons totalement à ce que nous imaginons. Cette situation devient réelle. C'est également ce que l'on appelle le samyama. Il y a une fusion entre l'objet créé mentalement et l'observateur.

Je suis cependant certain que vous avez déjà observé ces états, ou qu'il vous est arrivé vous-même d'en vivre.

Nous sommes dans ces moments-là tellement imprégnés par nos pensées que nous les vivons réellement.

Observez un enfant qui regarde la télévision. Il s'identifie complètement au cow-boy qui tire avec son pistolet. N'est-il pas déjà en train de se dresser sur son siège et de lever les bras vers le ciel comme s'il allait lui-même devoir capturer le bandit ? Dans ce cas, si vous l'appelez par son nom, il ne vous répondra pas. Mais si vous l'appelez par le nom de « John Kid », alors il pourra comprendre et réagir.

Vous-même, il vous est sûrement arrivé d'être en fusion avec vos pensées. Votre cœur s'accélère, alors que seules vos pensées ont pu générer cet état.

Comprenez bien que cet état n'est pas nécessairement un état de béatitude ou de sérénité. C'est un mécanisme du fonctionnement du cerveau qui a la capacité de fusionner sur un objet de concentration quel que soit l'objet. Vous vous entraînerez sur des objets agréables et bénéfiques pour vous-même et vos proches, c'est pourquoi cette méditation, ce samadhi, ce samyama vous seront bénéfiques et propices.

Dans ce cas, ce que vous imaginez vous arrive réellement. Vous le vivez comme s'il s'agissait de la réalité.

Cela enrichit votre expérience et vous permet ainsi, dans votre vie quotidienne, de pouvoir mieux encore vous adapter et mieux faire face aux difficultés comme aux joies.

Pour y parvenir, toutes les différentes techniques que nous avons pu aborder depuis le début de cet ouvrage sont bonnes : les clefs qui en ouvrent les portes, les postures, les respirations et toutes les méthodes psychosensorielles.

Très vite, vous vous rendrez compte que toutes ces distinctions ne sont que des distinctions apparentes. Toutes s'entremêlent et conduisent à cet état que vous recherchez autant que moi et tous les autres, à savoir, assurer plus de sérénité pour soi et les autres.

N'oubliez jamais cependant que ce ne sont là que des moyens. N'en devenez pas l'esclave, mais sachez les utiliser avec intelligence.

Nous avons cependant encore un chapitre à aborder avant de pouvoir réellement dire que nous avons approfondi le yoga. Il s'agit de celui qui aurait pu introduire ce livre lorsque nous avons parlé des clefs du yoga. C'est naturellement l'état d'esprit sans lequel la pratique du yoga n'est rien. Cet état d'esprit est défini par ce que j'appelle les conseils. Ces dix conseils sont séparés en deux parties par Patanjali. Elles forment les deux premières marches vers le yoga : yama, qui signifie ce qu'il convient de ne pas faire, et nyama ce qu'il convient de faire.

■ 4. Les conseils

Recadrer

Notre perception du monde nous joue souvent des tours. Nous avons une propension certaine à considérer certains événements de façon catastrophique ou au contraire anodins alors que la réalité est tout autre. Selon le point de vue que nous adoptons, notre perception est bien évidemment différente. Pour nous en convaincre, il nous suffit d'observer notre discours intérieur. Nous nous rendons compte qu'à notre insu nous avons une vision du monde très limitée, ou pour le moins singulière, parfois assez proche de la réalité, parfois très éloignée. C'est pourquoi il est utile d'adopter un autre point de vue, afin d'avoir une vision plus juste. C'est dans ces conditions que nos inquiétudes inutiles se calment d'elles-mêmes.

Nous avons des quantités de croyances qui nous encombrent. Parfois, elles nous aident, cela est vrai, mais souvent elles nous limitent tant dans nos actions que dans nos possibilités à être heureux. Pour nous aider à ne pas nous éloigner trop de la réalité, le yoga a développé deux types de conseils. Ils nous guident dans notre façon de voir le monde, en nous évitant un certain nombre de pièges. Progressivement, en appliquant ces conseils, nous sommes plus sereins et plus calmes. Nous voyons les choses sous un angle plus approprié.

Les cinq premiers conseils concernent essentiellement notre attitude générale envers nous-même mais également envers les autres.

Les cinq derniers conseils concernent essentiellement notre attitude personnelle et notre façon de vivre.

En fait, en appliquant ces dix conseils, le yoga devient un art de vivre qui nous permet d'être encore plus heureux.

Patanjali nous précise aux versets 30 et 31 du chapitre II : « *L'attitude générale s'appuie sur cinq conseils de base qui sont : la non-nuisance, la sincérité, la non-convoitise, le désir de perfection, la non-avidité. Ils ont un caractère universel car ils ne dépendent ni de la façon de vivre, ni du lieu, ni de l'époque, ni des circonstances.* »

Un état d'esprit

Nous l'avons compris, ce qui caractérise l'animal *Homo sapiens sapiens* est bien sa faculté de conscience, dit autrement, sa faculté à prendre du recul.

Celle-ci n'est d'ailleurs que le fruit d'un long processus de maturation. Cependant, qui dit maturation ne dit pas abolition des étapes précédentes. C'est ainsi que nous nous retrouvons aujourd'hui avec un héritage vieux de millions d'années, au sein duquel figure un grand nombre d'instincts et d'émotions.

Au stade de l'évolution où nous sommes aujourd'hui, l'homme est capable, grâce à cette faculté, de prendre du recul et d'agir sur lui-même.

Cela n'est pas aussi évident qu'il y paraît. En effet, aucun animal, aucun végétal, aucun minéral n'a cette possibilité. C'est la première fois que cela est possible dans l'évolution.

Enfin, une manifestation de la vie est capable d'agir sur elle-même.

Développer notre conscience est donc un objectif majeur pour que nous puissions tous, nous et nos descendants, profiter de ce monde et vivre le plus heureux possible.

En développant cette conscience, nous sommes capables de prendre en considération un nombre de plus en plus grand de données différentes, en particulier de nous projeter le plus loin possible dans l'avenir. Grâce à cette faculté, nous pouvons prévoir les conséquences de nos actes tant pour notre espèce que pour nous-mêmes, puisque notre survie passe aujourd'hui par celle de l'espèce humaine.

Pour nous, notre famille et nos descendants, il est urgent de raisonner, non plus en termes de survie immédiate mais avec une conscience accrue de l'ensemble des événements et des situations qui se présentent.

Savoir, imaginer, faire des abstractions, anticiper, créer, inventer, tout cela fait partie de notre devoir d'être humain.

Cependant, bien souvent, certains de nos comportements automatiques ou de nos émotions nous en empêchent. Les pratiquants du yoga se sont bien rendu compte que, pour y arriver, nous avions besoin de certaines règles de conduite. Sans cela, nous n'avions plus aucune limite à nos comportements.

Car notre comportement n'étant plus dicté uniquement par des instincts, nous sommes, de ce fait, beaucoup plus libres de nos actions. Mais attention, cela est vrai autant en bien qu'en mal !

Retenez bien que nous sommes éminemment « plastiques ». Notre cerveau et notre capacité d'apprentissage sont malléables. C'est pourquoi l'éducation revêt une telle importance. Car nous sommes capables du pire comme du meilleur. Pour ne pas penser à soi uniquement en termes d'avantage immédiat, cela demande une éducation de notre conscience. Celle-ci ne peut pas, par définition, être constituée et formée à la naissance, puisqu'elle dépend de données qui n'existent pas encore. Elle est donc exclusivement virtuelle lors de notre naissance et dépend entièrement de notre éducation.

C'est donc bien parce que nous nous sommes rendu compte que nous avions certains défauts, parce que nous avions besoin de rails, que les pratiquants du yoga ont édicté ces règles. Elles sont au départ essentiellement extérieures, mais l'éducation nous les fait rapidement intérioriser. Progressivement, ces règles, qui figurent dans tous les systèmes éducatifs et sociaux, font partie de soi. Elles deviennent aussi réelles que les pulsions qui nous habitent. Elles deviennent une seconde nature.

Ce d'autant qu'elles se mettent en place avant les six premières années de la vie, période durant laquelle le cerveau se développe de façon impressionnante.

L'attitude générale

C'est parce que l'homme est un animal très violent envers lui-même et envers les autres, que le premier conseil du yoga concerne justement la non-nuisance.

L'homme : Un animal violent

Pour avoir colonisé la planète, être allé au fond des mers, être allé dans l'espace, avoir lutté contre les bêtes les plus féroces, pour s'être imposé sur la terre, il n'est pas à douter que l'homme est un animal doué d'une extrême énergie et agressivité. Son intelligence a compensé ses faiblesses, lui a permis de déjouer les pièges de ses prédateurs et de maîtriser son environnement.

Mus par une volonté biologique héritée de milliers d'années, les hommes restent toujours des bêtes féroces, qui ont tendance à agir essentiellement pour eux. A cause de cela, ils ont encore bien souvent tendance à s'entre-déchirer.

Il n'y a donc rien d'étonnant à ce que l'on retrouve en tête des conseils dans le yoga ce que déjà Patanjali avait placé en chef de file des conseils : Ne pas nuire.

La non-nuisance est un conseil déjà vu dans les sept principales clefs du yoga au début de l'ouvrage pour la pratique de celui-ci. Mais la non-nuisance couvre également un ensemble de comportements et de conduites plus étendu.

Les comportements humains sont en partie fondés sur le besoin et le désir d'entretenir des relations avec ses voisins. Nous sommes des animaux sociaux, sauf à de rares exceptions comme pour certains yogis, nous avons besoin des autres pour vivre. Etre ascète demande une pratique de plusieurs heures par jour.

Comme tel n'est pas le cas, ni pour vous ni pour moi, quels sont donc les autres moyens dont nous disposons pour nous attacher les autres ?

Ce n'est pas notre cas dans notre vie quotidienne, vous et moi n'avons pas de très nombreux moyens pour nous attacher les autres.

Soit nous usons de notre force pour imposer notre volonté, soit nous utilisons au contraire la gentillesse pour établir des relations. En utilisant la force, nous nous exposons à des « représailles ».

Les relations les plus stables ne peuvent se construire que sur des échanges.

Ne pas nuire aux autres autant qu'à soi-même est donc la façon d'établir une relation plus solide et capable de durer dans le temps.

Dans le verset 35 des *Yogasūtra*, il est précisé :

« La non-nuisance (ahimsa) permet à celui qui la vit profondément de réduire toutes les réactions d'hostilité autour de lui. L'amitié pour les autres déclenche autour de soi des réactions d'amitié. »

Cette première règle du yoga est particulièrement intéressante puisqu'elle nous permet d'interrompre la chaîne sans fin des « actions-réactions » violentes. Le yoga nous aide considérablement à limiter les pulsions agressives qui résultent des multiples stress quotidiens. Nous sommes ainsi plus à même de prendre du recul et d'éviter de nous laisser entraîner dans une cascade d'enchaînements où la violence n'a plus de fin. Ce qui nous permet de vivre en meilleure intelligence avec les autres.

Mais ne pas nuire concerne non seulement les autres, mais également soi-même.

Cela veut dire qu'il est préférable de se respecter, qu'il est possible de s'aimer soi-même tout comme il est possible d'aimer les autres. Ne croyez pas que cela soit du narcissisme. S'aimer signifie ne pas toujours être en guerre avec soi-même, se contraindre à l'impossible. Cela veut dire être réaliste avec soi.

En vivant en plus grande intelligence avec notre corps et la nature, nous respectons les équilibres.

Parfois, nous demandons trop à notre corps. Nous ne vivons pas en fonction de ce que nous sommes mais en fonction de ce que l'on aimerait être. Dès lors, nous sommes en perpétuel porte-à-faux. Nous ne sommes plus nous-mêmes.

En nous unifiant, au lieu de nous disperser, nous développons l'harmonie en nous-mêmes et autour de nous. Les autres recherchent notre compagnie.

Toutes les règles d'hygiène de vie peuvent également faire partie de ce conseil. Respecter une alimentation saine, des horaires équilibrés et réguliers, une alternance entre activité et repos, entre activité physique et sédentarité... tout cela contribue à ne pas se nuire à soi-même. C'est avec le respect de ces règles que nous pouvons retrouver un équilibre de vie.

Mais pour ne pas rester abstrait, nous allons d'ores et déjà appliquer ce conseil dans notre pratique de yoga.

Comment l'appliquer dans la pratique

Lorsque vous êtes sur votre tapis de yoga, il est nécessaire de ne pas aller au-delà de vos possibilités, de ne pas tirer trop fort.

1) Veillez à équilibrer les tensions.

2) Veillez à équilibrer les phases de repos et d'activité.

3) Soyez attentif à respecter votre respiration pour ne jamais suffoquer...

Posez-vous les questions suivantes :

1) Suis-je en train d'aller au-delà de mes possibilités ?

2) Suis-je bien en train de respecter le premier conseil du yoga ?

3) Ne suis-je pas en train de vouloir faire mieux que le voisin dans une compétition stérile qui risque de m'être dommageable ?

En s'entraînant à respecter ces règles lors de notre pratique régulière de yoga, nous ancrons des comportements qui pourront se manifester spontanément dans la vie courante.

La mauvaise foi

Véronique est dans une de ces disputes au cours desquelles rien ne l'arrête plus. Non, elle n'est pas aveuglée, elle reste lucide, mais elle ne peut s'empêcher de répondre par des mots blessants. Elle aimerait bien pouvoir s'arrêter, se reprendre, mais rien n'y fait.

De plus en plus elle se rend compte qu'elle n'a pas tout à fait raison. Son ami lui répond avec gentillesse qu'il ne comprend pas son attitude et qu'il voudrait pouvoir s'expliquer avec elle. Mais Véronique n'arrive pas à reconnaître ses torts. Au contraire, elle accuse son ami de plus belle et le rend responsable de tout ce qui se passe. En elle-même, Véronique se dit bien qu'elle exagère quelque peu, mais rien n'y fait, c'est plus fort qu'elle, elle n'arrivera jamais à lui dire qu'il a raison, qu'elle était énervée et que cela n'a pas d'importance. Dans ces moments-là, il faut que ce soit lui qui ait tort. Même la tempête passée, plusieurs heures après, elle ne lui a toujours pas présenté ses excuses. Véronique continue à tenir les mêmes propos. Pourtant, un jour, tout change. Elle se rend compte qu'il n'est plus possible de continuer car son ami est devenu comme elle, utilisant les mêmes armes, cultivant la mauvaise foi. Aussi, prend-elle le taureau par les cornes et décide-t-elle d'être franche et de reconnaître ses torts. La première fois, cela n'a pas été possible. Il lui a fallu attendre quelques heures pour aller le voir et lui dire qu'il avait raison. Progressivement, Véronique s'est rendu compte qu'en jouant le plus possible « franc-jeu », cela se passait dix fois mieux. Elle avait réussi à combattre son penchant naturel qui consistait à justifier à tout prix ses comportements.

Certes, nous savons qu'il est indispensable d'être cohérents avec nous-mêmes, nous savons que nous devons donner des justifications à nos comportements. La plupart du temps, cela se fait totalement à notre insu. Nous devons trouver une bonne raison à ce que nous faisons. Chacun a sa bonne raison et nous arrivons facilement à nous donner bonne conscience.

De cela, Véronique avait réussi à prendre conscience. Elle avait pu prendre du recul et agir en retour sur son comportement. Au début, elle subissait des émotions qui lui dictaient sa façon de se conduire et sa faculté de raisonnement lui procurait toujours une justification à son comportement. C'est exactement ce qui se passe lorsque nous avons une pulsion pour le chocolat. Nous justifions notre comportement : cela est bon car il y a du magnésium, ce qui fait du bien ne fait pas de mal, je ferai attention demain...

Toutes ces justifications sont des prétextes. Mais ce que nous savons parfaitement bien en notre for intérieur ne nous empêche pas d'agir.

C'est pourquoi, le deuxième conseil du yoga concerne justement nos façons d'agir. Depuis la nuit des temps, les yogis ont remarqué que nous avions une fâcheuse propension à être de mauvaise foi. Nous avons du mal à être sincères tant avec nous-mêmes qu'avec les autres. Il nous conseille donc d'être particulièrement vigilants dans ce domaine et de développer notre sincérité.

En étant sincères, c'est-à-dire authentiques, nous sommes plus cohérents. A la fois nos comportements, nos pensées, nos convictions sont harmonieux. Nous nous sentons moins perturbés, moins parasités par des éléments qui pourraient nous freiner et, en définitive, nous sommes mieux dans notre tête et dans notre corps. Cette homogénéité se traduit extérieurement par une plus grande force, un véritable charisme qui nous permet de développer une force de conviction encore plus grande. Au verset 36 des *Yogasūtra*, il est précisé :

« *La sincérité (satya) engendre des actions qui sont appropriées. Les relations avec les autres sont facilitées.* »

Cette sincérité peut parfaitement s'appliquer expérimentalement sur le tapis de yoga.

Comment l'appliquer dans la pratique

Dans les postures, dans les exercices respiratoires, dans les exercices psychosensoriels, veillez à ne pas vouloir être différent de ce que vous êtes. Soyez attentif à ne pas vous jouer de comédie.

Posez-vous les questions suivantes :

1) Suis-je en train d'être sincère avec moi-même ?

2) Suis-je bien en train d'appliquer le deuxième conseil du yoga ?

3) Suis-je bien en harmonie avec moi-même ?

Ayant développé un cadre dans lequel la non-nuisance et la sincérité apparaissent par ordre de priorité, il nous est possible d'envisager le troisième conseil.

Le besoin de s'approprier

L'animal a souvent besoin de délimiter son territoire. C'est même un préalable indispensable pour son développement. L'homme, quant à lui, a besoin non seulement de s'approprier l'espace mais, dans son éternelle inquiétude, il essaie aussi d'anticiper les manques en stockant les objets matériels. La peur de manquer, la peur d'avoir faim, d'avoir froid, d'être malade vont à juste titre le pousser à agir. Mais voilà, à partir d'un certain moment, cette volonté d' « avoir » se manifeste sans raison. Elle ne fonctionne plus que pour elle-même. La convoitise de mille et une richesses, au lieu de participer à une stratégie d'amélioration de sa vie, va conduire à un déséquilibre de celle-ci. Cela ne conduit plus à un apaisement mais au contraire à un sentiment de convoitise jamais assouvi. L'être humain en est inévitablement malheureux.

Les pratiquants du yoga avaient parfaitement analysé cet état inhérent à notre nature et avaient proposé pour cela de s'y opposer en développant le principe de non-convoitise, le troisième conseil. Lorsque nous le maîtrisons, nous ne désirons plus en permanence ce qui ne nous est pas indispensable et, grâce à cela, nous voyageons plus légers et plus sereins.

Que penser de celui qui, pour faire un séjour d'un week-end, emporterait l'ensemble de ses vêtements ? Pourrait-il profiter pleinement de ces deux petites journées ? Bien évidemment non, puisqu'il serait uniquement absorbé par son déménagement. Celui qui, au contraire, aura su voyager léger pendant ces deux journées aura pu en profiter pleinement. Il aura apprécié les nuages, le déjeuner pris entre amis, le farniente après le repas, la promenade et peut-être la joie de plonger dans la piscine ou dans la rivière. Le verset 37 des *Yogasūtra* exprime ainsi ce troisième conseil de l'attitude générale : « *La non-convoitise (asteya) développe le sentiment d'avoir les plus grandes richesses.* »

Comment l'appliquer dans la pratique

1) Lorsque vous êtes installé sur votre tapis, lorsque vous pratiquez des postures, n'ayez pas de désirs inconsidérés.

2) Ne souhaitez pas toujours faire mieux et plus. Sachez apprécier au contraire ce que vous êtes en train de faire, même si vous ne réalisez pas l'exercice de façon satisfaisante.

3) Ne souhaitez pas pratiquer des exercices respiratoires compliqués et a priori extraordinaires.

4) Appréciez le souffle qui s'écoule par vos narines.

5) Ne vous comparez jamais à votre voisin. Ne vous rendez pas malheureux parce qu'il peut descendre deux centimètres plus bas que vous.

Posez-vous les questions suivantes :

1) Suis-je bien présent dans mon exercice ?

2) Suis-je bien en train d'appliquer le troisième conseil du yoga ?

De cette façon vous parviendrez progressivement à expérimenter la sensation d'être comblé.

Perfectibilité et perfection

Suite à ce que nous venons de dire avec le troisième conseil, nous pourrions penser que le yoga a tendance à développer des individus « médiocres », dans le sens étymologique du mot, c'est-à-dire moyens. Ne pas vouloir plus et mieux risque de nous faire ronronner au rythme du « train-train » quotidien. Ce troisième conseil ne doit évidemment pas être interprété dans ce sens. C'est pourquoi il est nuancé par un quatrième conseil.

« La perfection » ou « bramacharia » est souvent interprétée de différentes façons qui, souvent, se complètent.

Comme nous l'avons souvent souligné, les yogis partent de la constatation que nous sommes le jouet de nos passions. Nous sommes « passifs » devant un grand nombre de besoins vitaux : boire, manger, copuler. Ces besoins nous assujettissent fréquemment et nous rendent dépendants au lieu de nous aider à nous construire et à nous rendre plus heureux.

Partant de cette observation de la vie courante, constatant que ces simples besoins peuvent être à l'origine de souffrances et de malaises, ils nous conseillent de les discipliner.

Ils associent pour cela deux autres notions qui sont sous-tendues dans le sens du quatrième conseil.

Tout d'abord, nous sommes des êtres capables d'évoluer et d'apprendre. Cet axiome de base est essentiel puisqu'il signifie que nous pouvons tous nous transformer. Quels que soient notre âge, notre sexe, notre culture, notre milieu, notre passé, nous pouvons apprendre et développer notre conscience. Nous sommes en quelque sorte perfectibles.

Non seulement nous sommes perfectibles, mais les yogis nous disent, de plus, que nous devons prendre comme modèle la perfection. C'est en étant investis de la volonté et de l'ambition de bien faire que nous pourrons évoluer.

En quelque sorte nous devons, par notre volonté, aller dans le sens de la perfection et dépasser nos passions. Tous ces conseils n'ayant qu'un seul but, nous rendre plus heureux. Le verset 38 des *Yogasūtra* s'exprime en ces termes :

« *Vivre en ayant le désir de nous conduire de façon parfaite et d'avoir pour objectif la perfection (bramacharya) nous donne une grande force.* »

Mais attention, cela ne veut pas dire que nous sommes parfaits. Nous sommes perfectibles, cela est très différent. Car celui qui croit qu'il est parfait ou qu'il peut agir de façon parfaite va vers l'immobilisme. Si nous devons aller dans le sens de la perfection, nous ne devons pas pour autant paralyser toute action en voulant être parfaits immédiatement. Le bon sens commun nous le dit suffisamment : la perfection n'est pas de ce monde ! Seulement aller dans sa direction est possible sinon cela devient du perfectionnisme avec tous ses inconvénients.

Pour revenir aux passions qui nous habitent, il faut savoir qu'elles représentent cependant une force phénoménale. Ces pulsions, qui sont gigantesques, peuvent, si elles sont réprimées, donner lieu à de véritables désordres. Il ne faut donc jamais les juguler avec volontarisme mais les accompagner. Ce quatrième conseil n'aurait pas atteint son objectif s'il débouchait sur des frustrations mal vécues accompagnées de perturbations comportementales.

Cette énergie qui sous-tend toute notre vie n'est jamais que l'énergie de la vie elle-même. Elle peut être dirigée vers la réalisation d'autres objectifs. C'est ce que l'on appelle une dérivation de l'activation initiale. Par cette transcendance de l'énergie de base, il ne se produit pas de perturbations, l'organisme reste équilibré.

En pratique, il faut cependant retenir qu'il n'est que rarement possible de s'opposer aux passions. Ce qui est par contre réalisable, c'est de les accompagner.

C'est sur ces deux plans que le yoga intervient, en transcendant et en accompagnant les passions grâce à tous les outils qu'il nous propose.

Comment l'appliquer dans la pratique

Lorsque vous êtes dans une séance de yoga, veillez à vous concentrer sur l'objectif final de votre exercice.

1) Avant la réalisation d'une posture, fermez les yeux, visualisez la posture comme si vous l'aviez parfaitement réussie.

2) Dans un deuxième temps, réalisez l'exercice en mémorisant parfaitement l'ensemble des sensations.

3) Dans un troisième temps, en fermant les yeux, dans une posture de relaxation, refaites l'exercice mentalement à nouveau de façon parfaite. Cela lève les blocages liés au manque de confiance et aux appréhensions. Le potentiel disponible peut alors s'exprimer normalement.

Posez-vous les questions suivantes :

1) Suis-je en train de penser que je ne peux pas réaliser l'exercice ?

2) Ne suis-je pas en train de me dévaloriser ?

Ainsi, vous pourrez ne pas vous sous-estimer et progresser plus rapidement.

Savoir tourner la page

Nous avons vu comment il était recommandé dans un premier temps de ne pas nuire et d'être sincère pour établir des relations le plus épanouissantes possible. Nous avons également vu comment nous devions équilibrer nos projets pour qu'ils soient le plus possible dénués de convoitise mais investis d'un projet grandiose puisqu'il s'agit rien de moins que de la volonté de perfection. Il reste encore un conseil qui concerne le passé.

L'homme est un animal qui a besoin de sécurité. La peur du futur le fait souvent se replier ou du moins délimiter son espace. De ce fait, il s'accroche facilement à ce qu'il possède, tant matériellement que psychiquement. Lorsque ce processus est trop ancré, il provoque un excès d'enracinement et paralyse totalement nos actions. C'est le cas d'Harpagon et de sa cassette qui, dans le théâtre de Molière, symbolise l'avare. Il s'accroche et ne peut profiter de rien. Totalement tourné vers le passé, il ne peut plus aller de l'avant et anticiper.

Tous les conditionnements que nous avons pu mettre en place depuis notre plus tendre enfance nous permettent, dans la majorité des cas, de nous faire gagner du temps, mais parfois ils nous empêchent de nous adapter. Il faut savoir se souvenir, mais il faut savoir également tourner la page. Dans ces conditions, nous sommes neufs pour chaque nouvelle situation.

L'avidité, c'est-à-dire l'avarice, la volonté de garder, n'est pas une attitude qui peut nous aider à progresser. Le verset 39 des *Yogasūtra* dit que : « La non-avidité (aparigraha) nous conduit à apprécier le sens réel de l'existence dans le présent. Nous ne restons pas accrochés à ce que nous avons ou à ce que nous avons expérimenté. »

Cela conduit progressivement à ce que l'on appelle le lâcher-prise.

C'est également savoir pardonner. N'avez-vous jamais remarqué que la rancune nuisait en premier lieu à la personne qui la nourrissait ? Dans la majorité des cas, ne pas pardonner nous fait ressasser les difficultés que nous crée une personne. La vengeance nous obsède en permanence et ne nous permet plus de vivre normalement. Pardonner va à l'encontre de ce phénomène. Cela ne signifie pas qu'il faille oublier. Le souvenir doit rester présent, mais il ne faut plus se laisser perturber par cet événement ancien. Alors seulement il est possible de passer à autre chose.

Comment l'appliquer dans la pratique

1) Lorsque vous pratiquez des exercices lors des séances de yoga, veillez à ne jamais vouloir refaire exactement un exercice comme la fois précédente.

2) Acceptez que vous puissiez être dans un état différent, moins en forme et moins performant.

3) Ne vous accrochez pas systématiquement à tout ce que vous avez acquis.

4) Par contre, demandez-vous si vous arrivez bien à abandonner l'ensemble des soucis de votre journée.

5) Imaginez que vous avez laissé votre « baluchon » au vestiaire.

Faites également un exercice particulier :

1) Placez-vous debout.

2) Dans cette position, inspirez en levant les épaules.

3) Expirez en les redescendant et en imaginant que les courroies d'un sac à dos glissent le long de vos bras.

4) Imaginez que vous vous débarrassez de ce poids qui vous encombre.

5) Répétez-vous mentalement que vous décidez de laisser tomber tous les poids morts qui vous pèsent.

6) Inspirez profondément. Vous vous sentez de nouveau libre et serein.

Ainsi pouvez-vous vous débarrasser de fardeaux dont vous vous êtes encombré inutilement.

Mais n'est-ce pas utopique ?

Il m'est souvent arrivé de parler de ces conseils autour de moi, dans des cours, dans des conférences. En général, tout le monde s'y intéresse mais peu y croient. Pourtant, ces conseils sont souvent édictés en lois. Ne pas tuer, ne pas voler, ne pas commettre l'adultère... Ces lois assurent la cohérence sociale. Cependant, elles doivent non seulement être respectées sur un plan externe mais elles doivent progressivement devenir nôtres. Et il n'est pas très difficile de s'y conformer.

Il n'est pas difficile de vouloir se perfectionner, de ne pas faire de mal, de se respecter, de se détacher de ce qui est inutile... Au contraire, cela est même facile car très rapidement nous en sentons les bénéfices.

Patanjali nous disait, toujours au verset 33 du chapitre II : « *Quand les pensées viennent perturber ces attitudes, il faut nous entraîner à développer les attitudes contraires. Des pensées et des émotions perturbatrices, comme la violence, sont souvent la conséquence de la colère, de l'illusion ou de l'impatience. Que l'on en soit directement l'acteur ou qu'on se contente de les provoquer ou même de les approuver, ces pensées perturbatrices et ces émotions sont sources de souffrance et d'aveuglement perma-*

nents quelle que soit l'intensité de leur manifestation. Cependant, en développant les états opposés par la méditation, il est possible d'y remédier. »

Nous nous rendons vite compte que, même si ces conseils sont parfois difficiles à respecter, ils sont la charpente de notre éducation et de notre vie en société si bien que nous les observons comme Monsieur Jourdain faisait de la prose ; sans le savoir.

L'engagement personnel

Les cinq premiers conseils du yoga concernent aussi bien nos relations avec notre entourage que les relations que nous entretenons avec nous-mêmes. Ils s'adressent à toute personne vivant en société quel que soit son désir de pratiquer le yoga.

Par contre, les cinq conseils suivants s'adressent plus spécifiquement à celui qui veut pratiquer le yoga. Il s'agit non plus d'une attitude générale mais d'un engagement personnel.

Savoir choisir

Nous sommes souvent confrontés à des choix. De ces choix découlent des conséquences bien évidemment différentes. Il ne sert à rien de vouloir être détendus et conserver un état de calme intérieur si systématiquement nous nous « jetons dans la gueule du loup ». Il est important d'opter le plus souvent possible pour les comportements qui nous permettront de maintenir la paix et le calme autour de nous.

Ces choix font appel à notre intelligence et surtout à notre faculté d'imaginer les conséquences de nos comportements, en nous projetant le plus loin possible dans le futur. Progressivement, nous pouvons limiter les situations perturbatrices et nous installer dans un état de plus grand calme.

Dans les *Yogasūtra*, le verset 40 du chapitre II nous dit : « *La pureté (saucha) concerne l'aspect mental. Nous devons nous engager à diminuer toutes les perturbations qui peuvent nous gêner.* »

Cela ne signifie pas qu'il y ait des personnes pures et d'autres qui ne le soient pas. Il ne s'agit pas de faire des castes avec des parias. La mise au ban de certains groupes sociaux, en les qualifiant d'impurs, ne correspond pas à l'état d'esprit du yoga. Il s'agit avant tout d'un état d'esprit. C'est la façon dont les événements sont perçus qui les rend purs. Ce n'est pas en se coupant du monde et de ce fait en ne fréquentant personne que l'on devient « pur ». Nombreux sont les exemples qui nous prouvent que c'est tout le contraire.

L'attitude générale (yama)

1) La non-nuisance (Ahimsa)
2) La sincérité (Satya)
3) La non-convoitise (Asteya)
4) La perfection (Bramacharya)
5) La non-avidité (Aparigraha)

L'engagement personnel (nyama)

1) La pureté (Saucha)
2) Le contentement (Samtosha)
3) L'action (Tapas)
4) L'étude (Svadyaya)
5) La confiance (Ishvarapranidhana)

La pureté nous permet de choisir plus librement sans nous laisser influencer par nos automatismes et nos réflexes conditionnés. Comme le précise le verset 43 dans le chapitre II : « *Cela est lié à la faculté d'être toujours de bonne humeur, de se concentrer facilement, et d'être en prise directe avec sa conscience profonde, libéré des afflictions passées.* »

La pureté s'obtient lorsque notre Témoin est dégagé de l'état d'agitation mentale, ce qui nous permet d'opter pour des conduites plus appropriées.

Suivre cette ligne de conduite nous invite à rechercher systématiquement la fréquentation de personnes, de lieux, d'activités qui seront bénéfiques à notre développement et d'éviter au contraire ce qui peut nous perturber. Cela se traduit par des choix aussi simples que celui d'un livre, d'un film.

Le contentement

Le conseil suivant est proche de certains conseils préconisés dans l'attitude générale. Son sens premier est de savoir se satisfaire, mais il ne faudrait pas mal le comprendre et penser que cela signifie qu'il ne faille plus rien faire.

Nous verrons dans les conseils suivants que cela n'effleure absolument pas l'esprit des yogis. Nous devons au contraire agir, mais savoir se satisfaire signifie qu'il ne faut pas être malheureux lorsque l'on n'obtient pas ce que l'on souhaite.

Intrinsèquement, nous sommes pétris de besoins. Nous avons soif, nous avons faim, nous avons une libido, nous avons besoin de maintenir une température satisfaisante autour de nous, nous avons besoin d'être aimés et appréciés, nous avons besoin de comprendre notre vie...

Les besoins sont inhérents à notre nature humaine. Ils obéissent aux lois du plaisir-déplaisir. Nous recherchons inévitablement ce qui nous fait plaisir ou du bien, et fuyons les situations de souffrance. Poussés par ces besoins fondamentaux, nous allons parfois un peu loin et nous embarrassons de bagages inutiles.

Lorsque nous décidons d'éliminer ce qui est inutile, il suffit de se poser systématiquement les questions :

Est-ce que cela est bien utile pour moi ?

Est-ce que cela va aller dans le sens de ma vie et de ce qui est important pour moi ?

En vous posant régulièrement ces questions, vous êtes certain de ne vous engager que dans ce qui est important pour vous.

Mais savoir se contenter signifie également qu'il faut s'engager à développer le sentiment de satisfaction. Il faut progressivement apprécier la couleur du ciel, le plaisir de respirer, de développer la joie et la plénitude en soi grâce à toutes les petites choses qui composent la vie quotidienne.

Le bonheur est un état d'esprit. Il faut s'entraîner pour y parvenir, surtout si nous n'en avons pas l'habitude et que, dans notre vie, nous avons eu des preuves contraires.

Si nous avons eu des échecs dans notre vie, il y a fort à parier que nous nous sentions moins bien dans notre peau et que nous pensions que la vie est difficile. Or, plus nous pensons cela et plus nous sommes disposés à ne voir dans la vie quotidienne que les difficultés. Nous ne sommes pas prêts pour expérimenter l'état de bonheur.

Heureusement, cela n'est pas irrémédiable. Nous avons toujours la possibilité d'expérimenter mentalement des situations agréables et bénéfiques, notre cerveau ne faisant pas la différence entre la réalité et l'imagination. Progressivement, grâce à ce mécanisme, nous réapprenons la joie, nous percevons enfin les aspects positifs de la vie.

Cela n'élimine pas toujours les difficultés mais cela nous permet surtout d'être capables de ressentir ce qu'est un état de bonheur et nous y prédispose.

Ne remettons pas le bonheur à demain. Qu'il ne soit pas conditionné à telle ou telle chose. Soyons prêts à vivre le présent tel qu'il est.

N'avez-vous jamais dit ou entendu quelqu'un dire dans votre entourage : « *Quand j'aurai mon examen, j'aurai enfin la possibilité de souffler et j'aurai tout pour être heureux* »? « *Ah, si je gagnais seulement 1500 francs de plus par mois, je pourrais enfin faire ce sport, pratiquer tel loisir, je serais vraiment plus heureux* »? « *Ah, si je pouvais ne plus avoir à faire cette tâche, si j'en étais débarrassé, je serais enfin heureux* »? Si vous vous êtes déjà surpris à dire cela, c'est que sûrement cela était justifié. Vraisemblablement, si vous aviez enfin ce dont vous rêviez, cela irait mieux. Mais, en attendant, pourquoi ne pas être déjà plus heureux ? Pourquoi ne pas décider de cultiver tout de suite le bonheur de vivre ? C'est ce que je vous propose d'expérimenter par la pratique du yoga et l'application de ce conseil : samtosha, le contentement.

Comment l'appliquer

Faites une liste des événements positifs qui vous sont arrivés dans la journée sans rien omettre.

Pensez à vous réjouir pour ce qui vous arrive de positif.

Pensez à remercier la vie de vous apporter tout ce qu'elle vous apporte régulièrement.

Pensez à ne pas remettre au lendemain les occasions de fêter un événement heureux. Une réussite, une création... Nous avons trop tendance à ne plus faire de « fêtes ». Or, cela est important pour « marquer le coup » et bien « digérer » un événement.

Dans les séances de yoga :

1) Portez votre attention sur le plaisir lié à l'étirement de vos muscles.

2) Portez votre attention sur le plaisir de respirer.

3) Portez votre attention sur la sensation agréable liée à la relaxation.

Le trépied du yoga, ou une histoire de haricot

Nous allons enfin aborder les trois derniers conseils du yoga. Ils sont souvent abordés ensemble car ils forment les trois extrémités d'un triangle. Ce sont : Savoir faire, Faire et Laisser faire.

L'un de mes trois fils était un jour revenu enthousiaste de l'école. Ils venaient d'étudier le miracle de la vie. Leur maître leur avait dit qu'en plaçant un haricot dans du coton humide, celui-ci pourrait donner une plante ! Il avait naturellement hâte de voir ce miracle se produire. Nous plaçâmes donc un haricot dans un verre entre deux couches de coton humide. Il n'y avait plus qu'à attendre. Quelque temps passa, mais le haricot ne se développait pas, malgré des arrosages réguliers. Cela semblait étonnant, mais j'en compris bientôt la raison lorsque mon fils voulut me montrer que le haricot n'avait pas bougé. Il retira le coton du dessus, se saisit du haricot et le tourna dans tous les sens. Evidemment, ce haricot ne pouvait pas se développer si tous les jours il le retirait, le touchait, l'observait et le changeait de place.

Pour qu'un haricot pousse, lui expliquai-je, il lui faut du temps, il faut savoir ne rien faire.

Pour qu'un haricot pousse, il faut naturellement suivre les instructions. Son maître le leur avait enseigné. Il savait maintenant comme s'y prendre : choisir la graine, la placer, l'arroser. Il avait franchi la première étape du savoir, de même que la seconde qui consistait à agir.

En effet, il ne suffit pas de savoir comment procéder pour obtenir des résultats. Il faut aussi passer à l'action. Cela avait été accompli puisque le haricot et le coton avaient été rassemblés et l'arrosage quotidien effectué. Néanmoins, une chose avait été oubliée : il fallait également savoir laisser faire.

Il en est de même dans de nombreuses actions de notre vie quotidienne et plus encore dans la pratique du yoga. C'est pourquoi les trois derniers conseils concernant l'engagement personnel dans la pratique du yoga sont axés sur ces trois points : Savoir faire, Faire et Laisser faire.

Agir

La pratique du yoga semble souvent difficile. Il est vrai que, dans l'Inde, le yoga est la voie du « héros ». C'est une méthode qui est considérée comme une méthode « virile ». D'ailleurs, ce sont essentiellement des hommes qui la pratiquent. Je devais le constater pendant mon séjour chez le Swami Satchitananda évoqué au début de l'ouvrage. Ils s'asseyaient dès 5 heures du matin pour profiter de la fraîcheur et commençaient à pratiquer. On n'y voyait jamais de femmes indiennes. Les exercices étaient durs et difficiles. La majorité des pratiquants décrivent le yoga comme une discipline au sens strict du terme et l'associent à une relative ascèse. Je ne vous conseillerai pas à proprement parler de faire une ascèse mais, par contre, il est certain que nous n'avons jamais rien sans rien.

Pour retirer des bénéfices de la pratique du yoga, il est important de s'entraîner régulièrement et de mettre en application les exercices. Il ne suffit pas de savoir comment se font les exercices pour les maîtriser, l'idée seule n'est pas suffisante.

C'est pourquoi c'est une discipline et une ascèse. Il faut se prendre par la main et avancer.

Il faut toujours comparer son état ou l'évolution de son état par rapport aux moyens mis en œuvre pour le modifier. Il ne serait pas légitime de dire que votre pratique du yoga est sans effet si en fait vous ne pratiquez pas !

Pour y parvenir, il est souvent plus facile de se créer des habitudes et de ne pas y déroger. Prendre l'habitude de pratiquer toujours à la même heure et dans le même lieu permet de simplifier la pratique.

En fait, ce troisième conseil concernant l'engagement personnel s'applique à l'action. Le verset 43 dans le chapitre II nous dit : « *De la pratique régulière du yoga (tapas), les obstacles s'éliminent et le corps ainsi que l'appareil sensori-moteur acquièrent une grande vitalité et donc un fonctionnement plus efficace.* »

Ce besoin d'agir correspond aux fonctions fondamentales de notre être.

Nous sommes faits pour agir. C'est la raison d'être de notre système nerveux qui est d'adapter notre comportement à notre environnement.

Pour nous déplacer, nous avons recours à notre système ostéoarticulaire. Or, le système musculaire et osseux étant prévu pour bouger, il se perturbe lentement s'il ne remplit pas sa fonction, entraînant progressivement des troubles.

En cas d'alitement prolongé, nous ne stimulons jamais ces deux systèmes et, en six mois, la masse osseuse chute de moitié ! Si nous ne mastiquons pas suffisamment d'aliments solides, les os alvéolaires diminuent et les dents se déchaussent. Voilà deux exemples qui montrent à quel point il est important de faire fonctionner ce système.

La pratique permet donc également de compenser le manque d'action, c'est-à-dire la sédentarité. Nous avons besoin de bouger. Sans cela, le manque de mouvements entraîne des incohérences fonctionnelles et favorise la survenue d'un grand nombre de maladies. Il est donc important d'appliquer ce conseil de tapas pour maintenir notre état de santé.

L'étude

Le quatrième conseil du yoga dans le cadre de l'engagement personnel concerne l'étude. En effet, il est évident qu'il nous est nécessaire de comprendre, de réfléchir, d'apprendre pour pouvoir agir de mieux en mieux. C'est en ayant recours à cette faculté d'apprentissage très développée chez l'*Homo sapiens sapiens* que nous pouvons améliorer nos conduites. L'étude englobe tout ce qui concerne l'observation, la connaissance, la culture, autant de phénomènes qui pourraient apparaître extérieurs à l'observation, à la connaissance de soi, alors qu'il n'en est rien.

La lecture nous permet de développer la compréhension de nos comportements et la connaissance du yoga va dans ce sens. La lecture de cet ouvrage est directement liée à l'application de ce conseil.

« *L'étude approfondie qui peut, entre autres, s'accompagner d'un travail d'écoute intérieure nous amène progressivement à être plus sensibles au sentiment de perfection et nous permet ainsi de mieux prendre conscience de nos limitations.* »

C'est ainsi que le verset 44 dans le chapitre II nous décrit svadyaya : l'étude.

Dès lors que nous nous connaissons, nous connaissons les autres et inversement. Cela est alors un jeu d'enfant que de se comprendre ou de comprendre les autres tellement nous sommes semblables. Il est des lois générales qui nous permettent de décrypter les points communs à tous nos semblables.

Parfois, dans le yoga, il existe des malentendus. L'un des plus fréquents consiste à dire que notre mental est notre ennemi. En fait, il n'en est rien. Il n'est pas l'obstacle qui nous empêche d'atteindre la réalisation de soi. Nombreux sont ceux pour qui la lecture de livres sur le yoga n'est pas une bonne chose et qui conseillent la simple application de la pratique ! C'est un contresens terrible. Notre mental n'est pas irréconciliable avec nous-mêmes. Il en fait partie intégrante. Par contre, nous en sommes souvent l'esclave par nos pensées automatiques et nos pulsions, mais la compréhension ne gêne en rien l'évolution personnelle, bien au contraire. Comprendre nos mécanismes, nos habitudes est l'un des préalables qui nous permet d'évoluer encore plus vite.

L'abandon et la confiance

Le dernier des conseils concerne certainement celui qui, à mon sens, est le plus important. Il reprend en quelque sorte l'ensemble de tous les autres. Il nous demande de développer la confiance en nous et d'apprendre à nous laisser porter par la vie.

Ishvarapranidhana, qui se traduit littéralement par « l'abandon dans la puissance supérieure », nous encourage à nous laisser porter par le flot de la vie.

Comment faire lorsque nous sommes pris dans un fleuve tumultueux ? Nous est-il possible de résister au courant fort ? En général non. La seule solution est d'aller dans le sens du courant, voire de le doubler. La descente d'un torrent est alors plus facile. Dans le cas contraire, nous nous épuisons sans avoir jamais pu aller là où nous le souhaitions. Il en est de même dans votre vie quotidienne. Si vous apprenez le ski, la peur vous retient et vous empêche de libérer votre potentiel. Celui qui apprend en ayant confiance pourra aller beaucoup plus vite et plus loin. Celui qui est apeuré va trembler de tous ses membres, ses muscles seront également contractés et son corps ne bénéficiera pas de son intelligence spontanée. Il sera bloqué.

Si vous faites confiance à la vie, si vous avez confiance en vous, votre potentiel de santé et de vitalité sera démultiplié.

N'avez-vous jamais étudié le pouvoir des placebos ?

Un placebo est une substance qui a l'apparence d'un médicament, qui a le goût d'un médicament, qui a la couleur d'un médicament, mais qui n'est pas un médicament. Le seul fait de le prendre, qu'il ait été donné ou non par un médecin, déclenche en nous une force liée à la confiance que nous avons en ce médicament et entraîne la guérison.

Ne croyez pas que ce phénomène soit anecdotique, cela concerne entre 30 à 70 % des guérisons chez un médecin généraliste.

Réalisez-vous bien ce que cela signifie ? Selon les maladies, une personne sur trois, voire deux personnes sur trois guérissent parce qu'elles ont confiance !

Si un placebo peut vous guérir en combattant une maladie, cela prouve que votre foi agit directement sur votre système biologique. Votre physiologie est ainsi impliquée et réagit à vos pensées. On sait que de nombreuses molécules interviennent. Il n'en reste pas moins vrai que développer la confiance est un des meilleurs garants pour nous conserver en bonne santé et nous aider à accéder à l'état de bonheur.

« Par la confiance totale en la vie, en nous et dans les autres, nous pouvons réaliser l'état d'unité. » C'est ce que nous dit Patanjali dans les *Yogasūtra* dès le chapitre premier. C'est l'un des éléments les plus importants, même s'il n'est pas le conseil le plus simple à appliquer au quotidien.

Il faut nous y exercer assidûment pour y parvenir.

Comment l'appliquer dans la pratique

Dans la posture, dans les exercices sur le souffle, dans les exercices de concentration et de relaxation, vous allez appliquer l'ensemble des conseils liés à l'engagement personnel et tout particulièrement les trois derniers.

L'observation dont nous avons parlé dès le début de l'ouvrage est la pierre angulaire de la connaissance. Vous devez toujours observer et prendre conscience de ce qui se passe en vous. De cette façon, vous augmentez la connaissance de vous-même. Vous connaissant mieux, vous constaterez que très rapidement vous pourrez mieux connaître les autres. Par ailleurs, dès que vous êtes en train de pratiquer des exercices de yoga, vous êtes dans l'action. Vous avez décidé de vous prendre en main et vous appliquez une méthode pour pouvoir évoluer et vous transformer. C'est l'application concrète du deuxième point. Enfin, il ne faut pas oublier l'application du troisième. Dans l'ensemble de ces exercices, dans chacune de vos pratiques, il faut que vous vous abandonniez à la sensation de votre corps et que vous lâchiez prise. Répétez-vous mentalement que vous êtes détendu et relâché. Ne veuillez pas à tout prix forcer et aller au-delà de ce qui est possible. Laissez-vous porter par votre respiration, par le souffle qui vous transporte littéralement. C'est ainsi que progressivement vous sentirez l'état de confiance vous envahir.

Ainsi serez-vous dans cet état de paix intérieure tant recherché par le pratiquant de yoga. Vos pensées seront calmées, vous baignerez dans une sensation de paix et de calme, votre corps sera détendu. Vous aurez atteint l'état que vous cherchiez en décidant d'apprendre le yoga.

CHAPITRE SIXIÈME

Le yoga pour se soigner

Dans un hôtel indien...

Affalé dans un immense fauteuil, je respirais avec peine. La chaleur, au lieu d'être éliminée par les grandes pales du ventilateur, venait au contraire se plaquer sur ma peau moite. Comme la plupart des Français ignorants, j'étais allé en Inde à la saison la plus éprouvante. Ce voyage en Inde, je l'attendais depuis fort longtemps. Pour moi, c'était en effet la concrétisation d'un rêve nourri depuis les débuts de ma pratique du yoga... L'Inde, le berceau du Yoga. C'était bien évidemment là, estimais-je, que je pourrais en apprendre davantage.

Pour l'heure, j'étais assis dans un fauteuil en train de lutter contre cette lourde humidité qui enveloppait chaque objet, chaque personne. J'attendais sans aucune impatience mon premier contact avec un Indien, étant donné l'effet émollient du climat. A cette époque, j'étais encore étudiant en médecine et, dans le service où je travaillais alors, j'avais fait la rencontre d'un Indien qui habitait Madras ainsi que sa famille. Sachant que j'allais séjourner dans cette ville, il avait eu la gentillesse de me donner les coordonnées de son frère, que j'attendais maintenant.

J'étais heureux de pouvoir rencontrer un Indien vivant en Inde qui pourrait me donner son avis sur le yoga.

Après un certain laps de temps – le temps en Inde semble n'avoir aucune importance – la personne arriva. Une fois les politesses d'usage accomplies, j'en vins aux questions qui me paraissaient essentielles.

C'est alors qu'il me demanda pour quelle raison j'étais venu en Inde. Avec un certain sentiment de fierté, je lui répondis que j'étais venu pour étudier le yoga. Quelles ne furent pas ma déception et ma surprise lorsqu'il répondit : « Vous êtes donc malade. Vous venez pour vous soigner ?... » Je lui rétorquai (car je pensais qu'il n'avait pas compris mon anglais) que je n'étais pas malade mais que je venais pour étudier le yoga, ce système philosophique et pratique originaire de l'Inde, insistai-je.

Sa réponse fut à nouveau la même. Manifestement, je devais n'avoir rien compris à ce que représentait le yoga pour les Indiens. Pourtant, d'après les ouvrages que j'avais pu lire, si le yoga s'intéressait au domaine de la santé, il ne se limitait cependant pas à cela.

Un peu plus tard, alors que je me rendais dans un « ashram » (lieu de travail et de communauté), quelle ne fut pas là encore ma surprise de voir inscrit en lettres d'or au fronton d'un immeuble : « YOGA ET SANTÉ – SOINS ET TRAITEMENTS. »

Il était évident que le yoga n'avait pas la même signification selon les personnes et les lieux !

Mais il apparaissait clairement que, dans son pays d'origine, le yoga était en étroite relation avec le domaine de la santé. Toujours lors de ce même voyage, j'assistai à des « consultations » de personnes malades auprès des Swamis qui leur conseillaient des postures de yoga ou des respirations pour se soigner. Que ce fût à Dehli, à Bombay, à Poona, à Madras, il n'y avait pas un lieu où le yoga ne fût pas considéré comme une méthode de soins ou de thérapie.

Dans le premier chapitre, nous avons défini le yoga comme un système permettant de se réunifier et de s'unir aux autres. Comme nous allons le voir, cet objectif n'est pas tellement éloigné de la définition de la santé proposée par l'O.M.S., bien au contraire.

O.M.S. et yoga, même combat

Il y a quelques dizaines d'années, de nombreuses personnalités se réunirent dans le cadre de l'Organisation mondiale de la santé (O.M.S.) pour essayer de donner une définition à la santé. Ils conclurent que « la santé est non seulement l'absence de maladie ou d'infirmité mais un état de bien-être physique, moral et social ».

Dans cette définition, notons qu'il apparaît très clairement que la santé ne se définit pas seulement par rapport à la maladie. C'est dire l'importance qui est accordée à l'aspect positif de l'état de santé.

D'autre part, la santé est un état de bien-être qui se situe à différents niveaux. Physique certes, mais également moral et social. Nous retrouvons dans cette expression l'importance de la relation que nous entretenons non seulement avec nous-mêmes mais également avec les autres.

Dans le yoga, nous considérons qu'il existe un état naturel et normal de bien-être qu'il nous faut tout naturellement développer.

Il existe bien une concordance de philosophie entre les objectifs du yoga et ceux assignés par l'O.M.S.

Cette relation entre yoga et santé se vérifie tous les jours. De nombreux élèves s'inscrivent à un cours de yoga pour améliorer leur état de santé. Au minimum 40 à 50 %. Les professeurs de yoga sont ainsi confrontés à des choix difficiles face à leurs élèves qui souvent souffrent de pathologies très diverses. Or, la formation actuelle des enseignants de yoga ne leur permet pas toujours de faire face à ces questions essentielles.

La double formation que nous avons suivie, à la fois médicale et yogique, nous a permis de faire cette synthèse afin de mieux cerner ce que les professeurs de yoga peuvent faire ou ne pas faire face à des élèves malades.

La réalité du besoin d'individualiser

En pratique, une réalité s'impose. Dans un même cours de yoga, peuvent cohabiter des personnes hypertendues, hypotendues, ayant de l'arthrose cervicale, ayant eu un pontage coronarien... Aucun professeur ne peut échapper à cette situation. Peut-être vous-même souffrez-vous de quelque trouble et souhaitez-vous bénéficier de la pratique du yoga. Mais pour en profiter au maximum, vous devez bien évidemment appliquer le premier des conseils qui est « ne pas nuire ».

D'autre part, il n'est pas rare, bien au contraire, que des personnes soient adressées par leur médecin qui « ne peut plus rien pour elles » !

C'est pourquoi les relations entre le yoga et la médecine sont de plus en plus étudiées. Depuis 1924, le Swami Kuvalayananda a créé le premier institut de recherche sur le yoga et publie les travaux dans une revue devenue la référence mondiale dans le domaine de la recherche en yoga, *Yoga Mimansa*.

Dans le cadre de ce centre, de nombreux chercheurs ont contribué à démontrer la réalité des effets physiologiques du yoga sur le corps humain.

Dans notre pays, le travail de pionnier du Dr Thérèse Brosse, éminente cardiologue, a permis de faire avancer prodigieusement les connaissances dans ce domaine, à une époque où l'électrocardiogramme était encore un examen de pointe nécessitant un appareillage lourd et complexe.

Le Dr Brosse, munie de ce harnachement, était allée faire directement sur le terrain de nombreuses études auprès des yogis. Ce fut l'occasion de très nombreuses publications contribuant à populariser le yoga en France.

Mais, si le yoga et la santé sont en étroite relation, existe-t-il une approche et une compréhension simples de ce qu'est la santé ?

Qu'est-ce que la santé ?

La santé est la faculté que notre corps possède pour faire face aux agressions multiples, qu'elles soient liées à des germes ou bien psychologiques ou même mécaniques. Cette faculté de s'éloigner de l'équilibre et d'y revenir est le signe d'un organisme en bonne santé.

Mais la santé parfaite n'existe pas. Nous sommes tous soumis à des contraintes permanentes, qu'elles soient biologiques ou autres. Il nous faut y faire face et, parfois, les mécanismes de réactions se manifestent bruyamment, comme lors d'une fièvre.

Lorsque Jean est alité pour une mauvaise grippe, il a 40° de fièvre. Il est sous une pile de couvertures et de couettes. Malgré cela, il a froid, il grelotte. Il voudrait que l'on monte encore le chauffage ! De plus, il est mal. Il se sent abattu. Il a mal partout. Il n'a pas le moins du monde envie de sortir. Il n'a qu'un seul désir : ne pas bouger, rester là, tranquille, au calme. Dans ce cas, la maladie est une réaction d'adaptation. La fièvre a pour mission de détruire le virus, l'abattement de nous faire garder le lit... Or, ces maladies sont souvent un passage obligé et cela quel que soit notre état de santé.

Bien entendu, nous l'avons tous remarqué, et ceci a été confirmé par quelques études scientifiques, l'état d'esprit favorise ou au contraire empêche la survenue de maladies infectieuses. C'est sur cet élément-là que le yoga intervient. Il renforce le potentiel de santé. Mais il n'est pas possible pour un habitant de France, de Navarre ou de quelque contrée que ce soit, de ne pas être malade. Il serait aberrant de croire que la santé parfaite existe. Les maladies sont parfois le reflet de la lutte de notre organisme pour se maintenir en bonne santé, comme dans le cas d'une fièvre dont la fonction est justement de détruire l'adversaire.

Même les plus grands yogis connus actuellement sont susceptibles d'être malades. Et il n'y a rien de déshonorant à cela. Cependant, en prenant des mesures simples, l'apparition d'un très grand nombre de maladies peut être évitée et la guérison d'un très grand nombre de maladies peut être obtenue. La pratique du yoga y participe. De plus, même dans les cas où il n'est pas possible d'obtenir une rémission des manifestations de la maladie, il est possible d'avoir une amélioration de l'état général, ce qui donne un agrément et un confort de vie supérieurs.

Sainteté et santé, ne pas confondre

Depuis que le sacré et la religion sont en perte de vitesse (phénomène qui s'inverse peut-être actuellement), le bien et le mal sont devenus plus difficiles à cerner. Il est parfois compliqué de s'y retrouver.

La recherche de la perfection a progressivement cédé la place à des préoccupations concernant la santé physique et mentale. La confession de nos péchés ayant également disparu, c'est au psychiatre, au psychothérapeute ou encore au médecin que l'on s'adresse pour se confier. C'est dans le cabinet médical que l'on reçoit l'absolution et que l'on en repart le cœur léger. Cette situation a provoqué quelques confusions. Certains ont tendance à assimiler la santé avec l'état de sainteté. Réciproquement, dans cette acception, la maladie est perçue comme un châtiment reçu, pour nos actions néfastes.

S'il est vrai que nous sommes « partie prenante » et responsables pour une large part de nos conduites et donc de notre hygiène de vie, nous ne sommes pas pour autant responsables de tout. Nous confondons le mal, dont la racine étymologique est équivalente à celle du diable, le Malin, avec la maladie.

Il faut absolument éviter ces méprises. Ce qui ne signifie pas pour autant qu'il faille nous désengager de notre responsabilité. Nous sommes l'acteur principal de notre vie et de notre santé. Nos actions, nos comportements, nos choix nous orientent vers une plus grande stabilité ou au contraire un risque plus important de survenue de maladie.

Cependant, ne simplifions pas à l'extrême, la maladie n'étant pas une punition, abandonnons tout sentiment de culpabilité.

Pulsion de vie ou de mort ?

Combien de fois ai-je entendu dire dans mon cabinet que nous avons en nous une pulsion de mort qui nous conduirait vers une autodestruction !

Si l'on fume, c'est pour se faire du mal ! Si nous sommes malades, c'est parce que nous n'avons pas su rester calmes... Si nous mangeons trop, c'est pour nous détruire... Et chaque fois, la culpabilité augmente sans pour autant apporter de réponse. Or c'est cela qu'il faut apporter, des moyens pratiques et fiables pour permettre à notre organisme de trouver d'autres façons de s'exprimer que le besoin de fumer, d'être malade ou de manger de façon compulsive.

Bien sûr, le stress est responsable de maladies et il arrive que nous soyons dépassés par les événements, mais cela n'a rien à voir avec le diable.

La maladie est inhérente à la vie. Le stress est inhérent à la vie, la mort est inhérente à la vie. Etre malade ne signifie pas pour autant que nous sommes des êtres mauvais.

Sur quoi est-il possible d'agir ?

Voyons comment transformer les choses en distinguant ce qui est en notre pouvoir de ce qui ne l'est pas. Mais pour le déterminer, encore faut-il savoir quelle est la cause des maladies.

Retenons que les causes de maladies sont nombreuses, parfaitement bien énumérées et reconnues, mais que toutes ne sont pas maîtrisables. Il ne faut donc surtout pas subordonner toute notre vie à notre santé. N'ayant pas une maîtrise totale des facteurs de risque, il n'est pas possible de vivre uniquement tendus vers cet objectif de parfaite santé. Nous ne pourrions même plus profiter de l'instant présent. Or, il nous faut pouvoir apprécier la vie en permanence. Sachons que c'est la pulsion de vie qui est la plus forte dans notre corps. Elle seule nous pousse à rechercher notre bien-être.

Les causes de maladies

Il existe un grand nombre de causes de maladies. Certaines, nous le verrons, relèvent directement de la pratique du yoga qui peut aider à les éviter ou à les soigner. Pour d'autres, au contraire, le yoga ne peut rien faire.

Les maladies d'origine héréditaire

A la naissance, nous héritons d'un patrimoine génétique qui représente en quelque sorte le jeu de cartes dont nous disposons pour jouer notre partie... de vie.

Ces gènes sélectionnés depuis des millions d'années sont en quelque sorte les meilleurs puisqu'ils ont pu passer les épreuves de la sélection naturelle. Tout le matériel génétique dont nous disposons est prévu pour assurer un bon fonctionnement de notre corps tant du point de vue physique que du point de vue mental.

Cependant, il arrive que des anomalies soient transmises ou surgissent. Dans ce cas, la maladie ou les manifestations de la maladie ne peuvent pas être limitées par la pratique du yoga. Pour comparer cette programmation génétique avec un ordinateur, nous pourrions dire qu'il existe un défaut dans la partie « hard ». Ce sont les câblages qui sont concernés. Ce n'est pas leur utilisation.

Dans ce cadre des maladies héréditaires, il existe des maladies chromosomiques, des maladies par altération génétique et enfin des maladies conduisant à une prédisposition faisant intervenir le système H.L.A. (Human Leucocyte Antigene).

Dans ce cas, lorsqu'il existe une prédisposition, on parle de terrain fragilisé qui risque d'aboutir à une maladie si d'autres facteurs s'y associent.

L'hérédité ne rend pas toujours la maladie obligatoire mais y prédispose.

C'est le cas d'un certain nombre de cancers, comme celui du sein ou de l'intestin, de la polyarthrite rhumatoïde, de la pelvispondilite rhumatismale, du diabète juvénile, de certaines maladies auto-immunes ou d'autres maladies pour lesquelles on parle d'une prédisposition génétique.

Dans la majorité de ces cas, il est possible d'intervenir en prévention. En effet, pour que la maladie se déclare, il faut généralement, comme nous le disions, l'association de la prédisposition génétique et de l'accumulation de facteurs aggravants ou déclenchants généralement acquis.

Par exemple, nous savons qu'il existe une prédisposition génétique, ou pour le moins familiale, aux maladies cardio-vasculaires. Mais ce n'est pas parce qu'il existe une prédisposition génétique que cela doit permettre de fumer ! Bien au contraire. Nous savons que la fumée aggrave le risque, et nous devons tenir compte de ces facteurs aggravants.

Nous pourrions presque dire que l'homme est conçu pour fonctionner dans certaines conditions avec une certaine alimentation. Si nous ne respectons pas ces règles, tant d'hygiène de vie qu'alimentaire, nous fragilisons notre organisme et nous risquons de déclencher des pathologies.

Dans l'ensemble, les règles hygiéno-diététiques de yoga recouvrent ces conseils. Elles permettent de ne pas développer les facteurs de risques déclenchant les maladies.

Les maladies avec des facteurs favorisants

Il faut distinguer les maladies héréditaires des maladies acquises.

La nutrition en est la première cause, que ce soit par excès, par carence, ou par consommation de substances toxiques à visées psychostimulantes (toxicomanie avec l'alcool, le tabac, les drogues...).

Les toxiques, véhiculés par l'air, l'eau ou la terre ou même le contact ou l'alimentation, sont aussi la deuxième cause de maladies acquises.

Les facteurs infectieux, climatiques, chronobiologiques, traumatiques... complètent ce tableau.

Il faut également parler bien entendu de tous les éléments psychologiques et psychiques qui déclenchent des pathologies.

L'alimentation, les rythmes de vie, les comportements montrent l'importance de la multifactorialité dans les causes de maladies.

La majorité des facteurs favorisants peuvent être améliorés par la pratique du yoga.

■ Quelques indications et contre-indications

Les idées toutes faites concernant le yoga ont parfois la vie dure. Il en est une en particulier que l'on entend souvent dans le milieu médical. Beaucoup considèrent que le yoga est bon pour les états de mal-être psychique mais contre-indiqué en cas de maladies articulaires. Présenté autrement, cela consiste à dire que le yoga est néfaste en cas d'arthrose mais bénéfique en cas de mauvais sommeil et lorsque l'on ne se sent pas bien dans sa peau.

Si cette idée est un peu exagérée, il n'en reste pas moins vrai qu'une certaine réalité se dessine en arrière-plan.

Les maladies rhumatismales, nous allons le voir, peuvent également bénéficier de la pratique du yoga, mais ces pathologies seront souvent l'élément déterminant les limites aux exercices physiques que sont les postures.

En cas de maladies mentales ou d'anxiété, il est néanmoins recommandé d'être prudent. Si la pratique du yoga est particulièrement bénéfique, un certain nombre d'affections peuvent être aggravées.

Nous voyons donc que les indications et les contre-indications au yoga ne sont pas aussi tranchées que cela et il va falloir apporter des modulations dans chaque cas.

Les troubles ostéo-articulaires

Nous allons commencer par les cas de Jean-Pierre et de Raphaël qui ont pu bénéficier de la pratique du yoga.

Raphaël fut le premier de mes élèves que je suivis en cours particuliers.

J'étais alors étudiant et nous étions convenus que je me déplacerais à son domicile une fois par semaine pour lui donner des cours individuels.

J'avais fait sa connaissance par l'intermédiaire de Jean-Pierre qui pratiquait le yoga dans le même cours que moi. Nous avions à l'époque le même professeur. Malgré notre différence d'âge et de statut social, lui, directeur d'une grande entreprise informatique française, et moi, jeune étudiant de 18 ans, nous nous étions pris d'amitié et j'allais fréquemment chez lui. Nous avions alors le loisir de parler longuement du yoga et de la vie en général. Depuis qu'il pratiquait le yoga, Jean-Pierre n'avait plus mal au dos. Cette douleur qui le mordait de haut en bas en lui gâchant la vie avait disparu après un petit mois de pratique. Auparavant, comme Raphaël, le matin dès le réveil il lui fallait faire attention. Régulièrement il avait des crises de lumbago. Il prenait des anti-inflammatoires, mais cela recommençait aussitôt. Aujourd'hui, plus rien de tout cela ne se produisait, il allait bien. Comme Raphaël, le patron direct de Jean-Pierre, souffrait exactement du même trouble, ils en parlèrent inévitablement. Devant les bienfaits que lui avait procurés le yoga, Jean-Pierre, alors le bras droit de son « patron », ne pouvait pas rester muet. Il lui conseilla la pratique du yoga. L'emploi du temps de Raphaël ne lui permettant pas de suivre un cours de groupe hebdomadaire, nous décidâmes que je me rendrais chez lui.

Quant à Raphaël, il retrouva une aisance de mouvements en même temps que disparaissaient les douleurs dorsales dont il souffrait.

Un très grand nombre de lombalgies, de dorsalgies, de cervicalgies relèvent directement de la pratique du yoga. Selon les causes, certaines postures seront néanmoins contre-indiquées tandis que d'autres seront déconseillées.

De la même façon, un très grand nombre de douleurs articulaires peuvent être améliorées par le yoga.

Des simples contractures dues à des stress aux maladies rhumatismales chroniques comme la pelvispondilite rhumatismale, la polyarthrite rhumatoïde ou l'arthrose, presque toutes les maladies chroniques rhumatismales bénéficient du yoga. Cependant, il faut toujours pratiquer en veillant à ne jamais déclencher de douleurs. Il faut toujours tenir compte des limitations.

Il est vrai que l'on ne peut pas faire n'importe quoi. Une personne souffrant de douleurs cervicales ne pourra pas pratiquer les exercices provoquant une pression passive sur la zone concernée. Par exemple, la posture sur la tête sera à bannir. Inversement, des rotations douces en position dorsale seront conseillées.

En écoutant attentivement les réactions du corps, en appliquant le premier conseil : « ne pas nuire », l'adaptation se fait progressivement et permet à l'élève de retrouver des facultés nouvelles. Les muscles sont étirés de même que les tendons, permettant à l'ensemble du corps d'être libre de contraintes pénibles.

Prenons un autre exemple, celui de Jean-Philippe.

Comme celui-ci souffrait de lombalgies chroniques, la pratique consista tout d'abord à faire des exercices qui lui permettaient de développer la proprioception, c'est-à-dire la faculté de sentir son corps de l'intérieur, en particulier de la région lombaire et du bassin. En quelques séances d'une pratique régulière, il élimina complètement les épisodes douloureux.

Le mouvement de la vague, des étirements du rachis, des assouplissements des ischio-jambiers ont redonné une totale liberté à son corps.

Mais dans son cas, nous avons évité de pratiquer des exercices de flexion en avant qui auraient pu endommager son rachis lombaire.

Il en est de même pour chaque personne. Certains exercices peuvent être indiqués, d'autres doivent être proscrits. Nous avons parlé des postures de yoga, mais il va de soi que tous les autres exercices sont impliqués : respiration, concentration... Même la relaxation nécessitera des adaptations dans certains cas.

Neuropsychiatrie : stress, anxiété, angoisse et dépression

Le deuxième type d'indications que nous retrouvons dans le domaine de la santé est celui de l'ensemble des troubles mineurs du comportement. Cela recouvre les troubles de l'humeur ou de la vigilance avec les troubles de l'attention, du sommeil, la labilité émotionnelle, les attaques de panique, les humeurs dépressives.

Pour mieux comprendre tout ce que le yoga peut apporter, il est indispensable de revenir quelques instants sur la définition du stress, de l'anxiété, de l'angoisse.

Souvent, ces trois termes sont utilisés comme synonymes, pourtant, cela n'est pas tout à fait juste.

Stress

Tout d'abord, il nous faut absolument mettre fin à un mythe : le stress n'est pas seulement négatif. Bien au contraire.

En tout premier lieu, le stress est une réaction positive de l'organisme face à une difficulté. Le stress lui permet d'augmenter ses systèmes de défense et de s'adapter au mieux face aux nouvelles situations. Lorsque vous êtes stressé, vous êtes plus concentré, plus imaginatif, plus efficace, vous réagissez plus vite et mieux. C'est une réaction normale et automatique d'adaptation. Cette réaction a des conséquences autant sur votre comportement extérieur que sur les modifications biologiques internes. Ces deux aspects n'étant d'ailleurs que les deux faces d'un même processus. Que ce soit en réponse à un bruit, à une brûlure, à un travail qui a été commandé ou à une queue de poisson que l'on vient de vous faire en voiture, le stress est automatiquement déclenché pour vous adapter au mieux et au plus vite. Il est heureux que cette réaction soit automatique car sans cela nous perdrions un temps précieux, voire vital. Gagner une seconde, c'est nous permettre de prendre la fuite avant que le lion ne nous ait dévoré ! Par contre, lorsque ce stress est intense, voire trop important, il risque de provoquer une excitation qui peut en elle-même engendrer des petits troubles comme par exemple une hyperidéation avec des pensées automatiques parasites empêchant de dormir. Le plus souvent, le stress ayant atteint son objectif, vous vous serez bien adapté à la difficulté en trouvant une solution et vous pourrez alors « souffler ». Vous serez satisfait de vous. Vous pourrez profiter de votre récompense. De fait vous vous sentirez bien et la réussite vous donnera encore plus d'énergie pour continuer à travailler ou entreprendre autre chose. C'est le cas de la majorité des personnes qui travaillent parfois un grand nombre d'heures mais dans une activité qui leur plaît, qui leur apporte beaucoup de satisfactions, ce qui leur donne du courage pour continuer sans aucune fatigue. Elles s'épanouissent dans ces conditions.

Mais si l'énergie que vous avez employée pour faire face à la difficulté ou au travail ne débouche pas sur un sentiment d'efficacité, alors « rien ne va plus ». Il suffit qu'un courrier vous soit retourné avec un mot désagréable, qu'une personne assise en face de vous vous fasse la tête toute la journée, pour que vous vous sentiez mal. Au début, peut-être réagirez-vous bien pour essayer de faire face.

Mais dès que vous vous rendrez compte que tous vos efforts ne servent à rien, alors vous risquerez de décompenser et de sentir ce que l'on appelle communément le stress. C'est la frustration que vous vivez qui sera responsable de cette réaction qui, cette fois, est négative. De plus, pour en arriver là, il n'est pas toujours nécessaire que le stress soit important. Il suffit parfois d'une demi-heure d'un travail quotidien démotivant pour vous rendre plus fatigué qu'une journée de dix heures de travail motivant.

Si vous êtes dans la publicité, dans les relations publiques, vous aurez bien compris ces mécanismes pour les vivre à longueur de journée. Le stress est motivant, stimulant et vous rend plus créatif. Mais qu'une contrariété survienne, alors vous ressentez les conséquences néfastes du stress.

Est-il bien utile d'ajouter que 80 % des stress trouvent leur origine dans les difficultés de relation avec les autres, souvent elles-mêmes liées à des difficultés de communication ?

Je pense que vous l'avez suffisamment expérimenté autour de vous pour que je ne m'étende pas sur le sujet.

Baisser son stress pour être plus disponible

Notons que le yoga permet alors de faciliter les relations en rendant les individus plus calmes et en permettant de ce fait une meilleure communication entre eux. Il est important de souligner cela car combien de personnes reprochent au yoga d'être une activité narcissique où l'on va pendant une ou deux heures par semaine se contempler le nombril !

Rien n'est plus faux, naturellement. Comment aider les autres, être tout simplement présents, lorsque nous-mêmes nous sommes irritables, tendus et que nous nous mettons en colère pour un rien ? Il n'y a donc rien de répréhensible à se consacrer un peu de temps pour se sentir mieux dans sa peau et être ainsi plus « sociable ». Au contraire, c'est une nécessité pour préserver bien souvent des relations positives avec son entourage. Lorsque nous sommes « tendus », il nous arrive de tout voir de façon négative, de tout mal interpréter. Même chez celui

qui est aimable, nous décrypterons des sentiments négatifs et nous réagirons mal envers lui. Il est donc de notre
devoir de nous occuper de nous. Ensuite, c'est une question de bon sens. Il faut s'organiser pour que notre entourage n'en pâtisse pas. Mais s'occuper un peu de soi est
essentiel autant pour soi que pour les autres. Etant moins
stressés, nous sommes plus disponibles.

Le stress, s'il est avant tout un stimulant positif, peut
également engendrer des états d'anxiété ou d'angoisse,
lorsque l'action sur laquelle il débouche n'est ni construc-
tive ni valorisante ou qu'il dure trop longtemps sans
phase de récupération.

Anxiété, angoisse

L'anxiété, tout comme le stress, reconnaît une définition positive. L'anxiété bien sûr dans son acception classique est synonyme d'état négatif. Mais avant de considérer cela, nous devons comprendre que, fondamentalement, l'anxiété est une réaction automatique de notre
cerveau face aux difficultés. Cela fait appel aux facultés
d'abstraction et d'anticipation de l'humain qui peut se
projeter dans le futur. Ainsi, lorsque vous envisagez de
faire une conférence, d'inviter des amis, lorsque vous
avez un examen, l'anxiété vous permet d'être au point.
Elle vous permet de préparer ce que vous allez dire, de
prévoir la quantité adéquate de nourriture, d'apprendre
correctement vos sujets. La personne qui n'est pas assez
anxieuse se moque de tout. Rien n'est prêt, elle cherche
ses notes, elle n'a pas prévu les boissons, elle arrive à ses
cours décontractée, les mains dans les poches, sans rien
avoir appris... Mais quelle catastrophe le jour J !

Un enfant anxieux va avoir tendance à bien travailler.
Un enfant « sans souci la violette » n'aura pas de bons
résultats.

Bien sûr, vous allez me dire que vous connaissez des
personnes qui sont anxieuses et qui, contrairement à ce
que je viens de dire, sont paralysées lors de leur conférence, de leur repas entre amis, de leur examen. Vous
avez raison. Mais cette étape-là est l'étape suivante. La
personne est passée d'une anxiété naturelle et normale,

stimulante et prévisionnelle, à une anxiété pathologique. Le moindre événement devient source de difficultés même s'il ne requiert aucune préparation particulière. Bien souvent se produit ce que je nomme le « syndrome de Don Quichotte » et que j'ai expliqué dans *Stress : comment l'apprivoiser*[1]. L'anxiété se cristallise sur une situation qui n'est que le fruit de l'imagination. Il n'y a pas à proprement parler de situation anxiogène. Celle-ci est le fruit de l'interprétation personnelle. Don Quichotte est dans la même situation, il ne peut gagner puisque ses ennemis n'existent pas. Il se bat contre des moulins ! De la même façon, l'anxiété, qui a pour fonction de nous stimuler en nous permettant de trouver des solutions, ne pourra jamais remplir sa fonction puisqu'il n'y a pas de problème. Les données des apparentes difficultés sont introduites dans notre cerveau qui les tourne et les retourne dans tous les sens sans jamais trouver de solution, l'anxiété grandit démesurément. Dans ce cas, les personnes précisent qu'elles aimeraient bien « débrancher » le mental ! L'image est excellente car elle exprime bien ce processus automatique. Nous en avons déjà longuement parlé.

Lorsque les problèmes existent réellement, dans la majorité des cas, ces pensées déboucheront sur des solutions mais, s'il n'y en a pas, cela restera au niveau de l'hyperidéation, ce qui signifie que la personne ressassera sans cesse les mêmes idées.

Parfois, l'anxiété débouche sur des manifestations physiques : c'est l'angoisse, qui se caractérise par une oppression, une boule à la gorge. Encore une fois, il nous est possible de parler de fonction positive de l'angoisse. Elle nous permet d'éviter des situations difficiles qui ne sont pas propices à notre épanouissement. Dans ces conditions, il est naturel d'éviter les situations angoissantes. Mais là encore, cette angoisse peut ne pas être adaptée et nous créer plus de difficultés qu'elle n'en évite.

Dans tous ces cas, la pratique du yoga, par les étirements qu'il procure, par l'action positive d'expérimenta-

1. Ed. J'ai lu, n° 7027

tion d'un autre état, par l'action calmante sur les pensées, débouche sur une amélioration.

Ces manifestations s'accompagnent malheureusement parfois de troubles plus physiques, perturbant le fonctionnement des systèmes sympathique et parasympathique ou celui des sécrétions hormonales.

La liste en est longue mais il est important de l'évoquer car les méfaits du stress sont tous améliorés, voire guéris, par la pratique régulière du yoga.

Il existe certaines maladies qui sont simplement dues à un dysfonctionnement de l'organisme ou des systèmes d'organes. Elles sont appelées « troubles fonctionnels ».

On les oppose aux pathologies qui se manifestent par de véritables lésions anatomiques au niveau du tissu de l'organe et que l'on appelle dans ces cas des « troubles organiques ».

Dans la longue liste des maladies fonctionnelles, nous distinguerons plusieurs rubriques. Nous retrouvons tous d'abord dans une première classe les perturbations de la vigilance avec les insomnies, comme dans le cas de Christine dont nous avions parlé au premier chapitre. Ce peuvent être à l'inverse la somnolence, la fatigue, voire l'hypersomnie. Dans le deuxième groupe des troubles fonctionnels, on peut individualiser un trouble qui affecte 15 à 25 % de la population et que l'on appelle la spasmophilie.

La spasmophilie

Gérard brutalement ne se sent pas bien. Il ressent des picotements dans les extrémités et surtout autour de la bouche. Il a même un petit tic qui le tétanise au-dessus de la lèvre. Une oppression se manifeste, l'enserrant comme un étau autour de sa cage thoracique. Il est vrai que Gérard est assez nerveux. Il est un nerveux intériorisé, comme le lui dit sa famille. Mais aujourd'hui, il vient d'apprendre une mauvaise nouvelle et se sent vraiment mal. Il vient d'être recalé pour la troisième fois à un examen qui est primordial pour son avenir. Ce n'est pas la première crise. Il en a déjà fait et on lui avait alors conseillé de respirer dans un sac de plastique pour limiter les effets néfastes de l'accélération de sa respiration.

Malheureusement, il n'arrive pas à en trouver un, ce qui ne fait qu'augmenter l'exaspération et majorer les troubles. Le médecin appelé lui donne des calmants pour traiter la crise de spasmophilie qui avait été déclenchée.

Comme il lui a prescrit également des anxiolytiques qu'il ne souhaite pas prendre, Gérard décide de s'inscrire dans un cours de yoga. C'est assis sur un tapis, entouré d'autres pratiquants, que le professeur lui apprend à prendre conscience de sa respiration, à respirer avec son diaphragme. Il pratique des respirations lentes et amples. Parfois, il est nécessaire de savoir contrôler sa respiration dans la vie courante pour calmer une crise débutante. Dans son cas, ce ne fut même pas nécessaire car, dès ce premier cours, Gérard oublia complètement ce qu'était la spasmophilie. Il ne refit jamais plus de crise.

Les dystonies neurovégétatives

Palpitations, transpirations, céphalées, sécheresse de la bouche, douleurs abdominales accompagnées de constipation, tels étaient les symptômes dont me faisait part Murielle. Sans oublier des sensations vertigineuses de fatigue et de nausées. Comment aurait-il pu en être autrement ? Elle vivait la vie de trois femmes en même temps. Premièrement, elle travaillait à Paris dans une grande banque. Elle avait d'énormes responsabilités qui l'obligeaient à quitter son travail après vingt heures. Deuxièmement, elle vivait avec son jeune fils à Paris pendant la semaine et allait rejoindre son mari du vendredi au dimanche en province. Là, elle assurait une vie sociale de sept jours en trois jours tout en pratiquant énormément d'activités sportives. Mais, il faut ajouter de plus que, dans la capitale, son enfant n'arrivait pas à s'endormir avant minuit. Si bien qu'elle cumulait une vie professionnelle, une vie de femme, une vie sociale, plus une vie de mère de famille sans pouvoir à aucun moment souffler. Pour beaucoup, une seule de ces activités aurait déjà été suffisante pour engendrer le stress. Ses examens médicaux étaient tous normaux. Le stress, encore le stress, toujours le stress était incriminé.

Que faire ? Elle choisit la pratique du yoga qui non seulement lui permit de récupérer mais également de voir et d'organiser sa vie autrement. Deux fois par semaine, elle allait dans une salle de yoga. Elle suivait les conseils donnés par l'enseignant. Elle se laissait porter par la voix. Elle apprenait à vivre en bonne intelligence avec son corps qu'elle avait auparavant trop malmené et qui le lui avait signifié à travers l'ensemble de ces désordres neurovégétatifs. Dans cette salle, dans cette ambiance de calme, elle pouvait enfin se « ressourcer ».

La liste des troubles fonctionnels pourrait encore s'allonger : douleurs mal systématisées, brûlures urinaires alors que jamais les bilans ne se révèlent anormaux... Mais arrêtons là cette énumération. Ce qu'il nous faut retenir, c'est que, dans tous ces cas, la pratique du yoga peut être une aide précieuse.

Les troubles peuvent diminuer en fréquence ou en intensité, voire disparaître.

Insistons bien sur le fait primordial que, là encore, certains exercices seront particulièrement recommandés et que d'autres pourront être contre-indiqués. Rien ne se fera de façon systématique, même s'il existe des similitudes.

Dans tous les cas que nous venons d'énumérer, l'objectif prioritaire est de recentrer, de consolider la personne. Il ne faut surtout pas développer l'imaginaire délirant avec des visualisations « éthérées ». Il faut avant tout structurer et donner des bases. La pratique du yoga insistera sur le recentrage, sur la sensation de bien-être, sur la sensation du corps. En fait, nous devrons tout simplement réconcilier toutes les dimensions de la personne.

A côté de la discipline de la psychiatrie, se profile, très différente, celle de la neurologie qui reconnaît de nombreuses autres indications.

Une fois de plus, les indications seront multiples et devront être détaillées. Du simple malaise au syndrome parkinsonien, les exercices seront bénéfiques.

Nous étions à Annecy, dans le cadre d'un stage de danse. Marie-Laure, jeune femme d'une quarantaine d'années, souffrait de tremblements dus à la maladie de Parkinson. Elle n'avait pas pu s'inscrire au stage de danse bien qu'ayant auparavant pratiqué cette discipline. Mais, par nostalgie, elle venait goûter à l'ambiance générale qui régnait dans ces bâtiments dessinés par Le Corbusier. Des jeunes femmes ou des jeunes hommes, vêtus de collants de danse plus bariolés les uns que les autres, le front ceint d'un bandana, s'agitaient dans tous les sens. Toutes les heures et demie, l'effervescence était à son comble dans les couloirs aux intercours et les curieux s'installaient derrière les baies vitrées pour assister aux cours. Seul, le cours de yoga que je donnais semblait épargné par cette agitation. Les danseurs venaient y trouver réparation de leurs efforts. C'est en voyant cela que cette ancienne danseuse était venue frapper à la porte de mon cours. Elle s'allongea sur un tapis, le corps toujours parcouru par les tremblements dus à sa maladie. Au terme du cours, elle vint me trouver. Elle se sentait bien. Ses tremblements avaient disparu. Il en fut de même durant les dix jours du stage, et non seulement lors des leçons mais également tout au cours de la journée.

Par ailleurs, nous avons donné et dirigé des cours de yoga dans le service de rééducation fonctionnel du Pr Hammonet, de l'hôpital Albert-Chennevier à Créteil. Dans les cours réservés aux malades hospitalisés, se côtoyaient des patients atteints d'hémiplégie, de paralysie, ou autres affections neurologiques.

Cette expérience qui, malheureusement, fut abandonnée après un an et demi pour des raisons d'organisation avait véritablement porté ses fruits. Les volontaires qui avaient pu venir régulièrement s'étaient sentis améliorés sur tous les plans : état général, mobilité, acceptation de leur handicap, facilitation de la récupération ou des appareillages...

Le cœur et les poumons

Le troisième groupe d'indications, probablement moins bien connu, concerne celui de la cardiologie avec les troubles du rythme cardiaque, les angines de poitrine, les infarctus et les hypertensions artérielles, pour ne citer que les principales.

L'hypertension artérielle

Jacques s'était assoupi, quand ses assistantes entrèrent dans son bureau. « Excusez-nous », s'empressèrent-elles de dire. En effet, cela faisait *a priori* désordre que d'entrer dans le bureau du chef comptable de l'entreprise et de le surprendre en train de se reposer. Mais, loin de s'offusquer, Jacques leur expliqua que cela était devenu vital pour lui. Cela faisait maintenant plusieurs années qu'il avait appris, avec la pratique du yoga, à faire des pauses plusieurs fois par jour. De fait, il pouvait s'endormir quelques minutes pour récupérer et repartir à l'assaut de sa charge de travail, qui était pour le moins monumentale. Ses assistantes eurent alors un mot malheureux en lui disant qu'il avait de la chance de pouvoir s'endormir comme il le désirait, à l'image de Napoléon Iᵉʳ. Ce petit mot fit réagir Jacques, car pour lui la chance n'existait pas vraiment. Ou tout au moins, ce qu'il avait mis en place n'était pas le fruit de la chance mais d'un long travail. Il avait été parachutiste durant la guerre d'Algérie et, pour un « para », compter sur la chance était un arrêt de mort. La chance, il ne connaissait pas. La préparation, par contre, il savait ce que cela voulait dire. D'autant que, professionnellement, il était passé par des périodes noires et ce n'était pas par chance qu'il s'en était sorti. Sa carrière avait été brillamment menée. Il était devenu directeur financier d'un des plus grands constructeurs français de fours à pain quand celui-ci avait dû fermer pour raison de baisse de consommation de pain par les Français ! Etre au chômage alors que l'on est à l'apogée de sa carrière s'accompagne alors de la perte de « quelques plumes ». Dans ce cas, il faut un grand courage pour se remettre en question et accepter de recommencer ailleurs à un poste inférieur. Jacques avait été obligé de modifier son C.V. car les employeurs n'avaient pas besoin d'un directeur financier, si bien qu'il n'en faisait plus mention. Finalement, il fut engagé comme chef comptable. Mais, entre-temps, une hypertension artérielle avait été diagnostiquée. Les examens n'apportaient aucune indication. Il n'y avait pas de cause organique à celle-ci, comme dans 95 % des hypertensions. Le traitement avait alors été institué, qui ne permettait néanmoins pas de ramener les chiffres à un état normal. Après quelque temps, son épouse, qui faisait déjà du yoga, le décida à venir participer à un stage de yoga de remise en forme. Au retour, sa décision était prise. Il était conquis et s'inscrivit aux cours hebdomadaires. Un mois plus tard, il faisait sa séance tous les matins, dans le calme de la journée débutante. Après trois mois, les tensions étaient normalisées. Avec son médecin traitant, ils décidèrent de faire un essai. Ils arrêtèrent carrément le traitement antihypertenseur. Victoire ! les chiffres étaient normaux. Depuis ce jour, Jacques continue à pratiquer quotidiennement. De plus, il instaure des pauses dans la journée, comme le lui avait enseigné son professeur. C'est pourquoi il s'élevait contre ce que disaient ses assistantes. Non, ce n'était pas la chance qui lui permettait de s'endormir comme il le voulait ! Il avait appris à maîtriser un certain nombre de fonctions qui normalement ne sont pas sous l'emprise de la volonté. Il pouvait se reposer, sa tension s'était normalisée, mais chaque matin il continuait à s'entraîner.

Quant à Jacqueline, elle avait bien vingt kilos à perdre. Mais ce qui lui avait fait commencer la pratique du yoga avait été la lecture d'un article qui expliquait que le yoga permettait d'abaisser la tension d'à peu près deux points chez les hypertendus. C'était parfait pour elle. Elle avait une tension artérielle limite à 16/9,5 et son médecin hésitait encore à la mettre sous traitement. Il ne lui avait jamais été possible de suivre correctement un régime, ce qui la désespérait. Mais, ce jour-là, elle était satisfaite. Sa tension s'était légèrement abaissée. De plus, elle avait perdu quelques kilos. Sans rien faire, juste en étant un peu attentive. Chose qui lui était maintenant possible alors qu'auparavant elle ne pouvait pas s'empêcher de grignoter à n'importe quel moment.

Il est vrai que les troubles du comportement alimentaire, allant du simple grignotage à la véritable boulimie, sont améliorés par le yoga. Il en est de même pour l'hypertension artérielle ou encore l'hypotension artérielle. De nombreuses études à travers le monde ont confirmé l'intérêt du yoga dans ce domaine. C'est le cas des études menées à Paris, dans le service du Pr Cloarec, sous la direction du Dr Christiane Daussy.

De plus en plus, les services de cardiologie intègrent la relaxation et la pratique de méthodes d'étirement dans le cadre de la rééducation cardio-vasculaire après un infarctus.

Certes, certains exercices ne peuvent pas être pratiqués, surtout dans le cas d'une maladie athéromateuse où les artères sont presques toutes bouchées. Mais, d'une façon générale, les exercices respiratoires, les exercices de relaxation, de contraction, les postures seront favorables à une récupération rapide.

Jean-Pierre était à cette époque chef de clinique à l'hôpital Henri-Mondor. J'étais moi-même externe dans le service de cardiologie du Pr Vernant. L'hôpital était un immense building. Nous étions au douzième étage. La vue qui s'étalait sur toute la région parisienne et Paris était superbe de cet étage, mais nous ne passions pas notre temps à la fenêtre, loin s'en faut. Le seul avantage que j'en retirais était le suivant : je m'étais obligé, comme de nombreuses personnes du service, à systématiquement monter les étages à pied ! Cela développait souffle et... système cardio-vasculaire. Mais pour l'heure, Jean-Pierre me demandait de pratiquer une nouvelle ponction pleurale sur notre patient vietnamien. Celui-ci souffrait d'une insuffisance cardiaque. L'essoufflement permanent qui l'obligeait à être assis témoignait d'un œdème pulmonaire. Devant la radio du thorax qui était plaquée contre le négatoscope, le verdict était sans appel. La ponction pleurale fut donc faite. Cela lui apporta un peu de soulagement mais, dès le lendemain, l'essoufflement était à nouveau là. C'est donc dans ce contexte que l'on fit une demande de transplantation cardiaque. Notre patient n'était pas très jeune et la possibilité de pratiquer cette intervention avec succès était mince. Parfois, sous traitement encore plus sévère, il allait en réanimation. Un matin, Jean-Pierre me demanda de lui faire faire un peu de yoga. Il pensait que cela ne pourrait que lui faire du bien. Sur le moment, je me demandai ce que je pouvais lui proposer. Sa femme, qui venait tous les jours, discuta longuement avec moi et je lui expliquai ce qu'était le yoga. Elle acquiesça et en parla avec moi à son mari. Alité, en position assise pour pouvoir respirer un peu, tout mouvement était impossible à exécuter. J'entrepris donc de lui faire faire de la relaxation. Tous les matins, nous amenions la concentration sur son corps, jamais sur sa respiration qui était trop angoissante. Nous y associions quelques mouvements de bras et de tête, sans plus...

L'année d'après, Jean-Pierre et moi-même, accompagnés de nos épouses, étions réunis dans un restaurant... vietnamien, cela allait de soi ! Face à nous, notre patient nous expliquait qu'une fois sorti de l'hôpital, deux mois après avoir débuté la relaxation, il avait réorganisé sa vie. Il ne pouvait pas aller vite, certes, la transplantion n'avait pu se faire, mais il pouvait vivre chez lui. Tous les après-midi, il passait son temps dans la bibliothèque d'une congrégation religieuse située juste en face de chez lui. Il méditait sur les mystères de la vie, prenait son temps et, pour nous remercier de nous être occupés de lui de façon si inattendue, avait organisé ce dîner.

Quel avait été exactement le rôle joué par la pratique du yoga ? Cela reste difficile à définir. Mais toujours est-il que c'est à partir du jour où nous avons mis en place cette pratique journalière que les ponctions pleurales n'ont plus été nécessaires et que cette rémission allait lui permettre de sortir.

L'appareil respiratoire et ORL

Les allergies, les infections à répétition, les crises d'asthme améliorées ou guéries par le yoga sont légion. L'appareil respiratoire et la sphère ORL sont le quatrième domaine dans lequel la pratique du yoga apporte un soulagement.

Je vous avais parlé de l'un de mes voyages en Inde à Jaipur. Dans cet ashram, tous les matins, les élèves se levaient de bonne heure pour pratiquer les kryas, les asanas et le pranayama. Entourés de paons qui déroulaient leur roue et de mille fleurs, le centre de yoga de Jaipur, situé en bordure de la ville, n'était pas pour autant un paradis terrestre. Les malades venaient pour des cures de quelques mois et 75 % repartaient guéris.

Dans ce lieu, ils pouvaient pratiquer des exercices particulièrement intéressants pour l'asthme comme les ouvertures de la cage thoracique et la respiration abdominale, pour ne citer que les deux principaux.

Dans les cas de bronchite chronique, des exercices pour le moins surprenants apportent un réel soulagement en permettant une meilleure expectoration matinale. Il s'agit de se mettre tout simplement sur la tête !

Sur la voie de la maternité

Le cinquième domaine concerne l'ensemble de la gynécologie, de l'obstétrique et de la maternité, ce qui représente encore une fois des indications extrêmement fréquentes et importantes.

Le yoga est tout particulièrement conseillé aux femmes et aux futures mamans. De nombreux ouvrages en ont parlé, en particulier celui de Chantal Coudron : *Sur la voie du yoga et de la maternité.*

Il existe, il est vrai, une intrication importante entre ces deux domaines.

Pourtant, il fut un temps où le yoga était strictement réservé aux hommes. Ce temps est révolu et, bien au contraire, un grand nombre de femmes viennent pratiquer.

En fait, de très loin, l'immense majorité des pratiquants de yoga en Occident sont des femmes.

Ce phénomène n'est pas sans raison. Les femmes sont plus proches d'elles-mêmes et naturellement portées à être plus conscientes de leur corps.

La grossesse amplifie cette attention aux mystères de la vie à travers ce qui se passe en soi. La femme, dans cette circonstance, est amenée logiquement à s'intéresser à la pratique du yoga.

D'autre part, les femmes enceintes ont parfois une majoration de leur état d'anxiété. Comme les médicaments sont déconseillés, c'est donc vers une méthode « naturelle » sans médicaments qu'il faut s'orienter. Le yoga les aide à être plus sereines.

Après le temps de la grossesse, vient celui de l'accouchement. En ce qui concerne cet événement proprement dit, la préparation par le yoga est toujours d'une grande aide. Même si la femme désire accoucher sous péridurale, elle trouvera dans les séances des ressources inattendues.

L'après-accouchement sera également une période favorable pour pratiquer le yoga. Cependant, la jeune maman souffrira souvent d'un manque de temps durant les premières semaines. Malgré cela, les longues nuits qui la fatigueront nécessiteront d'autant plus de faire quelques exercices spécifiques pour être en pleine forme et disponible.

Des exercices comme le chien et le chat seront par exemple pratiqués quotidiennement. Après un mois, l'exercice quotidien des bandhas comme mula bandha permettront de renforcer le périnée et d'éviter les incontinences urinaires post-natales.

C'est donc aussi bien sur le plan psychologique que physiologique que la future ou la nouvelle maman trouvera de l'aide avec la pratique du yoga.

Dans le domaine de la gynécologie, de nombreux exercices seront préconisés dans les troubles du cycle, dans les troubles des règles et même dans les infécondités.

Nous connaissons les intrications importantes qui existent entre les différents niveaux endocriniens et psychoaffectifs. Il sera d'autant plus nécessaire de réguler à un niveau profond l'harmonie de l'être. Les exercices périphériques faisant intervenir une contraction, des étirements, des massages de l'ensemble des muscles du bassin et des muscles utérins, comme dans la posture accroupie ou les bandhas, lutteront contre tous les phénomènes de stase et de vieillissement précoce avec leurs conséquences.

L'appareil digestif et les autres...

Enfin, un certain nombre d'autres domaines, et non des moindres, sont également concernés par la pratique du yoga. En premier lieu on retrouve celui de la gastro-entérologie avec, par exemple, les colopathies fonctionnelles.

J'ai eu l'occasion, grâce au Pr Roger, de dispenser des cours de yoga à l'hôpital du Kremlin-Bicêtre. Je consultais dans le service de médecine interne à la polyclinique. Le Pr Roger était gastro-entérologue et avait accepté que des cours soient donnés à des patients souffrant de « côlon irritable ». C'est ce qui fut mis sur pied. L'objectif était de donner aux patients les moyens de mieux maîtriser leur anxiété et leur angoisse. Nous voulions également leur apprendre, grâce aux conseils de base, à modifier leurs comportements dans leur vie quotidienne. Cela venait justement d'être souligné dans une communication faite la même année au congrès mondial de gastro-entérologie qui se déroulait à San Francisco. Les changements dans la façon de se comporter influent énormément sur la survenue de crises. De même, une modification des habitudes de comportement (prendre son temps, faire une chose à la fois, prendre du recul, se détendre...) décuple systématiquement l'effet des autres traitements. Ces changements de comportement étaient enseignés au cours de la séance de yoga. Nous expliquions que les conseils appliqués aux exercices devaient également être transposés dans la vie quotidienne. D'autre part, les postures avaient pour mission de masser l'abdomen, de relancer le transit par une pression locale.

Les kryas, comme uddyana, étaient systématiquement enseignés, car ils sont particulièrement indiqués. La seule pratique d'uddyana le matin à jeun permet en général de régler les troubles du transit.

La respiration abdominale profonde, quant à elle, améliore la rythmicité des contractions du péristaltisme, levant les spasmes à l'origine de douleurs, de ballonnements, de gaz.

Bien évidemment, il n'est pas possible de passer sous silence l'effet de la relaxation générale qui annule les stress, générateurs d'aggravation de la maladie.

Les indications concernant les troubles de l'immunité ou de la cancérologie sont également importants.

C'est l'exemple d'un effet du yoga qui ne peut pas être curatif mais qui n'en est pas moins important pour autant. Qui ne connaît pas la méthode mise au point par le couple Simonton ?

Cette méthode s'appuie justement sur les techniques de visualisation pour accéder au sentiment de confiance et renforcer les possibilités de guérison. Cela est extrêmement important. D'après leurs études, l'application de la visualisation double les chances de guérison ! Devant de tels résultats, indépendamment d'une amélioration du confort de vie, d'une baisse des effets secondaires des traitements, il est normal de proposer systématiquement la pratique de ces exercices.

Mais, dans chaque cas : cardiologie, pneumologie, gynécologie, cancérologie..., les indications et les contre-indications doivent être posées en tenant compte de la spécificité des exercices de yoga.

Des milliers d'études ont été faites de par le monde sur les applications du yoga ou des techniques dérivées à la santé.

Lorsque les indications sont bien posées, les résultats sont toujours excellents.

Yoga et santé

« Nous allons bientôt commencer l'expérience ! » hurla le cameraman.

J'avais juste auparavant pratiqué quelques postures de yoga devant les caméras à l'occasion d'un reportage sur le yoga et nous allions reprendre un autre exercice. FR3 nous avait contactés pour illustrer le yoga dans le cadre de ses rapports avec la santé. Maintenant il s'agissait de mettre en évidence les effets du yoga sur le psychisme. De nombreuses études avaient été faites sur la pratique du yoga et l'électroencéphalographie.

Le réalisateur souhaitait absolument qu'une scène illustrant ces études figure dans son film. Pour l'occasion, j'étais donc transformé en cobaye. L'électroencéphalographiste de l'hôpital Henri-Mondor avait été réquisitionné pour la cause. Nous utilisions un matériel relativement léger dans le service de biologie et de médecine du sport de l'hôpital où l'effervescence était à son comble.

J'avais donc pratiqué quelques postures, mais je me demandais bien comment j'allais pouvoir tout à l'heure, par ma simple volonté, engendrer un flot d'ondes alpha comme cela est classiquement décrit. Je n'avais jamais fait cette expérience et, bien que je pensasse être capable de réaliser l'exercice, un léger doute m'envahissait. Le papier commençait à se dérouler centimètre après centimètre. Les résultats s'enregistraient ainsi petit à petit.

Les caméras tournaient tranquillement. J'étais tout à fait rassuré car je me disais que je n'étais pas en direct et qu'il nous serait toujours possible de faire un nouvel enregistrement !

C'est donc l'esprit détendu que je portais mon attention sur mon souffle. Je suivais son trajet à l'intérieur de mon corps, comme je l'avais déjà fait des milliers de fois. Mes pensées suivaient l'arrière-gorge, l'intérieur de la poitrine. J'imaginais que ce souffle descendait jusque dans l'abdomen et mes sensations remontaient le long de l'axe vertical pour redescendre à nouveau. Je me laissais gagner par l'état de méditation et par l'ambiance que j'avais coutume de développer lors de ma pratique quotidienne. Bien sûr, j'entendais encore le chant presque harmonieux de la caméra. Les projecteurs éclairaient et réchauffaient tout mon corps mais je n'étais presque plus présent à l'extérieur de mon enveloppe. Mon attention était portée uniquement vers l'intérieur, même si quelques stimuli externes franchissaient les portes des organes sensoriels. Après quelques instants, le réalisateur et la journaliste, Jocelyne Chemier, annoncèrent l'arrêt momentané du tournage qui reprendrait dans quelques minutes. Je demandai immédiatement ce qu'avait donné l'expérience et l'électroencéphalographie confirma l'apparition particulièrement fournie et inhabituelle d'ondes alpha sur les différentes aires cérébrales. Les spécialistes présents pour l'examen confirmèrent cette intensité inhabituelle.

Des études de ce type, il en existe des centaines.

Dès 1929, des pionniers en la matière ont commencé à travailler dans le centre de Kuvalydhama pour étudier les effets du yoga.

Des études fondamentales et des études cliniques ont mis en évidence les effets bénéfiques du yoga sur la santé. Elles ont également permis d'expliquer comment et pourquoi le yoga agissait.

A cette question importante, nous n'avons pas encore répondu.

Certes, nous avons déjà dit que la pratique du yoga agit en « détendant », mais que signifie précisément ce terme ? Est-il possible d'expliquer ce qui se produit précisément lorsque le yoga vous détend ?

Comprendre les mécanismes d'action de cette méthode millénaire en réconciliant science et tradition, tel sera le sujet du chapitre suivant.

CHAPITRE SEPTIÈME

Comment agit le yoga ?

La conscience

Arrivés à ce stade, nous pouvons dire que, depuis plusieurs millénaires, la pratique du yoga a toujours été associée au développement du potentiel humain.

En effet, insistons bien sur le fait que très tôt, dès l'apparition de la conscience, l'homme réalise l'existence d'émotions qui le perturbent. Il se rend compte qu'il peut être anxieux et que ces états procurent une gêne dans sa vie quotidienne.

Il réalise également qu'il est mortel, et de cette prise de conscience naît une véritable angoisse existentielle.

Tout cela peut déboucher sur des troubles du comportement associés à des sensations de mal-être indéfinissables, voire sur l'apparition de véritables maladies.

Ces pathologies résultent des déséquilibres qui s'installent progressivement dans le système endocrinien et dans le système nerveux.

Ces deux systèmes qui programment et régulent l'organisme gèrent également l'ensemble des autres systèmes du corps humain : le système cardio-vasculaire, le système respiratoire, le système digestif... par l'intermédiaire de centaines de substances hormonales ou neuro-endocriniennes.

Si bien que les douleurs abdominales, les dyspnées, les contractures paravertébrales, les céphalées... font partie des manifestations et du cortège des troubles d'origine psychique.

Parallèlement, les pathologies organiques déséquilibrent le fonctionnement neuro-endocrinien.

Mais la conscience dont l'homme bénéficie s'associe à

une plus grande faculté d'abstraction et, corollaire inévitable, à une plus grande sensibilité à la suggestion.

Il n'y a d'ailleurs rien d'étonnant à cela puisque l'homme réagit réellement, non pas à ce qui l'environne, mais à l'idée qu'il s'en fait.

Vous avez déjà dû expérimenter qu'il suffit parfois d'un simple mot prononcé pour qu'une idée surgisse dans votre esprit et déclenche tout un ensemble de phénomènes que vous n'arrivez plus à maîtriser. Des idées et des pensées que l'on se fait peuvent ainsi être responsables secondairement de réactions physiologiques, elles-mêmes provoquant une régulation ou une dérégulation interne qui se manifesteront par un ensemble de signes que vous devez bien connaître.

Comment agir sur ce phénomène a toujours été au cœur des préoccupations de l'homme.

C'est pourquoi très tôt nos ancêtres ont élaboré des systèmes leur permettant d'y parvenir. Le yoga, nous l'avons vu, est l'un des plus anciens et des plus riches.

Tenter d'expliquer, oui, mais surtout agir

Dans un premier temps, l'homme développe une explication de l'univers qui lui permet d'avoir le sentiment d'agir sur cet univers. Il ne cessera de vouloir comprendre, expliquer, pour mieux maîtriser son environnement.

Mais la particularité du yoga est d'avoir surtout développé des outils lui permettant d'agir réellement sur lui-même et sur tout ce qui peut se produire chez l'*Homo sapiens* de façon automatique. Ainsi, le pratiquant du yoga n'est plus tributaire de tout ce qui « est plus fort que lui ».

Le conducteur du char peut à nouveau reprendre les rênes sans se laisser « bringuebaler » de tous les côtés. La pratique du yoga nous permet d'entretenir le char. Les roues fonctionnent bien, les rênes sont présentes. Elle permet également d'apaiser les chevaux fous, et surtout de redonner au conducteur les connaissances pour les mieux diriger et savoir où aller.

Mais avant d'aller plus loin, reprenons succinctement les éléments de base du fonctionnement de l'organisme humain afin de mieux comprendre comment le yoga agit et sur quelles structures.

Nous verrons alors que cette image du char tiré par des chevaux n'est que le reflet de ce qui se passe en réalité sur un plan biologique.

Un peu d'étude de notre système nerveux

Il existe trois niveaux d'organisation fonctionnelle, différentes pour le système nerveux.

– Tout d'abord un système de type médullaire, c'est-à-dire concernant la moelle épinière.

Ce système est réflexe et comporte à chaque niveau segmentaire un ensemble de programmes qui permettent une adaptation réflexe dite segmentaire. A chaque étage de la moelle épinière existent des centres intégrateurs et de commande.

Si vous vous brûlez, vous retirez votre bras sans réfléchir.

A ce système, s'associe également le tronc cérébral, c'est-à-dire le mésencéphale, qui régule la respiration et le système vasculaire, ainsi que la vigilance (éveil et sommeil).

Nous appelons ce premier étage du système nerveux l'étage du présent car, lorsqu'il agit seul, il agit uniquement de façon réflexe sans tenir compte d'aucune autre information, ni passée ni future.

– Le deuxième étage de notre système nerveux définit un niveau fonctionnel qui correspond approximativement anatomiquement au niveau du diencéphale. Nous l'appelons l'étage du passé car il regroupe, entre autres, les centres de commande des émotions, de la mémoire, des instincts et les commandes du système endocrinien...

Comment tout cela s'articule-t-il et pourquoi parlons-nous de cela dans un livre de yoga ?

Tout simplement parce que c'est au cœur de la pratique du yoga. Reprenons donc pour commencer les émotions.

Personnellement, au mot émotion nous préférons substituer les termes « séquence comportementale de base ». En effet, que celles-ci soient déclenchées par les instincts ou par notre mémoire individuelle, par une pensée ou par une situation imaginée, ces émotions associent un comportement spécifique qui se manifeste par des contractions musculaires, une mimique particulière, une sensation, des pensées spécifiques, une respiration spécifique.

Rappelez-vous, lorsque vous vous mettez en colère, que ressentez-vous ? Tout d'abord, vous ressentez la colère monter en vous. Une espèce d'énergie qui, comme une vague, s'empare de vous. En même temps, certains muscles se contractent, peut-être les poings, les trapèzes, les dorsaux. Votre visage prend une expression qui ne laisse pas de doute à votre entourage. Les mâchoires sont serrées, le muscle pyramidal (l'intersourcilier) se contracte... Votre respiration est superficielle et s'accélère. Vous avez des pensées en rapport avec votre émotion de colère. Tout cela forme une séquence comportementale qui est toujours à peu près la même : sensations, contractions musculaires, pensées, modifications respiratoires.

Ces « émotions » ou « séquences comportementales » peuvent être déclenchées par les instincts. Que sont les instincts ? Ce sont des programmes comportementaux qui ont été sélectionnés par l'évolution des espèces. Cette mémoire de base est commune à chaque individu d'une même espèce. Ces instincts assurent la survie de l'individu en lui permettant de se nourrir, de se reproduire et de se défendre.

Ces « séquences comportementales » peuvent être également déclenchées par la mémoire personnelle de l'individu. Cette mémoire est directement liée à son expérience et s'accumule progressivement au cours de l'existence. Elle diffère d'un individu à l'autre. Elle permet de s'adapter à une situation de façon automatique. Les émotions peuvent alors se déclencher beaucoup plus vite pour nous permettre de mieux faire face à une situation identique.

Ce deuxième étage fonctionnel du cerveau permet d'enrichir considérablement les comportements de l'animal puisqu'il peut acquérir de nouveaux comportements directement liés à son environnement et mieux s'adapter.

Nous appelons ce deuxième étage l'étage du passé car il est le lieu de collection des mémoires de l'espèce et de l'individu.

Mais, vous en conviendrez avec moi, ne baser ses comportements que sur des réflexes et des expériences passées, qu'elles soient transmises par les gènes ou acquises par son expérience, n'est pas encore très sophistiqué.

– Alors, un troisième système fonctionnel se met en place. Ce troisième « étage » du système nerveux est l'étage cortical.

Il correspond anatomiquement au néocortex. Une révolution se produit, car ce néocortex permet d'accéder à la faculté d'abstraction. Commence l'aventure faramineuse de la conscience qui se développera chez l'humain. Cette faculté d'abstraction nous donne le pouvoir d'anticiper les événements, et ainsi, nous pouvons simuler un comportement et prévoir ses conséquences dans le futur.

Supposons, par exemple, que vous soyez au volant d'une voiture. Vous conduisez tranquillement quand, tout à coup, un « chauffard » vous fait une queue de poisson. Votre système émotionnel ne fait qu'un tour. Votre sang se glace ou au contraire s'échauffe dans la demi-seconde. Vous accélérez, vous avez envie de lui foncer dedans. Mais, en un instant, vous imaginez les conséquences... Vous vous imaginez rentrer ce soir avec un œil au beurre noir ! Vous vous voyez bloqué au poste de police durant de nombreuses heures. Et tout cela, dans le meilleur des cas. Il est possible que cela finisse encore plus dramatiquement ! Non, ce ne sera pas votre façon de réagir, vous relâchez l'accélérateur. Faire le James Bond n'est pas pour vous. Vous avez imaginé la situation et vous vous êtes rendu compte qu'elle ne vous serait pas bénéfique. Grâce à cette faculté d'anticipation, vous avez adapté votre comportement et calmé vos émotions. Vous allez pouvoir rentrer tranquillement chez vous. Vous avez déjà tourné au coin de la rue et votre domicile vous apparaît... Bien que vous n'ayez jamais agressé personne, bien que vous n'ayez jamais été « au poste », votre cortex vous a permis de vous conduire au mieux en simulant les conséquences d'un comportement fondé uniquement sur l'expérience passée. Dans ce cas, l'émotion est en effet déclenchée par votre instinct de défense. Vous vous croyez en danger et toute votre personne réagit à cette agression.

Grâce à cette faculté, l'homme, chez qui cette fonction est de loin la plus développée dans le règne animal, peut « expérimenter » un comportement en projetant dans le futur ses conséquences et s'adapter encore mieux.

Cette nouvelle faculté lui apporte un avantage évident. Il bénéficie par l'imagination d'une expérience virtuelle considérable. Non pas considérable, illimitée. Création, imagination, anticipation, symbolique, parole lui ouvrent leurs portes.

Arrêtons-nous quelques instants sur la faculté de conscience. Prendre conscience, c'est en quelque sorte prendre du recul et avoir la faculté de porter un regard extérieur sur nous et sur le monde, comme le ferait un observateur. Cette faculté de conscience n'est pas automatiquement acquise à la naissance mais nous avons la possibilité de la développer.

Si cette conscience avait été fixe dès la naissance, elle n'aurait pas la plasticité qui lui est demandée. La conscience s'acquiert donc au cours de l'apprentissage de l'enfance et se façonne tout en se développant auprès du milieu dans lequel le petit humain grandit. La culture remplit son rôle en transmettant à l'enfant l'expérience du groupe, qui dans ce cas n'est plus le fruit d'un long processus de maturation dépendant des mutations génétiques, mais qui peut évoluer beaucoup plus rapidement. La culture apprend dès lors à l'enfant à utiliser cette conscience. C'est pour plus d'efficacité que cette conscience ne peut être que virtuelle à la naissance et donc développée lors de l'éducation.

Mais voilà où nous voulions en venir : l'homme qui possède cette faculté d'anticiper est-il pour autant libéré des processus sous-jacents : réflexes, automatismes des émotions ? A la lumière de ce que vous avez déjà expérimenté vous-même, je pense que vous serez d'accord avec moi pour dire que non. Tout être humain continue à agir de façon automatique et présente un certain nombre d'émotions qui associent pensées, comportements, sensations.

Que la pensée se développe n'empêche pas pour autant l'homme de subir ses émotions sans pouvoir les contrôler, même si sa conscience lui répète que ces émotions sont nuisibles. Ne vous est-il jamais arrivé dans ce cas de vous sentir esclave de vos passions et de vos émotions ?

Radio périphérique

Estelle travaillait dans une radio. Elle avait mené à terme des études, dans le domaine de l'audiovisuel, ce qui, inévitablement, lui avait demandé quelques sacrifices. Elle savait filmer, prendre le son, rédiger un script... Après avoir terminé première de sa promotion, avoir été engagée pour quelques tournages, elle s'était enfin vu proposer une place définitive à la radio. Ravie, elle se donnait « à fond ». Bien sûr, le stress inhérent à ce métier est important. Les présentateurs ont parfois leurs exigences, mais tout se passait bien, jusqu'au jour où l'émission changea de responsable. Les relations se détériorèrent un peu mais cela ne remit pas en jeu sa volonté de travail. Ce qui devait la compromettre ce fut le sentiment d'injustice qui allait naître progressivement chez Estelle. Rédaction de documents, recherche de sponsors la faisaient courir du matin au soir. Pendant ce temps, sa collègue se refaisait les ongles, passait des appels téléphoniques personnels et ne faisait que quelques minutes de travail par jour. Rien de cela n'aurait été grave si Estelle avait pu espérer une promotion. Elle travaillait bien, sérieusement, aucun reproche ne pouvait lui être adressé en dehors du fait, il est vrai, qu'elle n'était pas très « politique ». Pourtant, ce matin-là, arrivant un peu en retard à cause de difficultés sur sa ligne de métro, elle fut accueillie par les vociférations de son responsable. La veille, sa collègue, qui avait eu le même problème, n'avait pas reçu les mêmes réprimandes. Estelle ne pouvait pas se retenir et ne répliquer que par quelques mots. Son cœur battait à toute vitesse, ses poings se serraient sur son stylo, les muscles de son menton se contractaient ainsi que ses mâchoires. La colère et un sentiment d'injustice l'oppressaient. L'envie de tout laisser tomber, de partir en courant ou au contraire de se battre, de crier, de gifler cet énergumène créait en elle une sensation de vide. Toutes ces pensées, toutes ces sensations n'arrivaient plus à être maîtrisées. Elles s'étaient déclenchées de façon automatique. Seul son comportement extérieur avait pu être apparemment maîtrisé. Mais tout son corps était contracté et bandé pour réagir. Cependant, elle savait que cela ne servirait à rien de lui foncer dessus, même si elle en avait envie. Il lui fallait temporiser. Pour le moment, elle travaillait et gagnait sa vie. N'était-ce pas dans l'immédiat le plus important ?

Pourtant, bien qu'Estelle ait pu se raisonner, le soir elle allait mettre longtemps avant de s'endormir. Elle ressassait ses soucis, elle en avait gros sur le cœur. « Ah, si je pouvais débrancher cette infernale machine à penser ! » se disait-elle. Oui, Estelle était bien consciente qu'il fallait parfois maîtriser les manifestations automatiques, mais à quel prix !

Comment se débarrasser des conséquences d'émotions parasites ? Voilà ce qui intéresse le yoga.

L'accumulation d'anxiété, d'émotions bloquées (colère, état amoureux déçu, sentiment d'injustice, peur, frustration...), va progressivement stimuler l'ensemble de nos systèmes d'adaptation automatique. En particulier le système neurovégétatif qui se définit justement comme étant le système indépendant de la volonté. Ce système neurovégétatif est composé de deux versants, le système sympathique et le système parasympathique sur lesquels les émotions se répercutent.

Ces deux systèmes ne sont pas les seuls à intervenir, vous vous en doutez bien. De nombreuses autres réactions d'ordre biologique se produisent, tant au niveau du système nerveux central que périphérique ou du système hormonal. Or justement, l'ensemble du système endocrinien (c'est-à-dire hormonal) est sous la dépendance de l'hypothalamus qui est un centre situé dans le diencéphale, ce fameux deuxième étage du système nerveux que vous avez vu précédemment.

Rassurez-vous, cela n'est cependant pas aussi simple. De nombreux autres neurotransmetteurs ou transmetteurs synaptiques compliquent généreusement l'ensemble du système qui devient ainsi un système parfaitement instable et souvent prêt à exploser.

Les « stress » négatifs, c'est-à-dire l'ensemble des frustrations et des sentiments d'échec, vont donc agir sur l'ensemble du fonctionnement de l'homme en le perturbant. Une augmentation de la sécrétion du cortisol, ou une diminution de cette même hormone, peuvent se produire, comme Hans Selye, le fondateur du mot stress, l'a démontré. Mais il peut y avoir également une augmentation ou un tarissement de la sécrétion des endorphines.

Dans le même temps, les messages envoyés par le diencéphale pour déclencher un comportement vont « parasiter » les centres segmentaires de la moelle (rappelez-vous, la tranche de saucisson qui est dans la moelle épinière et qui possède des centres de commande) et empêcher les adaptations posturales. C'est-à-dire que le deuxième étage du système nerveux interfère sur le premier étage. Cela entraîne une diminution de la faculté d'harmonisation des différents muscles entre eux et la mécanique corporelle s'en ressent. C'est la porte ouverte aux faux mouvements, aux contractures, aux douleurs liées à des tensions musculaires...

C'est donc à tous ces niveaux que, sans prétention, la pratique du yoga va intervenir. Elle permet d'équilibrer les systèmes neurovégétatifs, de développer la sensation de bien-être, de détendre les muscles, de faciliter la coordination entre les différents groupes musculaires...

Voyons en détail comment le yoga intervient et de quelle façon il est efficace.

Les niveaux d'action du yoga

Muscles et tendons : le niveau périphérique

Premièrement, le yoga va agir à un niveau périphérique. C'est-à-dire sur la souplesse musculaire et tendineuse. Il redonne une bonne longueur aux différents groupes musculaires qui peuvent ainsi fonctionner de façon optimale. En effet, lorsqu'un muscle ou un groupe de muscles est raccourci ou manque de souplesse, il ne permet plus aux parties osseuses sur lesquelles il s'insère d'avoir de bonnes relations entre elles. Les muscles tirent trop, les contraintes sont exagérées et de surcroît entraînent des troubles statiques. S'il s'agit des muscles du pectoral par exemple, vous adoptez une attitude permanente de repli sur vous. Vous ne pouvez plus spontanément bénéficier d'une ouverture optimale de la cage thoracique. En pratiquant la posture dite du cobra, vous pourrez allonger les muscles pectoraux et leur redonner l'élasticité nécessaire. Le yoga agit au niveau périphérique pour éviter les phénomènes préjudiciables. C'est donc le premier point sur lequel le yoga intervient, presque de façon mécanique, en rendant aux muscles la longueur qu'ils n'auraient jamais dû cesser d'avoir.

La pratique du yoga permet, toujours à ce même niveau périphérique, l'entretien de la tonicité musculaire ainsi qu'une myorelaxation qui neutralise les tensions engendrées par les émotions. Ce point est important car nous avons précédemment expliqué que les émotions s'accompagnaient d'un grand nombre de manifestations, entre autres des contractions musculaires.

En agissant sur ces mêmes contractions, vous pouvez inhiber l'émotion. Non pas en la bloquant, comme lorsque vous serrez les poings pour ne pas frapper quelqu'un, mais en effaçant bel et bien l'émotion, ce qui est autrement plus intéressant. En effet, dans ce cas, il n'y aura pas de réactions neurovégétatives et hormonales négatives. Il en est de même pour le contrôle de la respiration.

La pratique du yoga tonifie également la musculature, permettant d'augmenter à la fois la résistance et l'endurance.

Voici pour le premier mécanisme d'action périphérique, c'est-à-dire l'action directe sur les tissus, sans intervenir sur la commande centrale.

Le deuxième mécanisme d'action périphérique est lié à la pression qui survient lors de l'exécution de certains exercices, que ce soient des respirations, des postures ou même certaines contractions.

Il est aisé de comprendre que la pression mécanique peut avoir un effet sur la vascularisation et le contenu des organes.

Que ce soit sur le système digestif ou sur les muscles lisses, le massage favorise une mobilisation passive de la circulation.

De plus, l'hypothèse d'une action neuro-endocrinienne locale est une voie de recherche intéressante et de plus en plus plausible car il existe en périphérie de nombreux relais cérébraux ayant des sécrétions similaires. Tout le tube digestif en est pourvu.

Le troisième mécanisme d'action périphérique est directement lié à la variation des pressions, cette fois-ci en rapport avec les phénomènes d'inversion. Lorsque vous mettez la tête en bas, vous modifiez totalement la circulation sanguine. Vous inversez la perfusion dans les organes.

Tous ces mécanismes engendrent des réactions loco-régionales améliorant les fonctionnements.

Enfin, le quatrième mécanisme d'action périphérique concerne celui des « purifications ». Le lavage du nez, de l'estomac, de l'intestin ont une première action évidente. Ils éliminent les sécrétions gênantes. A côté de cela, il est probable qu'ils agissent également en éliminant non seulement des sécrétions mais des substances telles que les antigènes qui pourraient majorer des pathologies. Ces mécanismes sont encore mal élucidés mais commencent à faire l'objet d'études pleines de promesses.

Le niveau central

Envisageons maintenant l'action du yoga à un niveau central.

Le yoga agit tout d'abord à un premier niveau central, le niveau médullaire. Il permet, et c'est l'un de ses plus grands mérites, une reprogrammation des centres segmentaires, autorisant ainsi une excellente coordination entre tous les groupes musculaires, agonistes et antagonistes.

Rappelons que les muscles ne fonctionnent pas chacun pour soi, ils travaillent en synergie. Cette rééducation grâce aux postures et aux mouvements pratiqués dans l'esprit du yoga prévient non seulement les « faux mouvements » mais autorise également la diminution des douleurs chroniques comme dans les lombalgies ou les cervicalgies.

Le cerveau des émotions

Les exercices de yoga agissent non seulement sur la moelle épinière et le tronc cérébral, mais ils agissent également à un niveau sus-jacent, sur le cerveau des émotions.

Le yoga permet de reprogrammer par des états positifs et bénéfiques cette région qui gère l'ensemble des émotions.

Ainsi, le pratiquant ressent une expérience agréable et bénéfique de la vie. Il se sent moins piégé par son environnement et développe des réponses positives.

L'anxiété et les angoisses diminuent, lui permettant d'être à nouveau lui-même. Il ne se « laisse plus emporter par le flot tumultueux de la vie ». Lorsque cette région est apaisée, il renforce son état de calme et désamorce les troubles inhérents aux émotions bloquées.

Par un apprentissage de la relaxation profonde des différents muscles et la maîtrise du souffle, le pratiquant de yoga devient capable de développer un sentiment de détente et de paix qui va annihiler les émotions telles l'anxiété ou l'angoisse. C'est le mécanisme de l'extinction. Comme on ne peut expérimenter qu'une sensation à la fois, que l'on ne peut en même temps expérimenter un état de détente et une émotion désagréable, il est possible d'annihiler un état désagréable en déclenchant un état agréable. Par l'entraînement, le pratiquant apprend à déclencher à volonté ces états de relaxation.

Cette action est essentielle car elle empêche le déclenchement non seulement des pensées automatiques et des sensations perturbatrices mais également la détente musculaire. Elle supprime les « parasitages » qui peuvent contrarier le fonctionnement de l'ensemble de nos muscles et de nos tendons et ceux-ci acquièrent alors une plus grande liberté.

Le niveau cognitif

Enfin, quatrièmement, la pratique du yoga intervient au niveau cognitif.

Elle nous permet de reprendre confiance en nous-mêmes. En nous donnant une perception de la vie plus juste, plus lucide, en nous permettant de mieux nous resituer par rapport à nos actes et à notre environnement, nous acquérons progressivement un sentiment de plus grande maîtrise. En comprenant et en donnant du sens à notre vie, nous devenons plus confiants. Cela se fait par l'application des conseils qui transforment nos habitudes et notre regard sur le monde.

Voilà résumés les différents niveaux d'action du yoga. Nous comprenons bien l'importance qu'il peut revêtir dans l'arsenal thérapeutique, grâce aux réponses qu'il apporte à chacun des niveaux qui composent un individu, que ce soit une dimension physique, émotionnelle ou spirituelle.

Mieux vaut prévenir que guérir

Chacun des niveaux d'action énumérés se répercute sur l'ensemble de l'organisme.

Cette action peut intervenir pour prévenir les troubles ou lorsque ceux-ci sont installés.

Dans le cas de la prévention, on distingue une prévention dite primaire qui se place avant l'apparition de toute maladie et une prévention qui, lors de l'existence d'une maladie, va éviter que celle-ci s'aggrave ou qu'apparaissent d'autres conséquences.

Dans ces deux cas, la pratique du yoga est très efficace et c'est bien évidemment à ce stade qu'elle devrait être le plus développée.

Cependant, elle peut avoir une action autre que préventive.

Lorsqu'une maladie est déclarée, le yoga peut permettre de guérir le pratiquant en la faisant complètement disparaître. Parfois, la pratique du yoga ne permet qu'une amélioration, ce qui, sur un plan personnel, représente déjà beaucoup. Dans le cas d'une migraine, par exemple, la pratique du yoga peut supprimer complètement la survenue de crises, réduire leur intensité ou leur fréquence. Lorsque la fréquence passe de deux crises par mois, qui obligent la personne à s'allonger durant quarante-huit heures dans le noir, à une fréquence de une ou deux crises par an, cela n'est déjà pas négligeable.

Le yoga ne peut malheureusement pas tout guérir ! Il est certaines maladies où il faut s'orienter vers d'autres moyens thérapeutiques.

Cela ne veut pas dire pour autant que le yoga est sans intérêt, bien au contraire.

Nous en avons déjà parlé, le yoga est bénéfique dans les maladies cancéreuses, dans les troubles immunitaires.

En aucun cas, il ne doit se substituer aux autres traitements. C'est parfois ce qui se produit lorsque des personnes mal informées croient que la pratique seule du yoga, associée à des changements d'habitudes alimentaires, peut enrayer l'évolution d'un cancer.

Je me souviens avec regret de Jacqueline, pratiquante de yoga venue me consulter pour me demander conseil. Le cancer du sein dont elle souffrait évoluait sérieusement, mais elle avait décidé malgré tout de ne pas se faire soigner. Je pris beaucoup de temps pour lui expliquer que la pratique seule du yoga n'était pas suffisante pour stopper l'évolution de la maladie et qu'il ne fallait pas refuser les traitements qu'on lui proposait. Elle ne me crut pas. Je savais à regret en la voyant partir que le temps me donnerait raison. Je priai pour que tel ne fût pas le cas... Mais un jour, inévitablement, je reçus un faire-part m'annonçant sa disparition.

Ces histoires ne doivent plus se reproduire. Il faut associer les traitements. D'ailleurs, plus de 50 % des personnes se faisant soigner pour un cancer ont recours à une méthode dite « alternative ». Nos connaissances dans ce domaine étant encore insuffisantes, il faut associer divers moyens thérapeutiques.

Le sida fait également beaucoup parler de lui. Le Dr Hugues Gouzenes, qui est spécialisé dans ce domaine, considère que la pratique du yoga permet à tous ceux qui l'appliquent d'améliorer leur qualité et leur quantité de vie !

Et si la maladie qui nous habite nous fait perdre la maîtrise de notre vie en nous plongeant dans l'angoisse, la pratique du yoga nous permet de mieux vivre et notre combat se détourne de nous-mêmes vers la maladie.

CHAPITRE HUITIÈME

Questions subsidiaires sur le yoga

La souplesse ?

Est-il nécessaire d'être souple ? Voilà une question qui vous sera posée dès que vous direz à votre entourage que vous pratiquez le yoga. Elle ne manque en tout cas jamais d'être posée aux enseignants.

Parfois, votre interlocuteur se contente de vous dire que « le yoga n'est pas une méthode faite pour lui, car il n'est absolument pas souple ».

Répondons d'emblée qu'il n'est absolument pas nécessaire d'être souple pour faire du yoga !

Mais, pour plus de clarté, abordons la réponse en deux temps.

Premièrement, il est important de préciser que les élèves débutant le yoga ne peuvent pas être très souples compte tenu de l'âge auquel ils commencent.

Ce manque de souplesse de la part de la majorité des débutants demande évidemment une attention toute particulière de la part de l'enseignant car, très fréquemment, les élèves veulent aller trop loin, trop vite et font intervenir la force pour compenser leur manque de souplesse. Cette tentation est tout à fait naturelle au début, car lorsque l'on voit que ses mains ne touchent pas les pieds, il est difficile de ne pas fournir un petit effort supplémentaire sous forme de tractions. Mais dans ce cas, c'est aller à l'encontre de l'état d'esprit du yoga que de tirer de toutes ses forces pour s'allonger un peu plus. En yoga, il faut toujours respecter son corps et ne pas forcer même lorsque l'on manque de souplesse.

Cela demande une certaine sagesse dont on ne dispose pas toujours au début. C'est pourquoi le professeur inter-

351

vient pour nous guider au mieux et nous rappeler qu'il ne faut pas forcer. Parfois, il nous déconseille même la pratique de certaines postures. Ce qui est bon pour l'un peut être mauvais pour l'autre.

De plus, rappelons que dans tous les cas, la notion de souplesse est toute relative. Même pour une personne entraînée, il y a des exercices qu'elle ne peut pas pratiquer sous peine de se faire mal. Il y a toujours un moment où nous approchons de nos limites. Etre souple ne signifie pas la même chose pour chacun selon son niveau, le temps passé à pratiquer le yoga, son âge... Tant et si bien que même le manque de souplesse n'est pas une limitation à la pratique du yoga mais nécessite simplement une prudence allant tout à fait dans le sens de la philosophie du yoga.

Deuxièmement, la pratique du yoga non seulement n'est pas contre-indiquée, mais elle est tout au contraire fortement conseillée lorsque l'on manque de souplesse.

Nous avons vu que le manque de souplesse était un élément déterminant dans la survenue de troubles ostéo-musculaires en contraignant le corps à des efforts inadéquats.

La pratique du yoga permet donc progressivement d'améliorer la souplesse et de redonner aux muscles la longueur nécessaire à leur bon fonctionnement.

Les exercices seront toujours abordés avec prudence et patience, en associant la respiration, ce qui aura pour effet d'accélérer l'assouplissement.

Y a-t-il un âge pour apprendre le yoga ?

Je suis trop vieux pour commencer. Voilà encore une affirmation qu'il nous est donné d'entendre fréquemment. Que se cache-t-il en fait derrière cette assertion ? Le plus souvent, lorsqu'une personne s'exprime ainsi, elle fait allusion à ses difficultés sur le plan phy-

sique, ce qui revient un peu à la question précédente à propos de la souplesse.

Cependant, il n'y a pas que la souplesse qui peut être diminuée avec l'âge, il peut également s'y associer des douleurs articulaires ainsi que certaines pathologies qui risqueront de limiter les « exploits » dans les postures.

Nous devons donc dans ces cas, non seulement tenir compte de la souplesse, mais également des possibilités et des limites individuelles.

Ce qui revient à appliquer les consignes classiques du yoga.

Chacun doit partir de l'état dans lequel il se trouve. En fonction de cet état, nous ne pouvons pas pratiquer n'importe quelle posture. Nous devons aller vers celles qui nous apportent un bénéfice et ne risquent pas d'aggraver nos problèmes.

C'est justement pour cela que le yoga est intéressant. N'importe qui peut le pratiquer puisque chacun peut aller à son rythme, s'arrêter lorsque c'est nécessaire, laisser passer l'exercice et reprendre au suivant... Au cours de l'exécution d'un exercice, il est facile de mesurer ses efforts étant donné qu'ils sont pratiqués avec calme et lucidité.

C'est pourquoi non seulement nous pouvons commencer tardivement la pratique du yoga, mais c'est même certainement une des rares activités que l'on peut débuter au-delà de 77 ans. C'est la méthode adaptable par excellence.

De plus, combien de personnes m'ayant dit qu'elles étaient trop vieilles pour commencer auraient pu, si elles avaient débuté à l'époque où elles me l'ont dit pour la première fois, progresser considérablement. Car, quel que soit votre âge, dans dix ans vous en aurez dix de plus et, à ce moment-là, vous auriez déjà une pratique de yoga de dix années ! Cela vous aurait permis d'améliorer votre

souplesse, de diminuer les risques de douleurs du dos, les mauvais retours veineux...

La pratique du yoga est une méthode qui permet de maintenir sa pleine santé et ainsi sa jeunesse, quel que soit l'âge auquel on commence et quel que soit son niveau.

Mais, si l'on n'est jamais trop vieux pour commencer, un enfant peut-il profiter pleinement du yoga ? N'existe-t-il pas de contre-indication lorsque la croissance n'est pas encore terminée ? Nous savons que la pratique d'un sport intensif, par exemple, peut être préjudiciable. En est-il de même pour le yoga ?

Avant de répondre à cette question, rappelons qu'il existe plusieurs niveaux d'action en yoga : physique, psychologique...

Certes, les enfants peuvent bénéficier de la pratique du yoga. Micheline Flack a largement répandu en France et en Europe la pratique du yoga auprès des enseignants. On leur apprend à adapter la pratique du yoga en tenant compte des particularités des élèves.

Les postures de yoga ne doivent pas être maintenues. Elles doivent être pratiquées en dynamique sauf exception. Et, dans la mesure du possible, être abordées sous un angle ludique. On peut pour cela se servir des noms des postures ou de ce qu'elles représentent : ainsi, on fait l'arbre, le singe, le lion, le crocodile...

Les exercices respiratoires, excellents pour aider les enfants à se concentrer, seront presque toujours associés à des gestes lents et rarement pratiqués seuls comme on le fait avec un adulte.

La visualisation est souvent fertile chez les jeunes enfants qui naturellement ne se brident pas. Ainsi, ils ont fréquemment moins de difficultés que les adultes pour imaginer des scènes. Très rapidement, ils se prennent au jeu et deviennent experts. Mais dans tous les cas, rien ne doit être fait contre l'assentiment de l'enfant. Plus que pour n'importe quelle activité, il faut qu'il y adhère. Il faut qu'il soit motivé, que cela lui plaise. C'est certainement là que se situe la limite du yoga et qui fait qu'il est peu probable et peu souhaitable que l'enseignement du yoga se fasse de façon systématique dans les écoles.

Pourtant, que cela serait bénéfique pour lutter contre le manque de concentration des enfants à l'école et contre les troubles caractériels de plus en plus fréquents !

Il y a un travail de fond à faire pour une amélioration de ces éléments. La pratique du yoga peut en être une. Les résultats obtenus à partir d'études menées sur des centaines d'élèves le montrent bien.

La pratique du yoga a pour mérite de faciliter le respect des règles d'hygiène de vie.

En premier lieu, cela redonne conscience de la nécessité de développer une bonne qualité de sommeil. Or, combien d'enfants aujourd'hui dorment suffisamment ?

La majorité souffrent du manque de sommeil et le cercle vicieux s'installe : télévision, manque de concentration, troubles caractériels. La pratique de quelques exercices de yoga améliore la prise de conscience de ces règles de base. Il n'est alors pas difficile de développer ses facultés de concentration, d'attention et de calme.

Mais, attention : certains exercices de yoga sont particulièrement contre-indiqués jusqu'à la fin de la puberté. Les exercices que l'enfant ne doit pas faire sont les kryas, en particulier nauli krya, les postures du paon et la posture sur la tête.

En dehors de ces trois restrictions, le yoga pris comme une méthode de détente, d'exercice et de concentration peut être pratiqué par les enfants.

Parfois, lorsque les enfants accrochent, cela leur donne alors un cadre psychologique très structurant. Cela leur permet, surtout à la période de l'adolescence, de se construire en profondeur. C'est un des avantages du yoga que de développer les qualités humaines comme l'écoute, l'attention à l'autre, la conscience. Si, dès l'adolescence, les enfants peuvent y être sensibilisés, nous pourrons alors dire qu'ils pratiquent un véritable yoga en respectant son essence même.

Combien de temps faut-il pratiquer pour que le yoga soit efficace ?

Nous étions chez des amis qui pratiquaient le yoga avec nous. La soirée s'annonçait agréable. Comme nous étions en hiver, un bon feu flambait dans la cheminée. Caroline nous avait présentés, Chantal, mon épouse, et moi-même, comme ses professeurs de yoga. Un autre invité, Marc, nous avait rejoints. Inévitablement la discussion glissa sur le yoga. Les questions fusaient et Chantal avait du mal à soutenir le rythme. Enfin, Marc nous demanda : « Mais enfin, combien cela me coûtera-t-il pour savoir faire du yoga ? » Chantal aurait pu lui répondre : « Pour vous, très cher, très très cher ! » En effet, le temps qu'il allait lui falloir pour comprendre que le yoga n'était pas monnayable en argent mais que c'était une démarche d'évolution personnelle allait certainement être long.

Derrière cette boutade, il nous faut insister néanmoins sur un certain nombre de points concernant le temps que l'on peut consacrer à la pratique et les effets escomptés.

Il existe une certaine relation entre le temps passé et les effets que l'on peut en retirer, c'est vrai. Mais pas de façon linéaire car la qualité de la pratique n'est pas quantifiable et joue tout autant pour l'obtention des résultats.

Tout dépend également de ce que l'on souhaite obtenir avec le yoga.

Dans certains cas, une seule et unique séance peut suffire à ouvrir une porte et donner accès à un autre monde.

C'est ainsi que, dès la première séance, l'élève se glisse dans la manière d'être du yoga, sent qu'il ne faut pas forcer, place son corps lentement, sans précipitation.

Parfois, après deux ou trois années de pratique, rien de tout cela n'est ressenti. Il arrive fréquemment que l'enseignant soit amené à répéter dix fois, cent fois le même conseil sans qu'il soit compris, puis un jour, un beau jour, nous le répétons pour la cent et unième fois et soudainement l'élève nous demande pourquoi nous ne le lui avions pas dit plus tôt !

Cet exemple montre l'importance du mûrissement intérieur pour assimiler certaines données. Mûrissement qui peut demander plusieurs années mais qui brutalement va éclore en une prise de conscience.

Il est fréquent d'entendre dire que le maître apparaît lorsque l'élève est prêt ou que, lorsque nous sommes prêts, alors la réponse apparaît. Dans ces deux cas, cela signifie qu'il y a toujours en permanence autour de nous, d'une manière ou d'une autre, les réponses qui nous sont proposées, mais que nous ne sommes pas capables de les percevoir. La réponse en fait vient d'un état intérieur et non d'un élément extérieur. Malheureusement, cette maturation intérieure n'est pas prévisible.

C'est pourquoi la pratique du yoga réclame dans tous les cas de la patience et un entraînement régulier. Il est inconcevable de faire du yoga sans pratiquer. Seuls, quelques privilégiés peuvent atteindre les résultats escomptés sans une pratique assidue. Pour la grande majorité, un entraînement régulier est nécessaire, ce qui exige un investissement de temps.

C'est fréquemment la motivation qui détermine le temps que l'on consacrera à pratiquer. Plus la motivation est grande, plus l'intensité de la pratique est grande, alors, plus les effets du yoga seront importants et perceptibles.

Mais il n'y a pas que le yoga pour quoi cela est vrai. Lorsque l'on apprend le piano, il faut du temps. Jouer quelques pièces agréables pour nous faire plaisir demande déjà un travail certain. Mais si nous voulons élargir notre répertoire, devenir virtuose, il faut alors consacrer énormément de temps.

Lorsque vous faites de la voile, il vous est possible de partir facilement sur un lac avec un petit dériveur. En revanche, si vous voulez franchir l'Atlantique, cela requiert d'autres compétences, c'est-à-dire en fait un investissement de temps et un entraînement à la mesure de ce que vous souhaitez.

Il en est de même avec le yoga. La pratique hebdomadaire vous permet d'obtenir des résultats certains, comme la disparition de presque tous les troubles fonctionnels. Dans ces cas-là, l'investissement de temps, une heure ou une heure et demie par semaine, se révèle alors être vraiment minime par rapport aux effets qu'il est possible d'en retirer. Mais même dans ce cas-là, la régularité, l'investissement total durant cette séance sont nécessaires.

Lorsque notre ambition est plus grande, lorsque nous souhaitons amplifier ces résultats, modifier profondément nos mécanismes de fonctionnement, ou si l'intensité des troubles dont nous souffrons est importante, il est possible qu'une seule fois par semaine soit insuffisante. La pratique quotidienne ou pour le moins trois fois par semaine est alors indispensable.

Mais, quoi qu'il en soit, que nous pratiquions une fois de temps en temps ou tous les jours, nous devons bien insister sur la qualité de la pratique. Il ne faut pas se mettre sur son tapis de yoga en se disant que l'on doit absolument faire sa séance tout en regardant sa montre. Si durant la séance vous vous dites à chaque minute qu'il ne reste plus que trente minutes, puis vingt-neuf puis vingt-huit, etc., la pratique ne pourra pas être bénéfique.

Enfin, si vous désirez devenir un virtuose du yoga, contrôler un grand nombre de fonctions végétatives, maîtriser parfaitement les états qui vous habitent, il vous faudra alors y consacrer beaucoup de temps, tout comme un musicien qui désirerait devenir professionnel.

C'est possible, mais difficile. La majorité des grands maîtres y ont consacré leur vie.

Nous voyons donc que des résultats très importants peuvent être obtenus parfois en une fraction de seconde mais que, généralement, cela demande aussi des heures et des heures d'entraînement régulier. Entre ces deux situations, il existe toute une gamme de possibilités.

D'autre part, il faut tenir compte du niveau de départ, certains sont doués, d'autres non. Certains auront déjà une tournure d'esprit qui les prédispose à comprendre le yoga, d'autres devront tout apprendre.

Tout cela fait qu'il est impossible de prévoir le temps nécessaire pour obtenir des résultats.

Cependant, une chose est certaine : pour progresser, quel que soit son niveau, il faut s'entraîner.

Rappelons quand même que le yoga a pour mission de nous donner un corps sain et nous permettre de prendre du recul par rapport aux événements.

S'il est rare que l'on devienne expert, soulignons cependant que, dans 90 % des cas, le bénéfice du yoga est perceptible dès la première séance.

C'est d'ailleurs souvent ce premier bénéfice qui nous incite à poursuivre et à nous investir pour la suite.

Le rôle de l'enseignant est de nous aider à gagner du temps en nous guidant dans les exercices qui nous conviennent le mieux.

Mais rappelons-nous que, plus que partout ailleurs, en yoga il faut savoir prendre son temps pour ne pas le perdre.

Peut-on pratiquer le yoga si l'on est nerveux et que l'on ne tient pas en place ?

Lors de la première séance de yoga, Marielle ressort plus énervée qu'elle ne l'était avant de commencer le cours. Il ne s'agit pourtant pas de son premier cours. Depuis plusieurs mois elle pratique le yoga chez un professeur rattaché à la Fédération française de Hatha Yoga. La méthode qui y est développée s'articule essentiellement autour des principales postures dynamiques. Les postures sont peu pratiquées en statique. Juste quelques-unes en fin de séance qui sont en général des postures inversées suivies d'une relaxation.

Après son déménagement, Marielle s'est rendue chez un autre enseignant près de son nouveau domicile. Celui-ci a une approche différente du yoga. Il a suivi l'école du yoga de l'énergie. C'est une façon de faire du yoga qui met l'accent sur la prise de conscience des sensations. Ces sensations sont représentées sous forme de courants d'énergie qui parcourent le corps. Beaucoup de postures sont pratiquées en statique ou exécutées très lentement.

Durant cette première séance avec son nouveau professeur, Marielle s'est sentie mal à l'aise. Elle avait envie de bouger, une angoisse l'avait presque étreinte.

Que s'était-il passé ? Les deux professeurs étaient tous les deux aussi bons pédagogues l'un que l'autre. Ils se connaissaient très bien, avaient la même faculté d'être à l'écoute... Mais Marielle est une femme que l'on pourrait qualifier de stressée. Elle est survoltée et ne peut en fait supporter d'être immobile au-delà d'un certain laps de temps. Dans la première méthode, les mouvements canalisaient sa nervosité. Dans la deuxième, au contraire, cela l'exacerbait.

Ce n'est donc pas la pratique du yoga qui est déconseillée lorsque l'on est nerveux. Ce n'est que la façon de l'approcher qui doit être modulée. Si l'on est nerveux, le yoga est particulièrement recommandé. C'est la méthode idéale pour nous permettre de nous recentrer. Cependant, il faut en tenir compte et il est vrai que certaines méthodes sont plus apropriées que d'autres. Celles qui mobilisent le corps de façon dynamique à l'inverse des méthodes qui privilégient l'écoute immobile. Tout au moins au début, tant que l'on est « nerveux ». Ce n'est que par la suite qu'il sera possible de faire des exercices plus méditatifs.

La pratique du yoga doit-elle s'accompagner d'une alimentation spécifique ? Doit-on être végétarien ?

Le végétarisme est le mode d'alimentation recommandé par la religion hindoue. Comme le yoga s'est développé dans le contexte de cette religion, il n'y a rien d'étonnant à ce que les yogis vivant en Inde aient été végétariens. Ce mode alimentaire est lié à la philosophie générale de la non-violence qui se marie bien, il est vrai, avec le yoga.

Mais s'il existe des raisons historiques pour expliquer la relation entre végétarisme et yoga, cela est-il indispensable et toujours vrai de nos jours et dans notre pays ?

Indispensable, certainement pas. La méthode du yoga se suffit à elle-même, il n'est absolument pas nécessaire de suivre un régime particulier. Lorsque nous sommes stressés, la pratique du yoga peut, sans recours à quelque régime que ce soit, nous aider à nous sentir mieux dans notre peau. Cependant, l'objectif du yoga est d'être un esprit sain dans un corps sain. A ce titre, nous pouvons donc reformuler la question du végétarisme de la façon suivante : Est-ce que le végétarisme favorise la santé, pas nécessairement dans le court terme, mais dans le long terme ? Est-ce qu'être végétarien nous permettrait d'être en meilleure santé ?

La réponse semble être oui. En effet, de nombreuses études épidémiologiques récentes ont corrélé avec la consommation de viande excessive un risque accru de survenue de nombreuses pathologies : maladies cardio-vasculaires, maladies cancéreuses pour ne citer que les mieux étudiées. Il pourrait en être de même pour les maladies immunitaires, les troubles articulaires...

L'esprit du yoga est avant tout de nous permettre de trouver un équilibre. Cela ne devrait-il pas être également l'objectif d'une alimentation saine ?

Pour nous comme pour les yogis, l'alimentation doit concourir à respecter un équilibre nutritionnel qui est d'ailleurs aujourd'hui parfaitement bien admis par l'ensemble du corps médical.

Ces règles se résument en quelques points essentiels très faciles à suivre.

Il doit systématiquement y avoir dans l'alimentation quotidienne au moins une fois des fruits, des crudités, des légumes cuits et des céréales. Les produits animaux peuvent être consommés sous forme de laitages, d'œufs, de viande et de poisson. Les quantités doivent être inférieures dans tous les cas à une fois par jour pour la viande soit sept fois par semaine et, dans ces sept fois, il est préférable de prendre au moins trois fois du poisson. Mais une consommation de deux fois par semaine ou même l'absence de viande n'est pas nuisible dans la mesure où des sous-produits animaux comme les laitages et les céréales ou les légumes secs sont présents. Au contraire, cela est préférable[1].

Mais quel que soit le choix culturel, philosophique et scientifique pour lequel nous opterons, il est certain que la pratique du yoga s'accommode très mal de deux autres habitudes alimentaires et de vie qui sont de loin les plus néfastes : le tabac et l'alcool.

Ces deux substances sont déconseillées comme tous les stimulants psychiques, c'est-à-dire également le café, le thé et le chocolat (en plus ou moins grandes quantités, ces trois aliments contiennent de la théobromine ou caféine qui est un psychostimulant).

Cependant, il ne faut pas se méprendre. Ce n'est pas le yoga qui interdit de fumer ou de boire. Il n'existe pas d'interdits de ce type. Vous pouvez tout à fait pratiquer le yoga même si vous fumez et buvez de l'alcool, simplement, le bon sens veut que vous ne vous intoxiquiez pas, que vous soyez le moins dépendant possible de ces substances et que leur consommation n'entraîne pas d'effets secondaires. Toutes choses qui sont quasi obligatoires lorsqu'on en consomme.

1. Voir, du même auteur, *Mieux manger pour mieux vivre*, éd. Pocket, et *Stress : comment l'apprivoiser*, *op. cit.*

L'alcool, le tabac, les stimulants psychiques, mais également le sucre ou les aliments consommés avec compulsion sont utilisés pour calmer l'anxiété, l'angoisse ou pour effacer la fatigue. Ce sont tout simplement des compensations : des comportements de dépendance s'installent.

Il faut donc considérer le problème à l'envers.

La consommation de ces produits n'empêche pas la pratique du yoga. C'est la pratique du yoga qui permet de calmer l'angoisse et l'anxiété qui conduit à nous débarrasser de mauvaises habitudes, de dépendances à tous ces produits qui sont tous en fait des drogues. Il existe de nombreux travaux qui ont montré l'intérêt de la pratique du yoga dans ces dépendances alimentaires. Citons les travaux du Dr Mirabel Sarron.

En conclusion, nous pouvons dire que la pratique du yoga n'interdit pas la consommation de viande mais qu'elle préconise une alimentation le plus naturelle possible. Cette alimentation saine passe sinon par une suppression totale de la viande du moins par une réduction importante de notre consommation ainsi que par la diminution, voire la suppression de la consommation d'excitants. Toutes choses que la pratique du yoga nous permet de mettre en application avec facilité.

Doit-on respecter certains rythmes de vie lorsque l'on pratique le yoga ?

A cette question, nous pouvons répondre tout comme pour la précédente. Non, le yoga ne nous impose en aucune façon des contraintes. Cependant, il nous aide à prendre consience de ce qui est bon pour nous et à l'appliquer.

Dans la mesure où le respect de rythmes de vie réguliers équilibrant repos et sommeil nous aide à être en bonne santé et maîtres de nous, nous pouvons considérer que l'état d'esprit du yoga nous incite à adopter une certaine régularité dans notre vie.

De plus, nous avons besoin de récupérer pour disposer de l'ensemble de nos facultés mentales, intellectuelles et physiques. Si nous ne dormons pas suffisamment, ne nous reposons pas suffisamment, n'avons pas suffisamment d'activité, nous ne pourrons pas non plus pratiquer correctement le yoga. La fatigue nous rend plus sensibles, plus irritables. Elle va à l'encontre de ce qui est apporté par les exercices de yoga.

Inversement, la pratique du yoga va aider la majorité des personnes à régulariser leurs rythmes de vie. En luttant contre les troubles de l'endormissement, contre les réveils nocturnes ou tout simplement en permettant de récupérer plus vite. En effet, les pratiquants arrivent rapidement à bénéficier d'une vie plus régulière, plus reposée, avec souvent un besoin d'heures de sommeil moins important.

Dans le yoga, il est donc conseillé de se coucher régulièrement à la même heure avant minuit. Une pratique méditative du yoga peut alors précéder l'endormissement.

A ce moment-là, il est bon de cultiver des pensées positives. On s'évertuera à penser à ce que l'on aime ou à ceux que l'on aime.

Un exercice de méditation que nous conseillons souvent s'inscrit tout à fait dans cette optique.

Il faut imaginer que le soleil qui se couche sur la terre va se lever en nous durant la nuit. Il va éclairer notre vie intérieure et d'une certaine façon nous guider. Cette induction rend notre sommeil plus serein et plus profond.

Le réveil matinal doit alors s'effectuer spontanément sans le secours d'un réveille-matin. C'est alors le signe d'un sommeil suffisant en qualité et en quantité.

Après ses ablutions matinales, il est possible de pratiquer quelques exercices de yoga comme ceux figurant dans la séance matinale du troisième chapitre.

Il est fréquent que le besoin de sommeil soit supérieur en automne et en hiver. Cela est tout à fait naturel et doit être respecté.

Dans la journée, il est important de savoir se ménager des pauses. Si vous avez la possibilité de faire une sieste, n'hésitez surtout pas à le faire. Par contre, si cela ne vous est pas possible, la pratique de pauses de détente sera tout aussi salutaire.

Ce peuvent être des micro-pauses pendant lesquelles vous prendrez conscience de votre respiration, de vos muscles et d'une relaxation totale. Vous pouvez également faire des pauses plus longues pendant lesquelles vous pourrez vous allonger et vous relaxer plus profondément.

L'idéal sera, en rentrant de votre journée de travail ou en fin d'après-midi, de pratiquer une séance de yoga comportant les exercices décrits à la séance du soir.

Vos repas seront pris si possible à des heures régulières. Autant le petit déjeuner que le déjeuner et le dîner. Vous bannirez de vos habitudes les grignotages intempestifs. Bien évidemment, vous respecterez la règle suivante : la pratique du yoga se fait toujours en dehors des heures de digestion.

A l'origine, furent créés et l'espace et le temps.

Depuis quinze milliards d'années, les rythmes se sont installés et nos vies biologiques se sont parfaitement adaptées aux contraintes astronomiques.

Dans notre corps figurent des rythmes circadiens, c'est-à-dire réglés sur l'année, ainsi que beaucoup d'autres.

Les rythmes font partie intégrante de notre vie.

Plus un organisme est capable d'anticiper une action, plus il s'adapte facilement à cette action. C'est l'intérêt de l'organisation qui signifie harmonie. Respecter des rythmes de vie réguliers, c'est privilégier l'harmonie et l'efficacité dans sa vie. Cela est aussi vrai pour les heures de repas et de sommeil que pour la pratique du yoga. Le corps « sait » qu'il va y avoir telle ou telle chose à faire, il s'y prépare et cela se passe mieux.

Ce n'est pas pour autant que le yoga nous condamne à être rigides et ne plus être capables de fantaisie. Bien au contraire. Bouleverser les habitudes, c'est également nous sortir de nos limites et nous pousser à vivre. Simplement, les habitudes seront le plus saines et le plus régulières possible, cela n'est qu'une question de bon sens une fois de plus.

Les croyances et la religion ?

La pratique du yoga est-elle incompatible avec une confession particulière ? Faut-il croire en un dieu pour pratiquer le yoga ? Ou doit-on au contraire renoncer à toute croyance ?

La pratique du yoga, historiquement, est liée à la religion hindoue. Il n'est pas étonnant de ce fait de voir en Inde les Swamis pratiquer certains rites religieux alors qu'ils sont des maîtres en yoga.

Mais ces deux domaines sont cependant séparés. Le yoga n'est pas une religion comme nous l'avons dit dans le premier chapitre. Il ne reconnaît pas de dieu à honorer, il n'y a aucun dogme construit autour d'une parole révélée.

Bien que le mot religion dérive de la racine relier et qu'il signifie donc, comme le yoga, le souhait de « s'unir ».

Les athées peuvent pratiquer le yoga sans crainte d'être enfermés dans un système religieux quelconque.

De même, les croyants de quelque confession que ce soit, ne trouveront pas d'hindouisme mal compris qui les détournera de leurs propres convictions en fréquentant un cours de yoga.

Le yoga ne prêche pas pour une culture particulière.

Ce qui ne l'empêche pas pour autant de proposer une philosophie de vie qui lui est propre.

N'oublions jamais que le yoga nous permet d'être nous-mêmes, en développant notre potentiel humain. L'un de ses buts essentiels est de nous permettre de stimuler notre conscience.

C'est à ce titre que son objectif est d'une certaine manière le même que celui des religions.

Le yoga est hautement spirituel dans l'acception pleine et entière du terme.

Il permet à l'homme de se resituer dans l'univers en le rendant conscient.

C'est pourquoi la pratique du yoga en tant que méthode peut souvent servir de support à de nombreuses religions. Encore faut-il bien entendu que l'on ne s'adresse pas aux extrémistes de ces religions.

Toutes les confessions peuvent donc s'appuyer sur l'aide qu'apporte le yoga. D'autant que cela permet de redonner une place entière au corps qui parfois est oublié. Celui-ci devient alors un outil et un prétexte à notre développement.

La vie moderne ?
Faut-il se retirer à la campagne pour pratiquer sérieusement le yoga ?

Evidemment nous répondrons par non. Il n'est pas nécessaire d'être ascète pour pratiquer le yoga et se retirer de toute vie.

Bien au contraire, nous qui sommes plongés dans un monde qui s'accélère, qui va toujours plus vite, qui nous demande toujours plus, nous bénéficierons pleinement du yoga. Ses bénéfices ne sont pas réservés à quelques initiés qui pratiqueraient de façon secrète dans un lieu retiré, loin de toute vie sociale.

Certes, les yogis qui pratiquaient de la sorte ont été nombreux. Nous leur sommes d'ailleurs reconnaissants car ils ont, comme de véritables chercheurs, expérimenté sur eux l'ensemble des techniques du yoga et les ont fait progresser en sélectionnant les meilleurs exercices. C'est grâce à eux que nous disposons aujourd'hui de cette méthode. Mais toute personne qui désire s'améliorer, atteindre la maîtrise de soi et la sérénité peut bénéficier du yoga. Que nous soyons citadins ou ruraux.

A la fin des années 60 et au début des années 70, la mode du retour à la campagne avait accompagné celle de l'extraordinaire développement du yoga.

Nous avions pu croire un certain moment que les deux étaient liés et nombreux étaient ceux qui « retournaient » à la campagne avec dans leur poche un manuel de yoga et de vie saine.

Aujourd'hui, la situation a mûri. Nous sommes capables de reconnaître les effets maléfiques de la civilisation mais également ses effets bénéfiques.

C'est donc justement pour contrecarrer ses effets négatifs que nous pouvons pratiquer le yoga. Dans ces conditions, l'homme des villes bénéficiera tout comme l'homme des campagnes d'une vie plus agréable.

Est-il possible d'insérer la pratique du yoga dans la vie quotidienne ?

A quoi cela nous servirait-il de n'être bien que quelques instants par jour ou juste le temps de la pratique si nous devions dans notre vie courante à nouveau être tendus, nerveux ? A peu de chose, il faut en convenir.

C'est pourquoi le but avoué de la pratique est d'améliorer notre état y compris vingt-quatre heures sur vingt-quatre.

N'oublions jamais que le yoga n'est qu'un outil. Un outil efficace mais un moyen pour nous permettre d'accéder à une plus grande confiance et sérénité dans notre quotidien, à notre travail, avec nos amis, nos parents et toutes nos relations.

En fait, il faudrait pour bien faire que l'enseignant, dès la première séance, insiste sur ce point et nous donne des « petits trucs » que l'on peut glisser à tout instant pour nous aider à rester stables, comme respirer profondément, corriger sa posture, se réaxer, penser à une idée positive...

Comment cela peut-il se faire pour avoir un impact en dehors des séances ?

Nous pouvons dire qu'il y a un premier effet qui est non spécifique.

Une pratique régulière, quotidienne, permet d'expérimenter un état de paix qui va nous aider à « faire le plein » de détente et donc à nous sentir progressivement mieux...

Là où nous n'avions plus que l'habitude de soucis, de problèmes, de vivre des états de tension, nous allons réexpérimenter la sérénité.

Ces expériences vont progressivement prendre du poids, jour après jour, et modifier le seuil d'anxiété et d'angoisse.

Quelles que soient les difficultés que nous serons amenés à rencontrer, nous réagirons mieux. Cela est assez facile à vérifier, il suffit de tenir un petit carnet dans lequel nous notons toutes nos réactions et nous constatons que nous réagissons de mieux en mieux. Souvent, le regard des autres qui est extérieur est un bon témoin pour juger de notre changement.

Ils nous disent : « Tu as changé, tu es plus détendu, plus calme, on ne te reconnaît plus... »

Pour obtenir ce résultat, une pratique de yoga de base tenant compte de nos difficultés est largement suffisante.

Mais parfois, il est indispensable d'ajouter d'autres types d'exercices à pratiquer dans la vie courante. Cela se voit quand nous sommes aux prises avec des troubles qui surgissent dans une situation répétitive. Douleur, anxiété, angoisse, déclenchées systématiquement après un événement identique.

Dans ce cas, il nous faut procéder en trois temps.

Premièrement, nous entraîner régulièrement quotidiennement sur le tapis de façon à maîtriser par exemple le contrôle du souffle.

Deuxièmement, nous allons nous entraîner dans la vie courante en dehors de toute situation déclenchant la crise : par exemple au réveil, avant les repas, en montant dans sa voiture, dans les transports en commun, avant de quitter son bureau, en attendant les enfants à l'école...

Lorsque cette deuxième phase est maîtrisée, que vous êtes capable dans toutes les circonstances de prendre conscience de votre souffle, de l'allonger, de le calmer, vous allez pouvoir passer à la troisième étape.

Ne brûlez pas les étapes car vous risqueriez d'aller à l'encontre des progrès. Mais lorsque vous êtes prêt, alors les exercices peuvent être appliqués en situation de crise.

Dans ce cas-là, vous êtes capable de vous ressaisir, de vous raccrocher à votre respiration, de corriger votre position et de ramener du calme et de la paix.

Il est ainsi clair que les outils du yoga nous servent dans toutes les situations auxquelles un homme et une femme modernes doivent faire face à l'ère de l'informatique et des satellites.

Certes, le yoga est aussi d'une grande utilité à celui qui désire se retirer du monde pour méditer. Cela est utile à tous ceux qui vont vivre une retraite contemplative, mais ce n'est pas la majorité de nos contemporains et si cela leur est utile, il ne faut pas pour autant penser que la pratique du yoga impose une vie monacale ou ascétique.

La pratique du yoga est-elle incompatible avec la pratique du sport ?

Les différentes pratiques sportives mobilisent presque toutes certains muscles au détriment d'autres.

Dans le yoga, rien de cela puisque, au contraire, tous les muscles sont concernés au gré des postures.

De plus, le yoga développe la souplesse et surtout la proprioception et la coordination de l'ensemble de notre corps.

C'est dire que le yoga est souvent un excellent moyen pour compenser les insuffisances de certains sports tout en préparant le corps à l'ensemble des sports.

Il n'y a rien de choquant à ce qu'aujourd'hui un yogi pratique un sport. Le sport peut être complémentaire à la pratique du yoga surtout si le mode d'exercices suivis est essentiellement basé sur des postures statiques.

Il est bon par exemple après une journée de ski de faire une séance de yoga. Les muscles qui ont été crispés, courbatus, seront allongés, étirés, relaxés. Cela permet une excellente récupération en évitant courbatures et douleurs.

Le sportif se sentira en meilleure disposition pour reprendre son activité le lendemain.

Lors d'un été que je passais à Valmorel, en Savoie, il m'a été donné de dispenser des cours à l'équipe de France de tir à l'arc. Ils pouvaient ainsi bénéficier d'une plus grande faculté de concentration et donc de maîtrise de leur corps. Ils pratiquaient non seulement la relaxation, mais également les postures et les respirations.

Le yoga est un tout qui permet au sportif de potentialiser ses possibilités, d'être lui-même.

Une fois de plus, l'esprit des sportifs rejoint celui des yogis.

Une vie plus saine, un meilleur entretien du corps sont autant de points de vue communs.

En conclusion, nous pouvons dire que la pratique du yoga ne contre-indique absolument pas la pratique sportive, bien au contraire, dans la majorité des sports, il est une aide à la préparation et à la récupération.

Dans ce chapitre, nous avons abordé les questions que l'on peut se poser le plus fréquemment. Il en existe certainement des centaines d'autres, tant le yoga peut toucher tous les aspects de la vie quotidienne.

Mais dans tous les cas, les réponses sont les mêmes.

Il nous faut garder les pieds sur terre, rester pleins de bon sens et comprendre que le yoga est tout simplement un moyen de nous aider à être bien et que, de ce fait, rien n'est dogmatique.

Photographies de Radjvine et Philippe Deschamps

Conclusion

Nous voilà arrivés au terme d'un très long voyage pour lequel nous n'avons pas eu besoin d'aller très loin puisqu'il s'est déroulé en nous-mêmes. J'espère que cela a été pour vous, comme cela l'est pour moi depuis des dizaines d'années, à la fois le plus simple et le plus merveilleux des voyages qui soit.

Combien sommes-nous à être allés de par le monde en quête d'un ailleurs, en quête de bonheur alors que la réponse est en fait logée au plus profond de nous-mêmes ?

Le yoga, vous l'avez compris en parcourant ce livre, est un moyen parfaitement adapté pour nous découvrir, nous connaître et nous permettre d'évoluer.

Il se place dans le champ de ce que, étymologiquement, les Grecs appelaient philosophie, c'est-à-dire la recherche de la sagesse, (*philos* : recherche, amour de ; *sophia* : sagesse, connaissance, sérénité). Mais l'originalité de cette méthode est de proposer des moyens qui sont éminemment pratiques et concrets.

Le yoga répond à nos aspirations les plus profondes.

C'est ce qui en fait la force, et ce qui lui a permis de traverser les siècles sans avoir pris une ride...

Mais avant de terminer, je voudrais vous faire part d'un mot d'un des plus grands yogis contemporains. Ce mot a le mérite de replacer le yoga à sa juste place.

Ce jour-là, je me promenais le long de la Seine. Je regardais les bateaux-mouches s'attacher au port. Je remontai vers la place de l'Alma. La tour Eiffel se dessinait dans le ciel, les passants flânaient ou couraient. Dans le premier cas, ils étaient touristes, dans le deuxième parisiens. Je traversais l'avenue Marceau. Un peu plus haut, apparaissait la rue Goethe. Quelques minutes plus tard, j'étais assis face à Gérard Blitz. C'était un immense gaillard qui dépassait tout le monde d'une tête. Dans la rue, on le repérait d'autant mieux qu'une épaisse chevelure blanche ne pouvait passer inaperçue. Ce jour-là, il me regardait avec un profond sourire qui illuminait son visage qui, comme à l'habitude, était enjoué. Il pratiquait le yoga depuis toujours. Après la Seconde Guerre mondiale, il avait été de ceux qui avaient lancé le Club Méditerranée dans un esprit de partage et de découverte. Il souhaitait que chacun puisse expérimenter quelque chose de nouveau durant ses vacances. Si bien qu'aux quatre coins du monde il était alors possible de découvrir toutes sortes d'activités et bien évidemment le yoga. Je lui parlai de mes projets, de mes recherches. Il m'écoutait, intéressé, et m'encouragea bien sûr à développer les relations entre le yoga et la santé. Il me parla alors de ses voyages et il est vrai qu'il était profondément respecté et considéré de par le monde comme l'un des plus grands yogis contemporains.

La conversation glissa sur ce qui était le plus important dans le yoga. Je lui demandai ce qu'il pensait de ce merveilleux système. Il me répondit alors que « ce qui est le plus important dans le yoga est ce qui ne se voit pas. Mais plus que tout, qu'il était important de savoir que le yoga pouvait mener à tout, apporter ce que l'on recherche, à la seule condition... d'en sortir » !

Etait-ce une plaisanterie de sa part ? Personnellement, je ne le pense pas, je crois fermement que le yoga est le système le plus merveilleux parce que la méthode la plus vivante et pratique qui soit. Mais je crois aussi que ce n'est qu'une méthode. Que cette méthode n'est pas une fin en soi. Qu'il faut au contraire la dépasser. A ce moment-là, nous devenons de véritables êtres dans l'acception la plus noble du terme, prêts à vivre notre vie quotidienne en toute conscience.

Je m'associe donc à tous les hommes dont l'idéal a été celui-ci pour vous souhaiter de trouver le chemin qui y accède et, si le yoga peut vous y aider, je serai alors heureux d'avoir pu y contribuer.

Paris, le 11 avril 1996.

Dans la collection J'ai lu Bien-être

Dr LIONEL COUDRON
Stress
Comment l'apprivoiser

Vous avez dit "stress" ? Nul ne l'ignore, c'est
un des fléaux de la vie moderne. Dans
les embouteillages, les transports aux heures
de pointe, au bureau ou avec les enfants,
à la ville, en voyage, **nous sommes tous
candidats au stress**.

Mais savez-vous qu'il existe aussi un bon stress,
facteur de dynamisme et de créativité ?
**Comment discerner le bon du mauvais...
et surtout, comment maîtriser
ses tendances au stress ?**

Tests, conseils basés sur l'alimentation,
la relaxation, le respect des rythmes naturels,
cet ouvrage pratique vous propose
**une véritable stratégie de connaissance
et de contrôle du stress.**

Une méthode précieuse pour faire face
aux embarras quotidiens et se réaliser
pleinement !

Dr Lionel Coudron
*Docteur en médecine, diplômé de biologie
et de médecine du sport, diplômé de
nutrition, l'auteur est professeur à l'Institut
international d'Acupuncture et président de
l'Association Médecine et Yoga.
Il est l'auteur de nombreux ouvrages.*

Collection J'ai lu Bien-être, 7027/5

ALAN LOY McGINNIS
Le pouvoir de l'optimisme

Le bonheur cela s'apprend !
Des conseils pratiques pour vivre mieux
en toutes circonstances.

Que diriez-vous d'ôter vos lunettes noires et
de voir la vie en rose ? De prendre votre avenir
en main ? D'avoir de l'énergie, du dynamisme ?
En un mot, d'être optimiste ?
Pour l'auteur, **l'optimisme n'est pas un don,
c'est une attitude qui s'acquiert !**
Il démontre que les optimistes réussissent
mieux, vivent souvent **plus heureux et
plus longtemps** et, surtout, que leur joie
de vivre est communicative.

A l'aide d'exemples et de témoignages,
il propose **une méthode efficace et pratique**
pour mieux surmonter les situations difficiles,
pour développer une plus grande aptitude
au bonheur.
Vivifiant, réconfortant, cet ouvrage réjouira
les optimistes et aidera les autres à
vivre de façon positive.

Alan Loy McGinnis
*Psychothérapeute de renom, directeur
du* Valley Counseling Center *à* Glendale,
*en Californie, il a publié de nombreux
best-sellers.*

Collection J'ai lu Bien-être, 7022/3

Dr CATHERINE KOUSMINE

Sauvez votre corps !

La médecine actuelle fait des prouesses.
Ses progrès nous permettent de vivre plus
longtemps, de surmonter bien des maladies.
Paradoxalement, le nombre des malades
ne cesse de croître.

On le sait aujourd'hui, notre alimentation
est responsable d'un nombre considérable
de maux. **Nous mangeons mal, nous vivons
mal.** Notre organisme est fragilisé. Et pourtant...
Est-il si difficile d'écouter son corps ?

**Pour être résistants et équilibrés, pour
vaincre la maladie, il suffit de mieux
s'alimenter !**

Dans ce livre, véritable **bible de la diététique
moderne,** le docteur Kousmine lance un cri
d'alarme. **Avec elle, pour nous et pour nos
enfants, apprenons la santé, apprenons...
à vivre !**

Dr Catherine Kousmine
*Médecin nutritionniste, elle a exercé pendant
plus de 50 ans, tout en poursuivant
ses travaux de recherche.*
Soyez bien dans votre assiette jusqu'à 80 ans
et plus *fut un succès mondial. Née en 1904 en
Russie, elle est décédée en Suisse.*

Collection J'ai lu Bien-être, 7029/8

PIERRE PALLARDY
Les chemins du bien-être

Bien dans sa tête, bien dans son corps.
Une méthode concrète
pour vivre en pleine forme.

Fatigue, angoisses, stress, insomnies...
Mal de dos, prise de poids :
**même quand nous ne sommes pas
malades, notre corps a mal partout.**
Que faire pour retrouver notre équilibre ?
C'est une vérité simple :
**pour parvenir au bien-être du corps,
il nous faut d'abord obtenir celui de l'esprit.**
Grâce à une série de tests, une méthode
d'évolution de notre état général.
Des conseils simples et efficaces,
un traitement global pour redécouvrir
les règles d'une vie saine.
**Des réponses concrètes
aux troubles les plus courants,
pour se soigner et vivre mieux.**

Pierre Pallardy
*Ostéopathe, naturopathe, diététicien,
vingt-cinq ans d'expérience lui ont appris
à être à l'écoute de ses patients.
Auteur de nombreux ouvrages,
il propose aujourd'hui une méthode
concrète et globale pour se soigner seul.*

PIERRE et FLORENCE PALLARDY
La forme naturelle

Mince et en pleine forme.
Une méthode pratique et personnalisée.

Etre belle, c'est avant tout être bien.
Dans son corps. Dans sa tête. Un bien-être qui
se cultive avec des gestes simples et naturels.

Etre en pleine forme, en pleine santé :
tels sont les plus précieux atouts-beauté !
**Voici un programme personnalisé
de remise en forme.**

Les clés ? Une alimentation équilibrée, des
exercices faciles pour assouplir et entretenir
son corps, des conseils pratiques sur les soins,
le maquillage...

Avec un peu de confiance en soi, valoriser
son capital-beauté est à la portée de toutes.

**La méthode de Pierre et Florence Pallardy,
une façon idéale de retrouver la forme
naturelle** ...et le plaisir de plaire !

Pierre et Florence Pallardy

*Ils ont publié ensemble de nombreux
ouvrages et animent des émissions de
télévision consacrées à la gymnastique,
la beauté, les soins du corps, la santé.
Lui est kinésithérapeute et ostéopathe de
renom. Elle, ancien top-model, est aujourd'hui
la mère épanouie de leurs quatre enfants.
C'est le couple idéal de la forme et du bien-être !*

Collection J'ai lu Bien-être, 7007/6

Docteurs DREVET et GALLIN-MARTEL
Bien vivre avec son dos

Comprendre les causes du mal de dos.
Prévenir les douleurs.
Un bilan des traitements actuels.

Mal de dos, mal du siècle !
Le mal de dos est devenu un véritable fléau :
de la simple gêne au handicap grave, il peut
diminuer nos capacités, empoisonner notre vie.

Pourtant, souffrir du dos n'a rien d'une fatalité.
Des gestes simples et efficaces peuvent
prévenir le mal.

Voici, clairement exposé, comment
**repérer les causes des différentes douleurs
et les soulager soi-même**.

Un bilan des **traitements actuels,**
les différentes réponses de la médecine et de
la chirurgie, quand elles sont indispensables.

Apprenons enfin comment **ménager notre dos**
au travail, à la maison ou en faisant du sport.

Docteur Jean-Guy Drevet
*Eminent spécialiste de rhumatologie et de
médecine du sport, chercheur et enseignant
en orthopédie et thérapie vertébrale, a fondé
et anime les Assises internationales du dos.*

*Coauteur de cet ouvrage, le Dr Christian
Gallin-Martel est responsable de la prévention
des affections vertébrales dans d'importantes
entreprises.*
Collection J'ai lu Bien-être, 7002/4

7115

Maquette Zaos
Achevé d'imprimer en Europe (France)
par Bussière Camedan Imprimeries à St-Amand
le 23 janvier 1997. N° d'impression : 1/149.
Dépôt légal janvier 1997. ISBN 2-290-07115-3

Editions J'ai lu
84, rue de Grenelle, 75007 Paris
Diffusion Flammarion (France et étranger)